歴史文化ライブラリー

601

陰陽師の平安時代

貴族たちの不安解消と招福

中島和歌子

吉川弘文館

目　次

なぜ「いんようじ」ではなく「おんようじ」なのか——プロローグ

平安時代的感染症対策

感染症の流行に対して、私たちはさまざまな対策を行なっている。特に二〇二〇年以降の新型コロナウィルス感染症の流行に対しては、医療はもちろんのこと、たとえばワクチン接種や外出自粛も従来とはまったく異なる規模で実施され、マスクや衝立《ついたて》その他の屏障具《へいしょうぐ》を用いたり、妖怪アマビエの像を広めて収束を祈ったりなど、官民挙げての取り組みがなされてきた。

疫病《えきびょう》の流行は現代に始まったことではない。奈良時代の聖武天皇による東大寺の大仏造立《ぞうりゅう》と天然痘《てんねんとう》（疱瘡《ほうそう》）との関わりは、小学六年生の社会科の教科書にも記されており、よく知られているといえるだろう。では、その後の平安時代はどうであったか。大規模な外出自粛や、神仏、および妖怪のような神仏よりも下位の存在に対して祈ることは、今と同じである。医師《くすし》も医療を行なっていた。決定的に違うのは、陰陽師《おんようじ》の存在である。平安時代の疫病対策において、陰陽師は不可欠の存在であった。平安時代のままではないが今に至る僧侶や神職の働きとは異なり、陰陽師が何をしていたのかは、なかなか想像しにくいかもしれない。しかし、疫病流行や戦乱のような深刻な災禍が起きた場合に限らず、日々の暮らしにおいても、また将来のことを考えても、陰陽師は平安中期以降の皇族や貴族にとって、是非とも頼りたい存在だったのである。

「いんよう」と「おんよう」の違い

本書では、平安時代の陰陽師や陰陽道《おんようどう》を取り上げ、実態を探る。陰《いん》陽《よう》五《ご》行《ぎょう》説との関係が深いが、陰陽師・陰陽道の場合の「陰陽」の歴史的仮名遣いは「おむやう」であり、「いむやう」ではない。「おむ」は百済《くだら》経由で伝わった南中国の発音の呉音《ごおん》で、「いむ」は後に遣隋使《けんずいし》・遣唐使《けんとうし》が伝えた、長安《ちょうあん》を中心とする北中国の発音の漢音である。

大学頭《だいがくのかみ》経験者の桓武天皇が、延暦《えんりゃく》十一年（七九二）に漢音を用いて漢籍（経書《けいしょ》）を読むことを奨励したが（『日本紀略《にほんきりゃく》』閏《うるう》十一月辛丑《しんちゅう》条）、上代《じょうだい》（飛鳥・奈良時代）に定着したものには、その後も基本的に呉音が用いられた。仏教語が代表的で、たとえば「お経」「金輪（際《ざい》）」は、現代人も漢音のおケイ・キンリンではなく、おキョウ・コンリンと呉音で読んでいる。律令《りつりょう》関係の語も、呉音が残ったものの一つである。「令《りょう》」も呉音で、刑法の「律《りつ》」は呉音・漢音の違いがない。

律令体制は早くに崩れていったが、二官八省の太政官《だいじょうかん》制の枠組み自体は、明治政府樹立まで、形骸化しながらも続いた。二官とは、宗教をつかさどる神祇《じんぎ》官と政治をつかさどる太政官である。太政官管下の八省の一つが中務《なかつかさ》省で、中務省管下の六つの寮の一つに陰陽寮がある。

「陰陽寮」の読み方（和名）は、平安時代中期の官人（役人）で漢学者・歌人の源順《みなもとのしたごう》が、醍醐《だいご》天皇の皇女勤子《きんし》内親王（藤原師輔《もろすけ》と結婚）に奉った漢和辞典『倭名類聚抄《わみょうるいじゅうしょう》』巻五職官部「官名」の寮に、「於牟夜宇乃豆加佐（おむやうのつかさ）」と万葉仮名《まんようがな》で示されている（平安時代の皇族・貴族の女性は、個人差はあるだろうが漢字が読めた。経典《きょうてん》はすべて漢字で書かれており、「偏《へん》つぎ」という漢字遊びも女房などがしていた）。「典薬寮」は「久須里乃豆加佐（くすりのつかさ）」と訓読みだが、「陰陽」は音読みのままである。

「陰陽師」は本来、この陰陽寮所属の技官の名称であり、陰陽道は陰陽寮を母体として平安時代の中期に日本で成立した。よって陰陽師・陰陽道の「陰陽」は、寮の名と同じく呉音の「おむやう」なのである。なお「おんみやうじ」は、中世（鎌倉・室町時代）以降に現われる、連声《れんじょう》による訛《なま》りなので、平安時代を対象とする本書では用いない。古典文学作品の注釈書の振り仮名や用字は、後代の常識をさかのぼらせていることが多いので、各作品が成立した時代の実態を知ろうとする場合は、注意が必要である。

律令の官司としての陰陽寮

陰陽寮の初見は、『日本書紀』天武天皇四年（六七五）正月丙午《へいご》朔《ついたち》条の「大学寮の諸《もろもろ》の学生《がくしょう》、陰陽寮、外薬《げやく》寮（中略）、薬及び珍異等物《めずらしきものども》を捧げて進《たてまつ》る」という記事で、持統朝にも陰陽師や陰陽博士《おんようはかせ》の活躍が見られるが、大宝《たいほう》元年（七〇一）制定の『大宝律令』で体制が整えられた。『大宝律令』は散逸《さんいつ》したが、藤原不比等《ふひと》が養老二年（七一八）に改修した『養老律令』が現存し、その内容を伝えている。次に、官職名・員数・職掌を定めた職員令《しきいんりょう》から、陰陽寮の条を引用しておく。便宜的に番号を付した。以下、漢文は基本的に書き下し文で示し、漢字の振り仮名は現代仮名遣いを用いる。なお「暦」の本来の読み方は「りゃく」（呉音）だが、以下「御暦《ごりやく》」以外は一般的な「れき」を用いる。〈 〉内は注である。

①頭《かみ》一人。〈天文《てんもん》・暦数・風雲の気色《けしき》、異《い》有れば、密封して奏聞《そうもん》する事を掌《つかさど》る。〉助《すけ》一人。允《じょう》一人。大属《だいさかん》一人、少属《しょうさかん》一人。

②陰陽師六人。〈占筮《せんぜい》し、地を相《み》ることを掌る。〉陰陽博士一人。〈陰陽生等《おんようしょうら》を教ふることを掌る。〉陰陽生十人。〈陰陽を習ふことを掌る。〉

③暦博士《れきはかせ》一人。〈暦《こよみ》を造り、及び暦生《れきしょう》等を教ふることを掌る。〉暦生十人。〈暦を習ふことを掌る。〉

④天文《てんもん》博士一人。〈天文・気色を候《うかが》ひ、異有れば密封し、及び天文生《てんもんしょう》（観生《かんしょう》）等を教ふることを掌る。〉天文生十人。〈天文・気色を候ふことを習ふことを掌る。〉
⑤漏剋《ろうこく》博士二人。〈守辰丁《しゅしんちょう》を率《ひき》ゐ、漏剋の節を伺《うかが》ふことを掌る。〉守辰丁二十人。〈漏剋の節を伺ひ、時《とき》を以て鐘《しょう》・鼓《こ》を撃《う》つことを掌る。〉
⑥使部《しぶ》二十人。直丁《じきちょう》三人。

陰陽寮には、事務官である四等官《しとうかん》＝①、雑役《ざつえき》に当たる下級官人＝⑥、専門職として陰陽（占術《せんじゅつ》）、暦（造暦《ぞうれき》）、天文（天文や気象を観測し、異変を占う）、漏刻（計時と報時）の四部門＝②〜⑤があった。陰陽頭が寮務を統括する最高責任者で、位階も最高である。「うらのかみ」とも呼ばれた（『令義解《りょうのぎげ》』官位令の傍訓《ぼうくん》）。

⑤の漏刻部門、和名「ときづかさ」には、当初から博士が二人いたが（後に片方が権《ごんの》博士《はかせ》）、生徒《しょうず》の教育を行なわないので、教官ではなく技官である。概して地味なポストだが、吉時《きちじ》を守るために行幸《ぎょうこう》に供奉《ぐぶ》するなど、職務自体は重要だった（『延喜式』巻一六陰陽寮行幸条）。たとえば、「勧修寺縁起《かじゅうじえんぎ》」で知られる醍醐天皇の外《がい》曽祖父の宮道弥益《みやじのいやます》は、陽成《ようぜい》天皇（九歳）が即位した、元慶《がんぎょう》元年（八七七）正月三日に従五位下《じゅごいげ》になった人物の中に、漏刻博士として見えている（『三代実録』）。

「漏刻（剋・尅）」は水時計で、守辰丁、和名「ときもり」が、それを見て時（二時間）

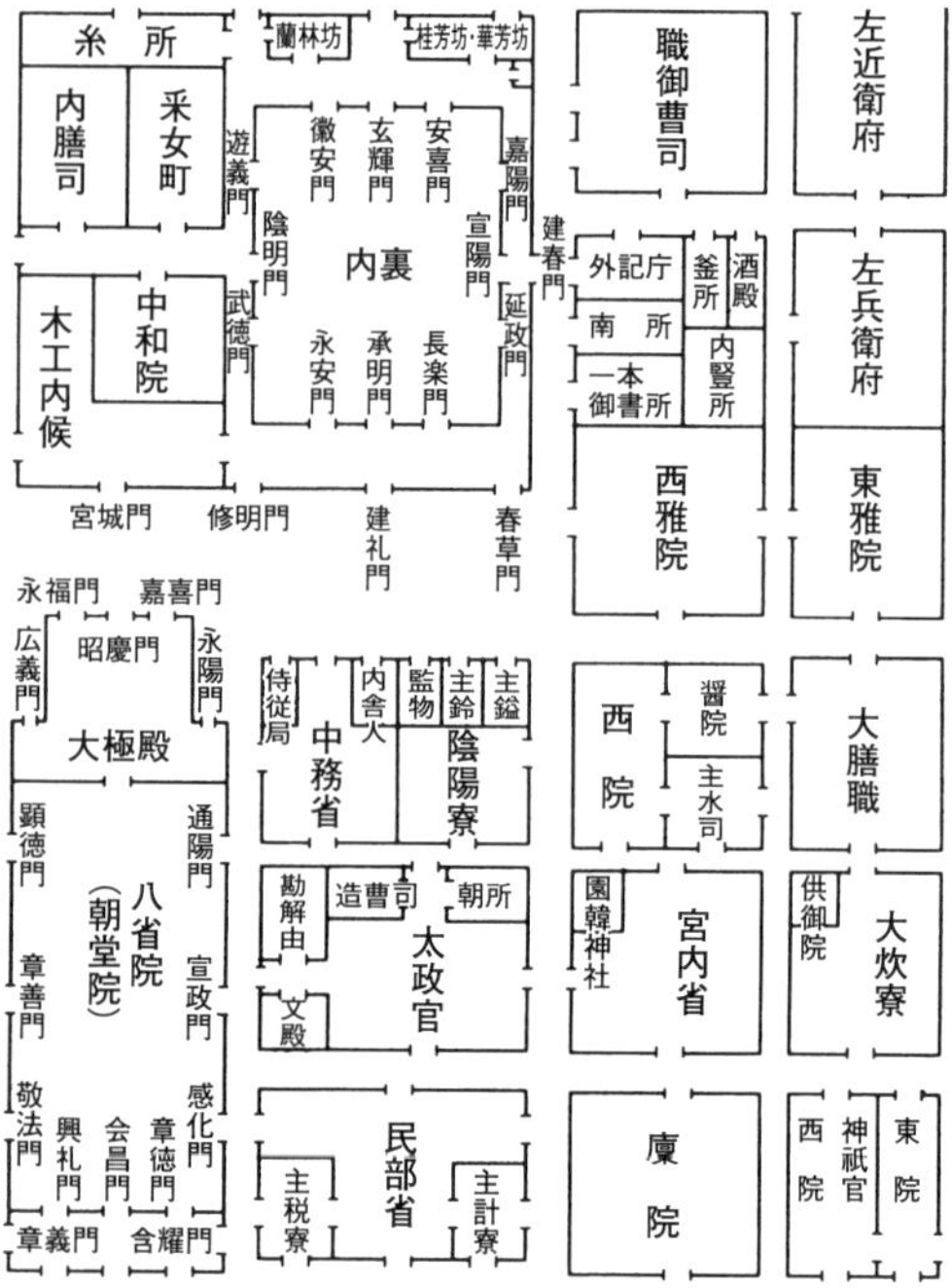

図1　陰陽寮の位置

ごとに太鼓を撃った。子《ね》・午《うま》は九回、丑《うし》・未《ひつじ》は八回、寅《とら》・申《さる》は七回、卯《う》・酉《とり》は六回、辰《たつ》・戌《いぬ》は五回、巳《み》・亥《い》が四回である。また刻（三〇分）ごとに、一刻は一回、二刻は二回、三刻は三回、四刻は四回、鐘を撞《つ》いた（『延喜式』陰陽寮諸時鼓条）。平安時代は定時法であ

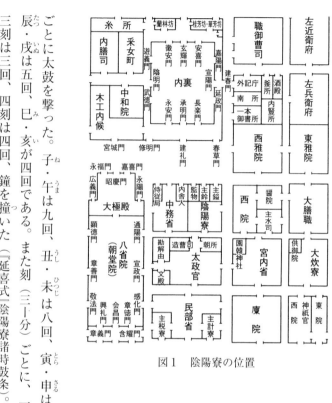

る。周囲三尺《さんじやく》（約一メートル）、長さ一丈《いちじょう》六尺（約五メートル弱）の松の木で撞いたのだから（同撞鐘木条）、大鐘《おおがね》である。桓武天皇が造らせた遷都以来の鐘が、大治《だいじ》二年（一一二七）二月十四日の陰陽寮や周辺の火事で焼損するまで用いられていたという（藤原宗忠《むねただ》の日記『中右《ちゅうゆう》記《き》』同日条）。一条天皇中宮《ちゅうぐう》藤原定子《ていし》付きの若い女房たちは、この鐘楼《しょうろう》（あるいは鼓《こ》楼）に登ったことがある。長徳元年（九九五）、清涼殿《せいりょうでん》で六月晦日《みそか》に恒例の大祓《おおはらえ》の神事が行なわれるので、父道隆《みちたか》が四月に薨去《こうきょ》して喪中の定子は、内裏《だいり》を出て行かなくてはならなかったが、方角の禁忌《きんき》のために中宮職御曹司《しきのみぞうし》は使えず、南方の太政官朝所《あいたんどころ》（正庁の東北隅の殿舎）を初めて利用した。そのすぐ北が陰陽寮なので、「鼓《つづみ》の音《おと》」もいつもと違って聞こえたという（『枕草子』一五五段「故殿《こどの》の御服《おんぷく》のころ」）。

漏刻や造暦による時間の管理・提供は、確かに占いの基礎になるが、それ自体が重要な国家的職務であることはいうまでもない。天皇による「授時《じゅじ》」を支えていた。

狭義の陰陽師は国家公務員の占い師

陰陽《おんよう》部門は、寮の名称とされ、唯一「師《し》」が置かれており、最も重視されていたことがわかる。「師」は専門知識を有する技官で、たとえば宮内《くない》省管下の典薬《てんやく》寮にも、医師、鍼師《しんし》、按摩師《あんまし》、呪禁師《じゅごんし》、薬《やく》園師《えんし》がいた。呪術《じゅじゅつ》で治療を行なった呪禁師以外は、専門知識と技能が国家資格である現代の医師、はり師、あんまマッサージ指圧師《しあつし》、薬剤師と、ほぼ対応する。

前掲②の文脈から、陰陽師の職掌の「占筮・相地《そうち》」と、陰陽生が習う「陰陽《おんよう》」はイコールだとわかる。詳しくは後述するが、「相地」は風水《ふうすい》、「占筮」は書籍や式盤《しきばん》・筮竹《ぜいちく》などの占具《せんぐ》を用いた占いである。天長十年（八三三）完成の公的注釈書『令義解』考課令《こうかりょう》最《さい》条にも、「陰陽」は「占」とある。要するに陰陽師は、占いを専門とする技官だった。

職員令の大宰府《だざいふ》条によると、大宰府にも一名、陰陽師が配置されていた。序文が元号「令和」の出典となった、天平《てんぴょう》二年（七三〇）正月（一月全体を指す）の大宰帥大伴旅人《だざいのそちおおとものたびと》（家持《やかもち》父）の官邸での梅花《ばいか》の宴《えん》では、「陰陽師礒氏法麻呂《きじののりまろ》」も和歌を詠んでいた（『万葉集』巻五―雑歌《ぞうか》―八三六）。さらに九世紀後半には、主に怪異《かいい》（不吉な出来事）を占うために、出羽《いでわ》・武蔵《むさし》・下総《しもうさ》・鎮守府《ちんじゅふ》・常陸《ひたち》という国防上の最前線である周辺地域の国衙《こくが》にも、陰陽師各一人が置かれた（『類聚三代格《るいじゅうさんだいきゃく》』巻五加減諸国官員幷《ならびに》廃置事。陸奥国府《むつのこくふ》は既設）。なお赤澤春彦氏によると、官衙《かんが》以外にも、宇佐神宮《うさじんぐう》にはすでに九世紀前半に陰陽師がおり、明治初期まで活動を続けたという。官人ではないが民間人ともいえない存在である。

また後に陰陽博士となる春苑玉成《はるそののたまなり》は、承和《じょうわ》五年（八三八）に、遣唐陰陽師《けんとうおんようじ》兼陰陽請《おんようしょう》益生《やくしょう》として遣唐大使の藤原常嗣《つねつぐ》に従って入唐《にっとう》し（最後の遣唐使）、翌年、問答集の『難《なん》儀《ぎ》』一巻などを携えて帰国して、陰陽寮の諸生《しょしょう》に学ばせた（『続日本後紀《しょくにほんこうき》』同八年正月甲《こう》午《ご》条）。「請益」は、長期の「留学生《るがくしょう》」に対し、特定の課題を持った短期留学生をいう。

「陰陽師」は占いを行なう律令官名《りつりょうかんめい》だったが、十世紀中には広く職業名として用いられるようになる。この「陰陽師」には、狭義の陰陽師や陰陽博士はもちろん、陰陽寮の四等官や、他部門の博士、かつて寮に所属していたが今は別の官職に就いている官人なども含まれる。

広義の陰陽師は呪術が重要

藤原師輔の『九暦《きゅうれき》』天暦《てんりゃく》四年（九五〇）六月二十五日条によると、村上天皇は師輔に「明日、陰陽師等を召《め》し、（行幸の）吉日《きちにち》を択《えら》び申さしめよ」と命じ、さらに、父醍醐天皇が陰陽頭《おんようのかみ》を召した例に従い、頭が欠員だったので「助茂樹《すけしげき》」を召すよう伝えた。天皇の意識としては、吉日選びを行なう寮の官人たちは皆、「陰陽師」だったのである。この村上朝の平野《ひらの》茂樹以降、位階トップの陰陽師が蔵人所《くろうどどころ》に伺候《しこう》した。のちに代ごとに二人になるが、一条朝前期の二人のうち一人は、すでに寮を離れた「主計権助晴明《しゅけいのごんのすけはるあき》」である（『朝野群載《ちょうやぐんさい》』第五朝儀下長徳元年八月一日付蔵人所月奏《げっそう》）。

なお「晴明」の仮名書きはないが、平安末期の子孫に晴道《はるみち》・時晴《ときはる》らがおり、「満《みつ》」「宣《のぶ》」のような動詞の終止形の名もあること、「明《あきら》」は醍醐皇子の源高明《たかあきら》や成明《なりあきら》（村上天皇）など皇族に多いこと、嵯峨《さが》源氏以外は漢字二字で四音節の名が一般的であることから、本来は「はるあき」と読んだのだろう。他に、名前に「晴」の付く有名人として武田晴信《はるのぶ》（法名《ほうみょう》信玄）がいる。

さて広義の陰陽師は、部門や官職にかかわらず、占いに加えて、まじないの技術と、日時や方角の禁忌の知識を持ち、公務以外の私的な依頼にも応じた。吉日選びは職員令にはないが、営繕令《えいぜんりょう》には見え、陰陽部門の「占筮」に含まれていたと考えられている。しかし呪術については、令のどこにも規定がなかった。よって狭義の官名の「陰陽師」と、平安中期に誕生して現代に至る、広義の職業名の「陰陽師」との最大の違いは、呪術を行なうか否かである。後者は、まじない師・呪術者・祈禱師としての性格が強い。「陰陽」の語も、令の占術から、主に呪術を指すように変わっていく。

この「陰陽師」は、俗称なので公文書《こうぶんしょ》の署名などでは用いられない。公文書の「陰陽師」はすべて狭義の官名であり、広義の「陰陽師」に当たる語が必要な場合は、「陰陽《おんよう》家《か》」が用いられた。中国の諸子百家《しょしひゃっか》の一つの「陰陽家《いんようか》」（後に五行家《ごぎょうか》ともいう）に由来する。

彼らには、職務遂行による収入が官位とは別にあった。『紫式部日記』寛弘五年（一〇〇八）九月十一日条に、敦成《あつひら》親王誕生後、「僧の布施《ふせ》たまひ、医師（これも広義。「薬師」とも書く）、陰陽師など、道々《みちみち》のしるしあらはれたる、禄《ろく》たまはせ」と、一条天皇中宮彰子《しょうし》の安産祈願に奉仕した人々への道長の賜禄《しろく》が記されている。このように、祈料・祭料《さいりょう》として、衣《きぬ》・絹・米などの臨時収入、副収入があった。さらに平安末期には、「公家毎月泰《こうかまいげつたい》山府君御祭《ざんふくんぎょさい》」（天皇の月例《げつれい》泰山府君祭）などの祭料として、京内の土地や地方の神社・天皇家領の荘園《しょうえん》を拝領した。なお「公家（こうか・くげ）」という語は、中世以降、「武家《ぶけ》」との対《つい》で、朝廷に仕える貴族、朝臣《ちょうしん》の意で用いられるが、平安時代の例はすべて「おほやけ」つまり天皇や天皇家、朝廷を指す。公私の区別は、陰陽師・陰陽道の実態を見ていく上で不可欠であることからも、本書では本来の意味で用いる。

民間の陰陽師

「陰陽師」が職業名になり、その職務が収入源になると、陰陽寮とはまったく無関係に、知識や術を身に付け、依頼に応じた民間人に対しても用いられるようになる。彼らのうち僧形《そうぎょう》の者は、「法師陰陽師《ほうしおんようじ》」（『枕草子』一〇五段「見苦しきもの」）とも呼ばれた。多くは私度僧《しどそう》（私的に出家した僧）と考えられている。

現職は何であれ官人である陰陽師と、民間の陰陽師とを区別して、前者を便宜的に「官人陰陽師」と呼ぶ研究者が多い。貴族社会の一員、官人一族というのが彼らの共通点で、無官の者や中世以降は幕府に仕える者もいた。

民間の陰陽師は、もっぱら祓《はらえ》に携わった。呪詛《じゅそ》を行なった例もある。前述したように、通称の陰陽師は主にまじない師なので、官人か否かによらず「陰陽師」と呼ぶことができるのである。以下、本書では、特に断らない限り「陰陽師」の語を広義で用いる。

役所を母体とする陰陽道

かつては中国から陰陽道が伝わったとされていたが、今日では、陰陽寮を母体として日本で誕生したという説が、研究者の間では通説になっている。陰陽道は、八世紀末以降の陰陽寮官人の活動領域の拡大により、九世紀後半から十世紀にかけて日本で形成された、現世での吉凶・禍福についての禁忌と術（占術や呪術）の集合体であり、それを職務とする専門家集団名である。陰陽道の範囲は、要するに広義の陰陽師の職務内容・領域で、占い、呪術（祭祀《さいし》を含む）、日時・方角禁忌の管理が三大職務だった。吉夢《きちむ》の解釈や人相《にんそう》占いは対象外で、易占《えきせん》も平安時代から室町時代の末まではしていない。

平安時代の「何々道《どう》」は、専門的な学問・技芸、および同業者集団を表わす語である。現代の「何々道」と「何々道界」を合わせたような意味を持つ。たとえば、書道と書道界である。式部省管下の大学寮の四道《しどう》が最初で、貞観《じょうがん》年間（八五九～八七七）ごろまでに、紀伝《きでん》道（文章《もんじょう》道）、明経《みょうきょう》道、明法《みょうぼう》道、算《さん》道が成立していた。「陰陽道」の熟語は、広義の「陰陽師」と同じく十世紀中に一般化した。

天慶《てんぎょう》五年（九四二）四月十四日、平将門《まさかど》・藤原純友《すみとも》の乱平定の報賽《ほうさい》に併せて、前の月に起きた天変《てんぺん》・地震や伊賀《いが》国・出雲《いずも》国での怪異が予告した「災難」の「攘除《じょうじょ》」を祈るために、伊勢神宮に臨時の奉幣《ほうべい》（御幣《ごへい》を奉ること）が行なわれた。その時の朱雀《すざく》天皇の宣命《せんみょう》に、「辞別《ことわけ》て申さく、去《さ》んぬる三月の比《ころ》に、天文、変《へん》を示し、地震、怪《かい》を致す。天文・陰陽等の道々、勘《かんが》へ申して云《い》はく」とある（『本朝世紀《ほんちょうせいき》』）。天変を天文道が占い、地震を陰陽道が占った。なお「等」は、複数を表わす接尾辞で、その他の「道」があるわけではない。「陰陽道」の熟語としては、村上朝の年中行事書『新儀式』四 臨時「天文密奏の事」に、「（占い結果が）重く慎《つつし》むべしと有らば、或いは真言教（密教）に依りて仏天《ぶってん》に祈請《きしょう》せしめ、或いは陰陽道に仰せて星辰《しょうしん》を祭禱《さいとう》せしめよ」とあるのが早い。

陰陽師が担う天文道

陰陽寮を母体として成立したのは陰陽道だけではなかった。天文道は、天文部門が陰陽頭の統括から独立し、天文博士を中心とした専門分野や専門家集団名となったものである。

「天文」とは「天」の「文《あや》」で、「天変」は「天文変異《てんもんへんい》」を縮めた語であり、彗星《すいせい》・客《きゃく》星《せい》（新星）・流星の出現、北極星や惑星の輝きの変化・接近などを指し、日月蝕《しょく》（食）も含む。いずれも現代では「天体ショー」として期待・観賞されているが、平安時代には凶事《きょうじ》の予兆として恐れられていた。

古代中国では、天変は至上神《しじょうしん》である天（天帝・上天《じょうてん》）が王者（天子《てんし》・皇帝）に示す臨時の意思表明で、王者の不徳・失政に対して天が下す懲戒《ちょうかい》（王者の死・反乱・災害など）の前兆とされ、これをうかがい国家や王者の未来を占う公的天変占星術が発達した。漢代以降、天命《てんめい》を奉ずる儒教の政治理念と一体化して、政治的意味を担う学術となる。また漢代には、天人相関説《てんじんそうかん》にもとづき、北極星を中心とする全天の星座を、皇帝・太后《たいこう》・太子《たいし》・官僚・官曹《かんそう》などに対応させ、各星座の変異を、地上での国家的変事の予兆とした。儒教的徳知政治を取り入れた日本の律令国家も、この公的天変占星術を継受《けいじゅ》して、陰陽寮の天文部門が定時観測を行ない（寅《とら》と戌《いぬ》）、天変が起きると天文博士が何の予兆か占って、陰陽頭が奏上した。

占い結果を記した占文（せんぶん・うらぶみ）の末尾には、「徳化を施し災殃《さいおう》を消すべし」という句が付されたが、平安時代には徳化の対応よりも、密教や陰陽道による攘災の祈禱が頻繁に行なわれた。星自体が神として祈願の対象とされていたことが影響している。また十世紀までには、頭を経ず博士や天文密奏宣旨《てんもんみつそうせんじ》を蒙《こうむ》った者が、陰陽寮別当《べっとう》である一上《いちのかみ》（第一の大臣。実質的に内覧《ないらん》や摂関）に奉り、大臣が見て密封して博士に返し、博士が蔵人所に持参して、蔵人から天皇に奉られるようになった（『新儀式』、『西宮記《さいきゅうき》』一五「依天変上密奏事」）。地震も、十世紀末までには天文道の管轄となり（藤原行成《ゆきなり》『権記《ごんき》』長徳四年〈九九八〉十月三日条）、何の予兆かを占い、密封奏上した（地震勘文《じしんかんもん》・地震奏《じしんそう》）。地震は、それ自体の被害があり余震の心配もあるが、平安時代には疫病や飢饉《ききん》などの凶事の予告と認識され、さらなる不安があったのである。

なお令の規定は、陰陽頭の職務のように種々崩れていくが一定の制約はあり、天文生や天文博士以外の者が学習や密奏を行なうためには宣旨《せんじ》が必要だった。明経家《みょうぎょうか》の中原《なかはら》氏は、院政期の中原師安《もろやす》（一〇八八〜一一五四）まで、代々天文学習宣旨・密奏宣旨を蒙った。

天文道の例は物語にも見える。たとえば、『源氏物語』薄雲《うすぐも》巻に、「その年、おほかた世の中騒がしくて（疫病が流行し）、公《おおやけ》ざまに物のさとし（公家《こうか》に対する怪異）しげく、のどかならで、天《あま》つ空にも、例に違《たが》へる（いつもと異なる）月日星の光見え、雲のたたずまひ（雲の異常な様子）ありとのみ世の人おどろくこと多くて、道々の勘文《かんがえぶみ》（怪異や天変などの意味を占なった結果を記した文書）ども奉れる」とある「道々」は、陰陽道と天文道である。この後、僧都《そうず》が冷泉《れいぜい》帝に、実父の光源氏に対する不孝の罪があることを伝えた。天皇が孝行によって応えようとする点で、儒教的である。漢学者の娘による、漢詩文が豊富にふまえられた物語らしい。また、「月日星の光」だけでなく「雲」の異常も取り上げているのは、職員令《しきいんりょう》④の「天文・気色」に対応する。

陰陽師が担う暦道

暦道《れきどう》は、陰陽寮の造暦担当の暦部門が平安中期に陰陽頭の統括から離れて、暦博士の職掌を中心とする自立した専門分野名・専門家集団名として用いられるようになったものである。その一員を「暦家《れきか》」と呼ぶ（藤原道長『御堂関白記《みどうかんぱくき》』長和二年〈一〇一三〉十二月一日条など。なお、道長は関白にはなっていない）。

「暦道」という熟語は、重明《しげあきら》親王の『李部王記《りほうおうき》』天暦四年（九五〇）十月八日条に、詩人たちのために村上朝に新設することになった「残菊《ざんぎく》の宴《えん》」が、凶会日《くえにち》・九坎日《くかんにち》という「暦道の忌《いみ》」により、「本文《ほんもん》」（典拠）である『玉燭宝典《ぎょくしょくほうてん》』（隋代の年中行事書）にもとづく十月五日にできず、八日に延期されたとある例が早い。「菊の宴」は九月九日重陽《ちょうよう》節に行なわれるが、父醍醐天皇が九月に崩御《ほうぎょ》したために、忌月《きづき》となり停止されていた。

さて造暦も、古代中国にさかのぼる。古代中国では、暦法は天の運動法則を具体化したものであり、天の代理としての王者（天子）による時間統御の象徴であるゆえに、暦を造り人民や支配下の諸国に頒布《はんぷ》することは、王者の特権だった。殷《いん》代から太陰太陽暦《たいいんたいようれき》（太陽の公転周期を元にしつつ、月の満ち欠けをひと月とする）を用いていたが、特に漢代以降、占星術と同様に、皇帝の国家支配権と不可分な政治的意味を担う学術となる。

日本でも陰陽寮に暦博士を置き、毎年の造暦を行なう体制を成立させた。暦は天皇による時間の支配の象徴なので、「暦日博士」の適任者を見つけられなかった「新皇」平将門（『将門記《しょうもんき》』）に王権維持が不可能なのは、当然だったのである。

ただし九世紀後半から十世紀末にかけて、天皇への御暦の奏《そう》は簡略化し、諸司・諸国用の頒暦《はんれき》（人給暦《ひとだまいのこよみ》）は最終的に作られなくなる。新たな暦の供給方法については後述するが、貴族らが入手した暦が頒暦ではないことを、先に述べておく。

なお、暦の頒布によって天皇が時間を一元的に支配する体制は揺らいだが、政治的理念そのものが失われたわけではない。その理念を受け継ぐものとして、延喜《えんぎ》五年（九〇五）撰進《せんしん》（または下命《かめい》）の『古今和歌集』以下の勅撰《ちょくせん》和歌集の四季の部立《ぶだて》がある。各歌についても、たとえば春歌上―二　紀貫之《きのつらゆき》「袖ひちて結びし水の凍れるを春立つ今日の風や解くらむ」に詠み込まれた「東風凍を解く《とうふうこおりをとく》」は、立春の日の七十二候《しちじゅうにこう》だが、その出典が『礼記《らいき》』月令《がつりょう》篇（孟春《もうしゅん》の月）であることに意義がある。さらに、四季や一日の順調なめぐりを描く『枕草子』の初段も、同様の発想にもとづく。新皇統の光孝系の宇多《うだ》朝に増補された年中行事も、風流だけではなく、王権による時の秩序の支配（時令《じれい》思想）を示すものである。

陰陽寮その後

陰陽寮の職員令からの変化は、三部門の独立以外にもあった。平安中期には、頭の位階は官位令《かんいりょう》の従《じゅ》五位下から正《しょう》五位下になり、助は従五位上、允・属・陰陽師は当時の最下位である正六位上となり、陰陽師↓属↓允の昇進経路が生まれていた。さらに允↓助↓頭と昇進した人物もいる。陰陽博士は、この途中で帯びることがあり、助と同等の位置づけだった。

十世紀後半の賀茂保憲《かものやすのり》（暦博士・陰陽頭・天文博士を歴任）以降は、賀茂氏の暦博士、安倍氏の天文博士や、その経験者などの位階が、公事《くじ》や私的な上流貴族への奉仕によって官

図2　天皇家略系図（光仁〜順徳）

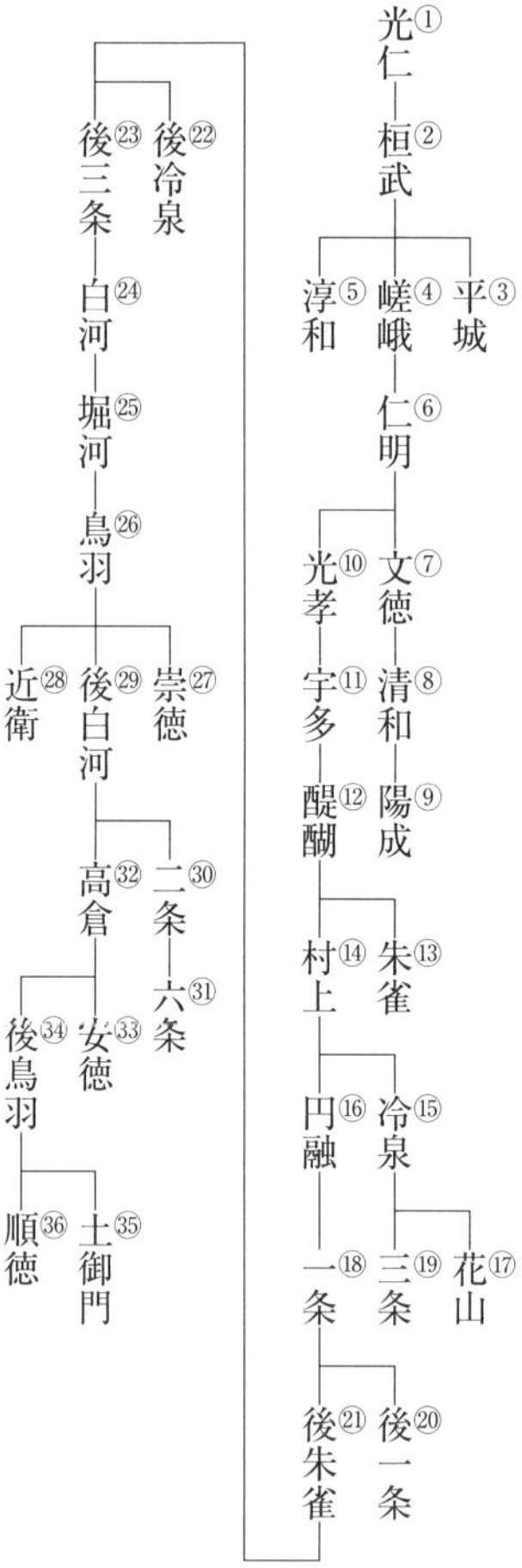

丸数字は系図内の代数。

位を得る機会に恵まれて頭以上になり、上臈《じょうろう》として陰陽道の主導権を握るようになった。たとえば、正暦《しょうりゃく》四年（九九三）二月三日、安倍晴明が一条天皇の急病を祓で治して臨時に正五位上に加階されている（藤原実資《さねすけ》『小右記《しょうゆうき》』）。彼らは寮を離れた後も公事に奉仕し続け、本来は寮務の最高責任者だった陰陽頭が、公的な日時勘申《にちじかんじん》で署名のみを行なうことや、神祇官とともに行なう重要な卜占《ぼくせん》の場で末席になることもあった。惟宗文高《これむねのふみたか》が、そのような目に遭った頭の一人である。なお道長が自筆の日記で「文隆」と書き間違っているので、訓読みされていたことが確認できる。もちろん歌集や物語などの仮名文学作品にも男子名の訓読みの例はあるが、これは呼んだ本人によるリアルタイムの例である。道長の当て字は、他にも「教経《きょうきょう》」（孝経）、「糸星《いとほし》」「糸惜《いとをし》」（正しくは「いとほし」）の併用など、国語史的にも重要なものが少なくない。

ただし、主に惟宗氏や大中臣《おおなかとみ》氏などが務めていた陰陽頭も、十一世紀後半の天喜《てんぎ》三年（一〇五五）の安倍章親《あきちか》以後、賀茂・安倍両氏が独占するようになり（賀茂氏のほうが多い）、陰陽寮と陰陽道の二重構造、矛盾は解消される。助も同様に独占し、安倍有行《ありゆき》の権博士在任中の康平《こうへい》年間（一〇五八〜六五）に、賀茂道平《みちひら》が博士になって以降、正権《せいごん》陰陽博士も独占した。また両氏は、官職譲渡の慣行と譜代《ふだい》の家系重視の風潮を背景として、十一世紀中頃までには暦・天文の各博士・権博士を独占して家職《かしょく》としたが、地位の低い漏刻博士の独占は、十三世紀以降と遅れた。なお、このような特定の家による特定の官職の独占（官《かん》司請負制《しうけおいせい》）は、知られるように医道《いどう》の丹波《たんば》・和気《わけ》、紀伝道の菅原《すがわら》・大江、明経道の清原・中原、算道の三善《みよし》・小槻《おづき》などがあり、陰陽寮に限らない。

術数文化とは

さて、陰陽道の日本での成立については共通理解ができた上で、新たな議論が起きている。たとえば細井浩志《ひろし》氏は、熟語の成立に先立つ実態の成立に重きを置き、九世紀ではなく八世紀を、陰陽道の成立時期とされている。

また水口幹記《もとき》氏らは、前近代の東アジア諸地域に広く伝播し文化的影響を与えた数理と占術にわたる関連文化を、広く「術数《じゅつすう》文化」と呼び、陰陽道（および天文道・暦道）も「術数文化」の一環、日本的展開として捉えることを提唱されている。特殊なものと見られがちな陰陽道を、国際的に扱うことができるものとする、有意義な視点といえよう。閉鎖的なイメージのある陰陽道こそ、実は東アジア世界に開かれたものだったのである。山下克明《かつあき》氏によると、陰陽師の土公祭《どくうさい》（後述）に類似した除病の祭祀である道教《どうきょう》の「五土解」が、トルファン（中国西域《さいいき》）でも行なわれていたという。なお道教は、現世利益《げんせりやく》、福徳長寿を祈る宗教で、仏教のような公伝《こうでん》はなかったが、日本文化に種々影響を与えている。

「術数（数術）」は、早くは『漢書《かんじょ》』芸文志《げいもんし》（書籍一覧）の七分類である七略《しちりゃく》のうちの「数術略」に、天文・暦数・五行・蓍亀《しき》・雑占・形法（相人《そうにん》）が含まれる。『隋書《ずいしょ》』経籍志《けいせきし》からの四部《しぶ》（経《けい》・史《し》・子《し》・集《しゅう》）では子部《しぶ》に分類され、清《しん》の『四庫全書総目提要《しこぜんしょそうもくていよう》』では子部の三において、科学である「天文・算法類」（算・天文・暦法）と、占術の「術数類」（易占・式占《しきせん》など）に分けられた。「術数文化」という場合は両者を分けない。

山下氏は、藤原浜成《はまなり》の薨伝《こうでん》（『続日本紀《しょくにほんぎ》』延暦九年〈七九〇〉二月乙酉《いつゆう》条）に、「略群書《ほぼ》に渉《わた》りて頗《すこぶ》る術数を習へり」とあることや、男継彦《つぐひこ》が陰陽頭になり、子孫から寮官人が出ていることから、日本でも陰陽寮関係の学術は「術数」と認識されていたとされる。さらに、藤原佐世《すけよ》編の九世紀末の宮廷の蔵書リスト『日本国見在書目録《にほんこくげんざいしょもくろく》』における術数分野が「天文家」「暦数家」「五行家」であること、「五行家」には呪禁、符印、五行、六壬《りくじん》、太一《たいいつ》、易、遁甲式《とんこうしき》、相《そう》、仙術の細目があり、呪禁《じゆごん》・符印・仙術といった道教系の呪術や呪符《じゆふ》も「五行家」に含まれるとするのが、当時の日本の学者の理解だったことを指摘されている。なお、「五行家」の直後の「医方家《いほうか》」に挙げられた医書も、陰陽寮の職務拡大と関係が深い。

本書では、陰陽道の東アジア諸国の伝統文化との共通性も視野に入れつつ、日本文化としての独自性のほうに重きを置いて、平安時代の陰陽道や陰陽師の実態を取り上げ、それらによって平安時代を見ていきたい。陰陽道の成立と展開には、日本の平安時代ならではの要素が重要だと思われる。

留意すべき視点

ただし平安時代は約四百年間続き、陰陽道成立後に限っても約三百年ある。三百年間で種々の変遷があった。本書では、各時代の違いにも可能な限り留意したい。特に十一世紀後半以降、中世の始まりとされる時代は、平安中期の陰陽道とは異なる点が少なくない。逆に、十二世紀末のある時点からが鎌倉時代とされるものの連続性があるので、十二世紀末の記事も数例、取り上げる。

また陰陽師の職務については、公的・私的の違いに加えて、対象が集団か個人かの違いも重要である。この組み合わせは四通りで、公的な個人とは、主に天皇を指す。現代の占いやまじないは基本的に個人が対象なので、集団が対象ということがややわかりにくくなっているが、たとえば横溝正史《よこみぞせいし》の小説の「祟《たた》り」を想起するなら、一家・一族や地域単位、つまり集団の不安というものが理解しやすいのではないだろうか。

さらに、陰陽道における対照的な要素としては、賀茂氏と安倍氏がある。両氏の違いは、暦道・天文道以外にも種々あるが、陰陽道における評価は賀茂氏が優っていた。晴明の師匠の保憲が若い時から活躍し、学術と進取《しんしゅ》を兼ね備え、三道《さんどう》に通じた最も優れた陰陽師だった。その後も陰陽師といえばまず賀茂氏であったことは、陰陽道史研究においては常識となっているが、一般にはほとんど知られていないのではないか。平安文学研究者にとっても賀茂保憲は、紀伝道の慶滋《よししげ》（賀茂の同訓に改姓）保胤《やすたね》の兄や、歌人賀茂保憲女の父としてのほうが知られているかもしれない（藤原道綱《みちつな》が道綱母の息子であるように）。ちなみに彼女の家集《かしゅう》（個人の和歌集）『賀茂保憲女集』には、祓に用いる「大幣《おおぬさ》」や「あまがつ」（人形《ひとがた》）は詠まれているが、特に陰陽道の要素は見えず、むしろ中国の故事《こじ》や詩語《しご》などの知識が目立ち、紀伝道寄りである。

一般には、小説・漫画・映画等々を通じて、「陰陽師といえば安倍晴明《せいめい》」という認識が強い。もちろん晴明《はるあき》は優れた陰陽師の一人だった。しかし活躍は初老になってからであり、長寿や老獪さが取り得である。また悪霊《あくりょう》退散は、密教僧が担ったもので、保憲・晴明に限らず、陰陽師にはできなかった。陀羅尼《だらに》も誦まない。平安時代以降の陰陽師や密教僧のさまざまな能力が、晴明一人に過大に投影されているというのが実情である。

本書の方針・ねらい

陰陽師の実像については、本シリーズにも繁田信一《しげたしんいち》氏著『安倍晴明―陰陽師たちの平安時代―』（二〇〇六年）がある。十世紀後半以降の、国司に伴い下向して目代《もくだい》（代理）を務めたり土着したりする陰陽寮官人の存在や、位禄に限らない陰陽師の収入など、重要な指摘がなされている。地方に下った官人陰陽師の一人が、有名な永延二年（九八八）十一月八日付の「尾張国解文《おわりのくにげぶみ》」に見える五位権天文博士惟宗是邦《これくに》である。彼らの存在は、『源氏物語』須磨《すま》巻の摂津《せっつ》国に通う陰陽師や、『今《こん》昔物語集《じゃくものがたりしゅう》』の能登《のと》国在住の陰陽師などについて考える上でも看過できない。

ただし、繁田氏が陰陽道を宗教とみることを否定されることや、天文得業生《てんもんとくごうしょう》（天文生から選ばれた特待生）を広義の陰陽師に含めないことについては疑問も感じるので、後で改めて考えてみたい。

本書は、繁田氏のご著書と重複する内容も多いが、用例として文学作品や幼学書《ようがくしょ》（初学者のための教科書・学習参考書）を、やや多めに取り上げることが違いの一つである。陰陽寮の読み方で挙げた『倭名類聚抄』も幼学書の一つで、その編者源順の弟子の源為憲《ためのり》は、平安貴族の基礎知識の暗誦記憶術集『口遊《くちずさみ》』（九九《くく》も収録されている）、仏教入門書『三宝《さんぼう》絵詞《えことば》』、故事成語集『世俗諺文《せぞくげんぶん》』を編纂した。本書では『口遊』を取り上げる。藤原為光《ためみつ》の七歳の長男松雄君《まつおぎみ》（誠信《さねのぶ》。斉信《ただのぶ》・義懐《よしちか》室・忯子《しし》の同母兄）のために編纂され、天禄元年（九七〇）に成立した。行成が四男良経《よしつね》に請われて、『倭名抄』や兼明《かねあきら》親王の書の写しとともに与えていることから（『権記』寛弘八年〈一〇一一〉十一月二十日条）、貴族社会で普及していたことがわかる。他に、往来物《おうらいもの》の嚆矢《こうし》である藤原式家《しきけ》の明衡《あきひら》編『雲州往来《うんしゅうおうらい》』（別名『雲州消息《うんしゅうしょうそく》』『明衡往来《めいこうおうらい》』）、同じく明衡作の職業尽くしの『新猿楽記《しんさるがくき》』も用いる。

また文学作品は、説話だけでなく、和歌や物語などの仮名作品も取り上げたい。『蜻蛉《かげろう》日記』や『源氏物語』などを除き、陰陽道についてはあまり注目されてこなかった。しかし、平安仮名文学の成立・発展と陰陽道のそれとは軌を一にする点がある。

また、文学作品を取り上げることとも関わるが、本書では陰陽師への依頼者側、受益者側にやや重きをおく。皇族・貴族は陰陽師に何を求めたのか。それに応じて陰陽師の果たした役割について述べ、陰陽師の実態に迫りつつ、陰陽道とは何かを改めて考え、それを通じて、文学作品の背景でもある平安時代の貴族の心理や生活、社会の一端を明らかにすることができればと思う。以下、依頼の種類つまり陰陽師の職務ごとに、具体的に見ていき、最後に現代との接点についても触れたい。

占い

未知・未来を知らせることによる不安の解消

陰陽五行説、干支の基礎知識

占いを取り上げる前に、占いをはじめ陰陽道《おんようどう》全般に関わる基礎知識を確認しておきたい。陰陽五行《いんようごぎょう》説に関することがすべて陰陽道ではないが、陰陽道は陰陽五行説と深く関わっている。陰陽説と五行説は、中国の戦国時代（前四〇三〜前二二一）に生まれた。

陰陽五行説と十干

「陰陽《いんよう》」は、本来、日陰と日向《ひなた》を表わす字である。「山陽《さんよう》」は山の南側で、「河陽《かよう》」は河の北側を指す。陰陽説は、あらゆる事象が陰と陽の対照的な存在（二気）が相対し消長することから成り立つとする二元論《にげんろん》で、抽象的な概念も表わすようになった。本書と関わる主なものを表1に挙げておく。なお左右の優劣については、邪道を「左道《さどう》」と呼ぶような陰陽説とは逆の考え方もあった。「左遷」も、そちらの例である。

五行説は、万物《ばんぶつ》が木《き》・火《ひ》・土《つち》・金《かね》・水《みず》の「五材《ござい》」から成り立つとする五元論《ごげんろん》である。金は金属で、マネーではない。こちらも、「五臓」「五穀」「五果」「五音《ごいん》」や「五徳・五常」など、さまざまなものに配当された。陰陽説とは別に生まれたが、遅くとも漢代には結びつき、陰陽五行説となる。表2に、「五方」「五色《ごしき》」など、本書と特に関わる配当と「十《じっ》干《かん》」を挙げておく。

十干は、本来、植物の変化する状態の十段階を表わす字で、日を表わす単位（十日＝旬《じゅん》ごとの十進法）として陰陽五行説以前からあったが、五行それぞれの陰陽であると説明されるようになる。たとえば、甲は「木《き》の兄《え》（陽）」、乙は「木《き》の弟《と》（陰）」という兄妹である。庚・辛は「金の兄」「金の弟」だが、それが縮まって「かのえ」「かのと」という。「甲乙」は「院宣《いんぜん》と宣旨《せんじ》と、いづれ甲乙か候《そうろ》ふ」（『保元《ほうげん》物語』巻中）のように、陰陽そのままに優劣としても用いられるが（現代は「甲乙つけ難い」が一般的）、「甲乙丙丁」の場

表1　陰陽説

	性別	兄弟	天体	天地	方円	数字	動静	剛柔	春秋	昼夜	上下	前後	左右
陽	男	兄	太陽	天	円	奇数	動	剛	春	昼	上	前	左
陰	女	弟	太陰	地	方	偶数	静	柔	秋	夜	下	後	右

表2　五行と十干

五行	五方	四時	五色	四神	五星	十干
木	東	春	青・蒼	青龍	歳星（木曜）	甲《こう》・乙《おつ》
火	南	夏	朱・赤	朱雀	熒惑（火曜）	丙《へい》・丁《てい》
土	中央	（土用）	黄	（勾陳）	鎮星（土曜）	戊《ぼ》・己《き》
金	西	秋	白・素	白虎	太白（金曜）	庚《こう》・辛《しん》
水	北	冬	玄・黒	玄武	辰星（水曜）	壬《じん》・癸《き》

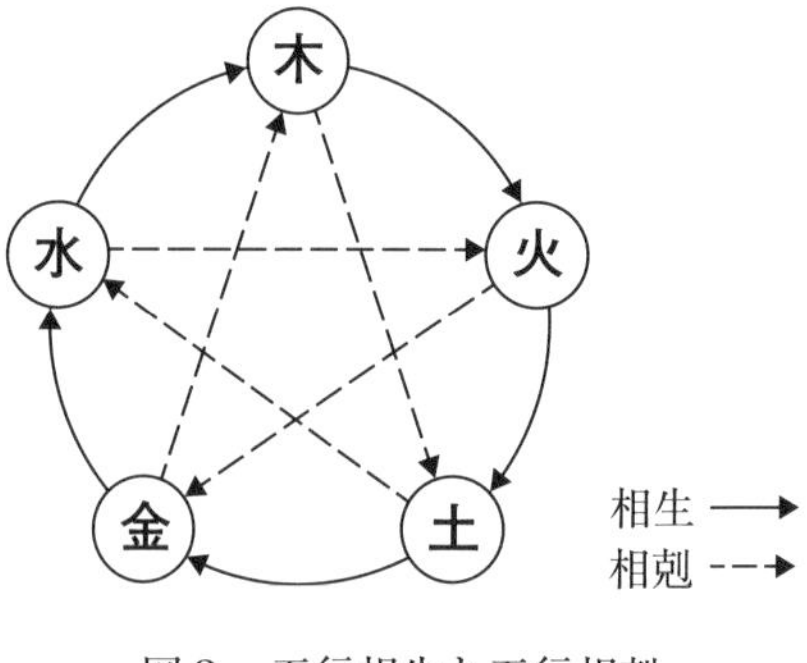

図3　五行相生と五行相剋

合、丙は乙に劣る。近代まで成績評価にも用いられたが、「丙合《へいごう》」（丙種合格）などが平安時代の伊勢神宮の斎宮《さいぐう》や勅使《ちょくし》選びなどの、亀卜《きぼく》の結果の示し方だった。また、現代の契約書において立場や場所を順に表わすのも、平安時代の穢《けが》れ（死や産、失火《しっか》などによる）の伝染の仕組みの説明と共通する。甲所《こうしょ》が穢れている場合、乙が座る（着座する）と、乙が行って座った乙所全体が穢れる。乙所に丙が座ると丙本人だけが穢れ、丙が行って座った丙所は穢れない。ただし丙所に乙が座ると丙所全体が穢れる。丙所に丁が座っても穢れない（以上『延喜式』巻三神祇三触穢条《しょくえ》）。穢れないように「立ち乍《なが》ら」言葉や物の授受をしたという記事が散見する。ウィルスや細菌などと異なり、実際には伝染性のないものに対してこのようなルールがあったことは厄介ではあるが、際限なく心配することは防げた。なお死や産で穢れとされたのは、人と「六畜《ろくちく》」（牛・馬・羊・犬・鶏・豕《ぶた》）に限られる。

「四神《しじん》」は、早くは銅鏡の裏面の装飾に用いられ、古墳の壁にも描かれていた。天皇の即位式では日月と四神の幡《はた》（旗）を立てる。

「五色」は、東の色は青などというが、方角そのものに色があるわけではない。木の性質を持つ季節が春であり、春は東方《とうほう》から来て（すべて季節風と同じ）、春の色は青なので、東と青が対応する。「黄」は、まさに土地の色（黄土高原《こうど》）で飴色《あめいろ》を含み、「青」はブルー（青海原）、グリーン（青葉）、グレー（青雲・青毛・青鷺）、ブラック（青眼《せいがん》）、オリーブイエロー（青色の袍《あおいろのほう》）などに当たる。「青磁《せいじ》」の色の幅を想起されたい。平安時代の雨乞い（祈雨《きう》・請雨《しょうう》）では、奉幣に加えて陰・水の「黒馬」を、丹生川上《にうかわかみ》神社や貴船《きふね》神社などの水をつかさどる神社に奉納した。止むことを祈る場合（止雨《しう》）は陽・火の「赤馬」である。五色は他に、「青春《せいしゅん》」「白秋《はくしゅう》」や秋の「白露《しらつゆ》」など、五行説にもとづく熟語が今も用いられている。文学作品では青・白の対《つい》、呪術では赤・黒の対の例が多い。

ただし取捨選択もなされた。現代も身近な五行の例の一つが相撲の土俵の柱（房《ふさ》）の色であろうが、青・白・赤と黒または紫が用いられている。寺や能舞台などの五色の幕も紫で、黒は避けられる傾向にある。平安時代も黒や赤は忌避される場が多く、逆に、白や間《かん》色《しょく》の紫・緑が好まれた。間色と正色（五色）については、十干や八方の色として方角禁忌で改めて取り上げる。

五行相生と相剋

五行の「行」は「めぐる」という意味で、五材についての循環論があった（図3参照）。

一つは「五行相生《そうしょう》」で、木は火を生み、火は土を生み、土は金を生み、金は水を生み、水は木を生む。木《もく》→火《か》→土《ど》→金《こん》→水《すい》→木の順である。木が燃えて火が生まれ、火による灰が土になり、土の中から鉱石が出てきて、金属が冷えて水が生じ、水が木を育む。

もう一つは、「五行相剋《そうこく》（相勝《そうしょう》・相克《そうこく》）」で、木は土に剋《か》ち、土は水に剋ち、水は火に剋ち、火は金に剋つ。木→土→水→火→金→木の順である。こちらはよりわかりやすい。木は土を破って芽を出し、土で水を制御し（治水）、水で火を消し、火で金属を溶かし、金属の斧や鋸《のこぎり》で木を伐る。特に五行相剋が、陰陽道の占いや呪術において重要だった。物《もの》忌《いみ》が「昨日・今日」のように二日ずつであるのも、怪異発生の日の五行に剋つ五行の日（十干）ごとだからである。なお、「晴明桔梗《ききょう》」や「セーマン」と呼ばれる五芒星《ごぼうせい》「☆」は、五行相剋を表わすが、八・九世紀の遺跡から発掘された土器に墨書《ぼくしょ》または線刻されたものや、十二世紀の呪符木簡《じゅふもっかん》などの例があり、大陸から伝わった北斗信仰と関わる魔除けなどの記号が先行して、十四世紀に晴明と結びつくという。

また五行相生も、誕生に関して用いられていた。生まれた日の五行ごとの「胞衣《えな》（胎盤）を蔵《おさ》むる吉日」や、生まれた日の五行と「着衣始《きそはじめ》・着始」という儀式で着る「産《うぶ》衣《ぎぬ》」の色の関係などである。いずれも新生児の無事な成長を祈るまじないといえよう。

後者の産着の色は、永観二年（九八四）、医師（針博士《しんはかせ》）丹波康頼《やすより》撰進の『医心方《いしんほう》』巻二五「小児初着衣方第十七」の引く中国六朝《りくちょう》時代の『産経《さんきょう》』という医書や、康和二年（一一〇〇）ごろ成立で、白河上皇に献上された賀茂家栄《いえよし》著『陰陽雑書《おんようざっしょ》』第五産雑事「著衣吉日」、元暦《げんりゃく》元年（一一八四）に安倍泰忠《やすただ》が書写した『陰陽略書《おんようりゃくしょ》』択日吉凶「着衣日」に見えている。丙・丁生まれなら、火を生む木の色「青」の衣を着るが、甲・乙生まれの場合、医書では木を生む水の色の「黒」だが、陰陽道書《おんようどうしょ》はともに「緑」とする。前述した黒の忌避の一例である。実際に、承元《じょうげん》三年（一二〇九）五月二十二日甲寅生まれの九条道《くじょうみち》家《いえ》女竴子《しゅんし》の産着は、「緑色」が用いられた（道家『玉蘂《ぎょくずい》』同年五月二十五日条、六月五日条）。新生児に黒い衣を着せられないという感覚は、現代人にも理解しやすいだろう。黒は平安時代も喪服の色だった。なお、水の色の扱いに違いはあるものの、産着の色の典拠が医書であることに留意しておきたい。

『産経』から『医心方』『暦林』へ

『産経《さんきょう》』は、『日本国見在書目録《にほんこくげんざいしょもくろく》』の「医方家」に、「産経十二巻〈徳《とく》貞常《ていじょう》撰〉」とある逸書《いっしょ》である。『うつほ物語』蔵開上《くらびらきじょう》巻には、遣唐使の清原俊蔭《としかげ》が持ち帰った書として、「薬師書《くすしぶみ》、陰陽師書、人《ひと》相する書」に続いて「孕《はら》み子《ご》生む人のこといひたる」が見え、直後に「産経などいふ書」と言い換えられている。俊蔭外孫《がいそん》で主人公の藤原仲忠《なかただ》が、妻の女一宮が妊娠した際、これにもとづいて食事を考え自ら調理した。仲忠は母・妻・娘を尊重する「逆三従《さんじゅう》」的主人公である。

また『産経』は、日時・方角の吉凶の禁忌が多く、保憲の著書『暦林《れきりん》』（散逸）十巻中、一巻分の基になった。中山忠親《ただちか》の『山槐記《さんかいき》』治承《じしょう》二年（一一七八）十一月十二日条に、「大夫《だいぶ》（平時忠《ときただ》）、侍《さむらい》に下知《げち》し、東門を開かしむ。〈日来《ひごろ》閉づる所の小門なり。〉此の事、『暦琳』（『暦林』）産経の巻《まき》に見ゆ」とあり、高倉天皇中宮平徳子《とくし》の出産の際にも活用された。これに相当する記事が、『医心方』巻二三「治産難方第九」の「『産経』云《い》ふ、産難（難産）の時、皆、門・戸・窓・瓮《ほとぎ》・瓶《かめ》・釜、一切の蓋《ふた》有るの類《たぐい》を開く、大いに効《き》く」である。

十二支も、本来、植物の変化する十二の状態を表わす字で、年と月を表わす単位として用いられるようになり、その後、子《し》は鼠、丑《ちゅう》は牛など、動物が当てられた（生肖《せいしょう》）。後漢《ごかん》の王充《おうじゅう》『論衡《ろんこう》』物勢《ぶっせい》篇に断片的に見られるのが初出とされてきたが、考古学の進展により、紀元前からであることが明らかになっている。湖北省雲夢県睡虎地《うんぼうけんすいこち》の秦《しん》代の墓で発掘された竹簡《ちっかん》（秦簡）の「日書《にっしょ》」に見え、内容は戦国時代にさかのぼるという。「日書」は、五行説により日の干支《かんし》の吉凶などを説く、戦国時代末頃からの民間の占いの書で、秦・漢代の陵《りょう》・墓から出土する竹簡や木牘《もくとく》（木簡）に記されている。建除《けんじょ》（十二直《じゅうにちょく》）や呪術の禹歩《うふ》（後述）もすでに見える。占い師は「日者《にっしゃ》」と呼ばれた。

十二支とその具体例

十二支で方角や時刻を表わすことは広く知られている。特に「正午」や「午前・午後」は、現代も不可欠な熟語である。八卦《はっけ》（後天八卦《こうてんはっけ》）の方角と併せて、表3に挙げておく。丑寅《うしとら》＝艮＝東北は、現代でも「鬼門《きもん》」の方角として知られている（北東《ノースイースト》は欧米の表記なので本書では用いない）。『保元物語』巻上「将軍塚鳴動《しょうぐんづかめいどう》並びに彗星出づる事」には、「鬼門の方《かた》に当りては、日吉山王御座《ひよしさんおうましま》す」とあり、九条兼実《かねざね》の同母弟の天台座主慈円《てんだいざすじえん》は、承元二年（一二〇八）に、「我が山は花の都の丑寅に鬼ゐる門《かど》を塞《ふた》ぐとぞ聞く」と詠んだ（『拾玉集《しゅうぎょくしゅう》』四―四八〇〇）。その左注《さちゅう》に、「平安城《へいあんじょう》」の「鬼門」に天台山があり、桓武天皇と最澄《さいちょう》との間に都についての「契約」があったことが記されている。

鬼門についてもう一例、『作庭記《さくていき》』「立石《たていし》の口伝《くでん》」中の「禁忌」の一つを挙げておきたい。これを犯すと家主は病死し、荒廃して「鬼神のすみか」になるという。『作庭記』は、藤原頼通《よりみち》男で養子に出された橘 俊綱《たちばなのとしつな》（一〇二八～九四）が、寝殿造《しんでんづくり》の庭作りを論じた書である。物が霊物となり祟る場合があるという発想も、陰陽道との共通点として看過できない。また石は魔除けにもなった。

未《び》	申《しん》	酉《ゆう》	戌《じゅつ》	亥《がい》
13～15	15～17	17～19	19～21	21～23
土	金	金	土	水
西南		西	西北	
坤《こん》 ☷		兌《だ》 ☱	乾《けん》 ☰	

高さ四尺《ししゃく》、五尺の石を庭の丑寅の方角に立ててはいけない。「霊石《れいせき》」となって「魔縁《まえん》」が入ってくる拠《よ》り所となるので、住人は短命になるであろう。ただし未申《ひつじさる》の方角に「三尊仏《さんぞんぶつ》」に相当する石を立てて丑寅の石と向かい合わせると、その石は「祟り」をなさず、「魔縁」は入ってこないであろう。（現代語訳）

同書の内容は、「東方」に大きな「白石」を置くなど、その方角の五行を剋する色の大石を立ててはいけない、古い場所に祟りを成す石があれば、「その石を剋する色の石」を立石に混ぜると祟らないなど、五行相剋も顕著である。

表3　十二支による時刻と方角

十二支	子《し》	丑《ちゅう》	寅《いん》	卯《ぼう》	辰《し》	巳《し》	午《ご》
時刻	23～1	1～3	3～5	5～7	7～9	9～11	11～13
五行	水	土	木	木	土	火	火
八方位	北	東北		東	東南		南
八卦	坎《かん》 ☵	艮《ごん》 ☶		震《しん》 ☳	巽《そん》 ☴		離《り》 ☲

丑寅は、空間だけでなく時間の境界としても重視されていた。一日の始まり（旦《たん》・暁）は「寅《とら》」であり、「丑寅」の境、つまり午前三時をある場所で過ごすことを「宿《しゅく》す」という。「一《いっ》宿《しゅく》」の意味が限定的であることが、物忌や方違《かたたがえ》の行ない方に関わるので重要である。

子《ね》と午《うま》、丑《うし》と未《ひつじ》、寅と申《さる》など、方位に配置した際（円形で示した際）に向かい合う関係になる十二支を「対衝《たいしょう》」という。この二つの対応は、現代の例は「子午線《しごせん》」や、「丑寅」と「未申」の鬼門と裏鬼門《うらきもん》などに限られるが、平安時代は、前述の時ごとに太鼓を撃つ回数や、物忌を行なうべき人の年回《としまわ》り、凶《きょう》日《にち》の「厭日《えんにち》」と「厭対日《えんたいにち》」、年齢ごとの凶日である「衰日《すいにち》」の組み合わせなど、多くの禁忌に関わる。

また占いでは、十二支の五行が用いられた（表3の三段目）。

二十四気、節月と暦月

旧暦（太陰太陽暦・太陽太陰暦・陰暦）は、月（太陰）の満ち欠けで日付が決まる。大《だい》の月は三十日間、小《しょう》の月は二十九日間である。閏年《うるうどし》

表4　暦月、節月・二十四気

四季	十二月	暦月	節月 節気	節月 中気
春	正月	睦月	立春	雨水
	二月	如月	啓蟄	春分
	三月	弥生	清明	穀雨
夏	四月	卯月	立夏	小満
	五月	皐月	芒種	夏至
	六月	水無月	小暑	大暑
秋	七月	文月	立秋	処暑
	八月	葉月	白露	秋分
	九月	長月	寒露	霜降
冬	十月	神無月	立冬	小雪
	十一月	霜月	大雪	冬至
	十二月	師走	小寒	大寒

はない。一日（朔《さく》）は新月で、三日が三日月、十五日前後が満月（望《ぼう》）である。
しかし陰陽道で用いる月は、ほとんどの場合、二十四気《にじゅうしき》にもとづく、いわゆる節月《せつげつ》である。二十四気は、太陽の動きにより、一年を十五日ずつに分けたもので、各月の節気《せっき》と中気《ちゅうき》がある。現代は「二十四節気」と呼ぶ。

「節分（せつぶん・せちぶん）」は、季節を分ける日で、四立《しりつ》の前日すべてであり、立夏・立秋・立冬の前日も、「節分」と呼ばれた。節月では、立春が一年の始まり、一月一日で、節分（春《はる》節分）は最終日、十二月三十日である。なお、二十四気の各十五日だけでは一年が三百六十日で、地球の公転周期よりも少ないが、日数を数える際には入れない「没日《もつにち》」が置かれた（類似の「滅日《めつにち》」は、平安時代は数えている）。

このように、一年の始まりは元日（睦月《むつき》の一日）と立春、一年の終わりは大晦日（師走《しわす》の尽日《じんじつ》、三十日または二十九日）と春節分の二通りがあった。各年も月も日も、すべて暦月《れきげつ》と節月の二通りである。表4に示しておく。

なお暦月にも、二十四気が関わっている。旧暦は、イスラム暦のような純粋な太陰暦ではない。中気で何月なのかが決まり、次の月の中気を含まない月は閏月《うるうづき》である（漢の武《ぶ》帝《てい》時代に確立した置閏法《ちじゅんほう》）。たとえば、暦月「正月」の後のひと月に、「二月」の中気の「春分」が含まれていなければ、その月は「閏正月」になる。

干支、六甲

十干《じっかん》のうち、甲《きのえ》・丙《ひのえ》・戊《つちのえ》・庚《かのえ》・壬《みずのえ》は「陽干《ようかん》」（兄《え》）で、乙《きのと》・丁《ひのと》・己《つちのと》・辛《かのと》・癸《みずのと》は「陰干」（弟《と》）である（表2）。十二支も、子《ね》・寅《とら》・辰《たつ》・午《うま》・申《さる》・戌《いぬ》を「陽支《ようし》」、丑《うし》・卯《う》・巳《み》・未《ひつじ》・酉《とり》・亥《い》を「陰支」と呼ぶ。十干と十二支の組み合わせが、「干支」（かんし・えと）である。現代は「干支」が十二支のみを指す場合が多い。しかし文字からもわかるように、本来は組み合わせを指す。十と十二の最小公倍数の六〇通りある。ともに偶数なので、「甲子（こうし・かっし）」「乙丑（いっちゅう・おっちゅう）」以下、陽干と陽支、陰干と陰支の組み合わせのみで、陽干と陰支、陰干と陽支の組み合わせはない。これによって、年や日などを表わした（干支紀年法《かんしきねんほう》・紀日法《きじつほう》）。六《りっ》国史《こくし》のうち『日本書紀』から『続日本後紀』までは、日付がなく干支のみである。現代も生まれ年の干支が再びめぐってくる「還暦《かんれき》」が知られている。

「六甲《ろっこう》」は、①狭義では陽干「甲」と各陽支の組み合わせ、つまり甲子《こうし》・甲戌《こうじゅつ》・甲申《こうしん》・甲午《こうご》・甲辰《こうしん》・甲寅《こういん》の六つの総称である。また②二つ目の意味として、①の六つの甲《こう》から癸《き》までの十干と十二支の組み合わせ、つまり干支全体も指す。後者は「六旬《りくじゅん》」ともいう。

また、干支のうち最初の「甲子」は、①甲子《きのえね》のほか、②干支全体も指す。つまり、干支＝六甲②＝六旬＝甲子②である。次の詩句のように、「甲子」には③年齢の意味もあるので、同い年を「同甲子《どうかっし》」という。

　年長《た》けて毎《つね》に労す　甲子を推《お》すに（年をとって、いつも年齢を数えるのに苦労する）
　夜寒くして初めて共にす　庚申を守るを（寒い夜に、初めて一緒に守庚申《しゅこうしん》をする）（『和漢朗詠集』巻下庚申許渾王山人《きょこんおうさんじん》に贈る）

「庚申《こうしん》」は、後に仏教や神祇《じんぎ》信仰と習合《しゅうごう》するが、元は道教の習俗で、日本でも八世紀後半から行なわれた。人の体内には三尸《さんし》という虫がいて、庚申の夜、寝ている間に天に上り、司命神《しめいしん》に犯した罪科を告げて早死させるので（『抱朴子《ほうぼくし》』内篇《ないへん》「微旨《びし》」）、それを防ぎ長生きするために眠らないようにした（『酉陽雑俎《ゆうようざっそ》』）。平安時代は「庚申を守る・守庚申」といい、「庚申待ち」とはいわない。宮中や貴族の邸宅では、詩会、歌会、管絃などを行なったが、当夜の「乱行」により解任された者もいた（『御堂関白記』寛弘五年三月三日条）。

また「辛酉《しんゆう》」は、変事（革命）のある年として、儒家の三善清行《みよしきよゆき》が奏上したことで知られる。昌泰《しょうたい》四年（九〇一）辛酉が延喜元年になった。その後の改元（時の更新）は、代《だい》始め、辛酉などの厄歳《やくさい》、災異《さいい》（彗星など天変を含む）による。

陰陽生の教科書

以上のような陰陽五行に関する基礎知識は、陰陽生《おんようしょう》の教科書の一つ、隋の太常卿《たいじょうきょう》の蕭吉《しょうきつ》編『五行大義《ごぎょうたいぎ》』にまとめられている。『五行大義』は、五経《ごきょう》のうちの『易経《えききょう》（周易《しゅうえき》）』『書経《しょきょう》』『礼記』（特に月令《がつりょう》篇）、『淮南子《えなんじ》』、『漢書』の五行志（災異一覧。「志」は記《しる》すの意）や律暦志《りつれきし》などを引いて理論を示す。一方、『口《くち》遊《ずさみ》』や、三善為康《ためやす》編『掌中歴《しょうちゅうれき》』（これと逸書の『懐中歴《かいちゅうれき》』を合わせたのが鎌倉初期の『二《に》中歴《ちゅうれき》』）、藤原資隆《すけたか》編『簾中抄《れんちゅうしょう》』などでは、貴族向けに知識のみが挙げられている。

陰陽寮の各部門で習得しておくべき書籍は、令《りょう》には規定がなく、藤原仲麻呂《なかまろ》の意向を反映した孝謙《こうけん》天皇の勅命により、大学寮の経生《きょうしょう》の「三経」や伝生《でんしょう》の「三史」、典薬寮の医生《いしょう》の「大素《たいそ》・甲乙・脈経《みゃくきょう》・本草《ほんぞう》」や針生《しんしょう》の「素問《そもん》・針経《しんきょう》・明堂《めいどう》・脈決《みゃくけつ》」とともに指定された（『続日本紀《しょくにほんぎ》』天平宝字《てんぴょうほうじ》元年〈七五七〉十一月癸未《きび》条）。

陰陽生…周易、新撰陰陽書《しんせんいんようしょ》、黄帝金匱《こうていこんき》、五行大義

天文生…史記天官書、漢書天文志（天変一覧）、晋書《しんじょ》天文志、三色簿《さんしきぶ》（薄《ふ》）讃《さん》、韓楊要《かんようよう》集《しゅう》

暦生（算生《さんしょう》と共通）…漢書律暦志、晋書律暦志、大衍暦議《たいえんれきぎ》、九章、六章、周髀《しゅうひ》、定天論

『新撰陰陽書』も唐の王粲《おうさん》編の五行家説の集成で、日時・方角禁忌の勘申や式占《しきせん》に利用した。六朝時代の『黄帝金匱経』は、六壬式占《りくじんしきせん》で推断《すいだん》を行なう際に依拠した。一日の始まりが「寅」であることの出典の一つである。つまり、陰陽五行説の理論と、その応用である易占・式占や日時・方角の吉凶に関する書が、陰陽生の教科書だった。

占いの種類

官民のさまざまな占い

現代もさまざまな占いが行なわれているが、主に未来について明らかにするものである。陰陽師の占いの場合は、すでに起きていることの原因を明らかにすることや、覆われて見えない物が何かを当てることも含まれており、未来に限らない。しかし、今現在わからない未知のことを解明するという意味では、未来のことと同じといえるだろう。陰陽師の占いは、わからないこと、知らないことを解明するものであり、依頼者はそれによって心を落ち着かせることができた。

平安時代にも朝野《ちょうや》（朝廷と民間）にさまざまな占いがあった。違いから陰陽師や陰陽道を理解するために、それらのいくつかをまず挙げておく。

「亀卜《きぼく》」は、「灼亀《しゃくき》・卜」ともいう。亀（日本では海亀）の腹甲《ふっこう》を整形して炙り、亀裂を入れさせ、その入り方（卜兆）によって占う。中国では占いの結果などを書いた甲骨《こうこつ》文字が残っている。日本へは古墳時代に伝わり、陰陽寮設置以前から神祇官の卜部《うらべ》が行なっていた。

「相人《そうにん》・観相」は人相占いで、それをする人も「相人」という。平安初期の仏教説話集『日本国現報善悪霊異記《にほんこくげんぽうぜんあくりょういき》』中―二四に見える、大和国率川《いさかわ》神社にいた「相・八卦読《はっけよみ》」は、相人で易占を行なう者と考えられている。平安時代にも人相占いが得意な僧侶や貴族がいた。一芸に秀でた人物のリスト『二中歴《にちゅうれき》』一三「一能歴《いちのうれき》」の「相人」にも挙げられた洞《どう》照《しょう》（昭）が有名である。平安前期の具体例はあり、院政期以降、日記にも記されるようになるが、平安中期にはあまり見られない。しかし『源氏物語』桐壺《きりつぼ》巻の例は、第二皇子がなぜ「源氏」になったかに関わり重要である。「高麗《こま》（渤海国《ぼっかいこく》）の相人」が、「帝王になるべき相だが、なると国が乱れる。しかし大臣で終わる相ではない」と占った。父桐壺帝は、先に行なっていた「倭相《やまとそう》」（日本の観相）と同じ結果だったので、「宿曜《すくよう》」でも確認した上で、政争に巻き込まれないよう、七歳の皇子を臣籍《しんせき》に降した。占い通り、光源氏は太政大臣《だいじょうだいじん》の後、准太上天皇《じゅんだいじょうてんのう》（院）になる。

「夢占《ゆめうら》」は、特殊な夢を見た際、解釈して未来を予想する。「夢合《ゆめあわせ》・夢解《ゆめとき》」ともいう。「夢解・夢合はする者」という専門家がいた。『二中歴』一能歴にも見えている。解釈の際、

「日月」は帝と后《きさき》を表わすなどの事物の象徴性や、「松」は「十八（木）」と「公」、つまり十八年後に三公《さんこう》になれる（『蒙求《もうぎゅう》』「丁固生松《ていこせいしょう》」）のように、漢字も関わった。

「橋占《はしうら》」は、橋の上で通行人の言葉を聞き、それによって吉凶を占う。加納重文《かのうしげふみ》氏が挙げられた『台記《たいき》』久安《きゅうあん》四年（一一四八）六月二十八日条の「女房の土佐〈余《よ》の実母の姉〉、入内《じゅだい》の事の成否を一条堀川橋に於《お》いて問ふ」は、藤原頼長《よりなが》が進めている養女多子《たし》の入内がうまくいくかどうか、伯母が橋占を行なったもので、晴明の使役する「識神《しきがみ》」の「十二神将・十二神」が、「一条戻橋《いちじょうもどりばし》」の下に封じられ「橋占」に関わっているという話（『源平《げんぺい》盛衰記《じょうすいき》』巻一〇「中宮御産事」）の源泉としても、注目されている。

同じく境界でも四辻《よつつじ》で聞くのが「辻占《つじうら》」、それを時間的境界の夕方に行なうのが「夕《ゆう》占《け》」である。他にも飯占《いいうら》、歌占《うたうら》など多様な占いがあり、巫覡《ふげき》らに頼んだり自ら行なったりした。「うち臥《ふ》しの巫女《みこ》」は『枕草子』一五六段に名が見え、『大鏡』兼家伝が詳しい。

密教僧の星占い「宿曜」

「宿曜」は、ホロスコープ占星術で、密教僧の占星術師である宿曜師《すくようじ》が行なった。個人の誕生時刻の十二宮、二十七宿の位置から決まる本命宮《ほんみょうきゅう》、本命宿《ほんみょうしゅく》と、九曜《くよう》との位置関係などにより、一年や一生の運命を占う。九曜は、七曜に羅睺《らこう》星・計都《けいと》星の二星を加えたものである。占いの結果を記した「宿曜勘《すくようかん》文《もん》」を、桃裕之《ももひろゆき》氏は「行年勘文」および「生年勘文」と呼ばれた（前者は「禄命勘文《ろくめいかんもん》」ともいう)。西アジアのバビロニア起源で、インド、中国を経て十世紀中頃に日本へ伝わった。同じものが西方にも伝わって、近代に欧州から日本に入り、本命宮によって主に一年や一ヵ月のことを占うのが現代の星占いである。

十二宮は、たとえば「双子座」は「夫妻宮」(『宿曜経《すくようきょう》』)、「男女宮」(『梵天火羅図《ぼんてんからず》』)など、若干名称が異なる。また、月が一日ずつ渡る宿は、インド起源の二十七宿と、それに牛宿《ぎゅうしゅく》を加えた中国の二十八宿の二つの体系がある。「昴《ぼう》」スバル(「統《す》ばる・統《す》まる」は「砕け散る」の逆の「集まる」の意)や、オリオン座の三ツ星「参《しん》」を含む。

宿曜道は、空海が日本に将来した『宿曜経』によって成立したのではなく、『見在書目録』「天文家」に「唐七曜符天暦《しちようふてんれき》一(巻)」と見える『新修符天暦経』を、村上朝の天徳元年(九五七)に日延《にちえん》が暦算の術とともに改めて将来したことで、七曜の位置などが計算できるようになって成立した。星占いや修法《ずほう》を行なう密教僧の集団であり、法蔵《ほうぞう》に始まる。実資《さねすけ》が、『小右記《しょうゆうき》』天元《てんげん》五年(九八二)五月十六日条に、興福寺の僧仁宗《にんそう》に「宿曜を勘ぜしむ」つまり星占いをさせたと記したのが初見とされている。行成《ゆきなり》も、長保《ちょうほう》元年(九九九)十月十六日に、維摩会《ゆいまえ》の勅使《ちょくし》として興福寺にいた時、仁宗からおそらく生年勘文を贈られ、日記に「当時・向後の吉凶、之を知る。誠に是《こ》れ、祖考の之を告げ、伽藍護法《がらんごほう》の之を諭《さと》すなり。中心(心中)、恃《たの》む所無きに非ざるのみ」と感慨を記している。当時、頭《とう》の弁《べん》であった行成でさえ、初めて宿曜勘文を得たようであり、いまだ流布に至っていなかった。

『源氏物語』は時代小説で、醍醐・村上朝を舞台とするが、その時代はもちろん、執筆時期の一条朝においても、桐壺巻や澪標《みおつくし》巻の「宿曜」の例は先駆的だった（あるいは桐壺巻の執筆が遅いことの証拠になるか）。天文道の星占いは、王・后・大臣・大将・庶人などの身分で占われるが、宿曜道は身分や門地などに関係なく個人を占う。作者は現体制にかかわらない星占いに注目し、主人公の運命の決め手としたのである。なお、平安時代は誕生日を祝うことはなく、祝うのは特に生後七日（七夜《しちや》）、五十日《いか》、百日《ももか》で、その後は初老の四十歳（現代の還暦のイメージ）から十年ごとに算賀が行なわれた。年齢は、元旦に全員が一斉に一歳加わる数え年である。ただし生まれた年月日時の情報も、本命宮や本命宿、本命曜を知るために必要だった（『小右記』寛仁《かんにん》二年四月九日・十日条）。

他の時代の陰陽師による占い

「五行占《ごぎょうせん》」は、陰陽五行説による吉凶判断の占書を用いて怪異を占う。具体的には『漢書』『晋書』の五行志などだが、これらは陰陽師の教科書になっていない。天智天皇元年（六六二）四月に、「鼠」が「馬の尾」に子を産みつけたことを、僧道顕《どうけん》が「北国の人」が「南の国」に付こうとしている、つまり高句麗が（唐に）敗れて倭国《わこく》に服属するかと占った例が（『日本書紀』）、特に知られている。『平家物語』(教科書にも載る流布本《るふぼん》である室町時代の覚一本《かくいちぼん》)巻五「物怪《もっけ》之沙汰《さた》」で、福原遷都後の怪異の一つとして類似のことを挙げた後に引かれているが、曲亭馬琴《きょくていばきん》『燕石雑志《えんせきざつし》』巻五下「十二獣追考」が、天智天皇の時は「吉瑞」で、平家の場合は「北国」の木曽義仲《きそよしなか》が「南国を犯す」という「凶祥」だったと、違いを指摘している。八世紀初頭の『正倉院文書《しょうそういんもんじょ》』「官人考試帳」の「陰陽師文忌寸広麻呂《ふみのいみきひろまろ》」の能にも「五行占、相地」とあるが、平安時代の陰陽師は行なっていない。『令義解《りょうのぎげ》』職員令《しきいんりょう》で「占・筮」の「占」を「数を極め来を知る」と解釈するのも、すでに五行占を含まないのだろう。神意をうかがうことを重視する日本人の思考と相容れなかったことが、平安時代には行なわれなくなった理由だと考えられている。さらに、曖昧さを好むことも理由としてあったのではないだろうか。

「易占」は「易筮・筮」ともいう。古くは植物の蓍《めどぎ》・蓍萩《めどはぎ》、後に筮竹《ぜいちく》(細長い竹棒)と算木《さんぎ》を用いた。職員令に見えるように、上代の陰陽師(官名)は行なったが、平安時代は儒家(紀伝道)や僧侶が、正規の職務ではなく内々の諮問を受けて行なうのみだった。大江匡衡《まさひら》による一条天皇の例(『御堂関白記《みどうかんぱくき》』寛弘八年五月二十五日条、『権記《ごんき》』二十七日条)のように、天皇や上流貴族の病が平癒するか否かなどである。中世末期以降、式占が絶えたため再び陰陽師が行なうようになった。十六世紀の『泣不動縁起《なきふどうえんぎ》絵巻』(京都市清浄華院《しょうじょうけいん》蔵）で、病を占う晴明の前の机に、撫物《なでもの》の鏡（後述）と算木が描かれているのは、そのためである。

相地は風水

占いは、職員令に規定された本来の職務だったが、占い方や占う対象、物忌《ものいみ》の在り方など、陰陽道成立後にも変化があった。

「相地《そうち》（地を相《み》る）」は、土地を見て吉凶を判断し、都城・葬地・陵地・寺院・邸宅などのための吉祥地《きっしょうち》（勝地《しょうち》）を選ぶことで、「視占・地形を看《み》る・点定《てんじょう》・点地・風水・卜す・点ず」などともいう。なお「相」の部首は「目」で、第一義が「みる」である。

具体例は、『日本書紀』天武天皇十三年（六八四）二月庚辰《こうしん》条の、「陰陽師」（官名）に畿内の都を作るべき地を「視占」させたという記事が早い。『続日本紀』延暦三年（七八四）甲子五月丙戌《へいじゅつ》条には、藤原小黒麻呂《おぐろまろ》（北家《ほっけ》）・種継《たねつぐ》（式家《しきけ》）を含む公卿《くぎょう》五人・右衛士督《かみ》・衛門督および「陰陽助外従五位下船連《ふねのむらじ》田口《たぐち》等を山背《やましろ》国に遣はし、乙訓《おとくに》郡長岡村の地を相《み》せしむ。遷都せむが為なり」とあり、陰陽寮の次官が相地を行なっている。約半年後に長岡京遷都があった。なお平安京の相地は、小黒麻呂と左大弁紀古佐美《さだいべんきのこさみ》のみである（『日本紀略』延暦十二年正月十五日条）。

平安時代も当初は公務の相地のみで、葬地・陵地に上卿《しょうけい》（担当公卿）と儒家・陰陽師が派遣された例が多い。『今昔物語集』二四―一三の大納言安倍安仁《やすひと》と滋岳川人《しげおかのかわひと》が文徳《もんとく》天皇の陵（田邑《たむら》陵）の候補地に出向いたことは、『三代実録』天安二年（八五八）九月二日条に見える史実である。実際には、安仁と「陰陽権助兼陰陽博士」の川人だけでなく、中納言橘岑継《みねつぐ》以下の公卿三人、文章博士《もんじょうはかせ》菅原是善《これよし》（道真父）以下の儒家三人、「陰陽助兼権博士」の笠名高《かさのなだか》もいた。

天延二年（九七四）五月十四日、保憲が円融天皇の御願寺《ごがんじ》の大乗院建立《だいじょういんこんりゅう》のための「点地」を命じられて比叡山に登ったのも、公務だった。保憲（主計頭《しゅけいのかみ》、五十八歳）は、「子《し》姪《てつ》」つまり息子や甥を率いていたが、その中に弟子の晴明（天文博士、五十四歳）もいた（平親信《ちかのぶ》『親信卿記《ちかのぶきょうき》』）。天文道以外でも保憲・晴明が師弟関係にあった一例である。

四神具足・相応

四神が揃った「四神相応《しじんそうおう》」という熟語や、平安京の守護神としての東＝青龍＝鴨川、西＝白虎＝山陰道《さんいんどう》、南＝朱雀＝巨椋池《おぐらいけ》、北＝玄武＝船岡山《ふなおかやま》が知られている。ただしこれらは建都にさかのぼるものではない。

寛弘二年（一〇〇五）十月十九日の道長による木幡《こはた》の法華三昧堂《ほっけさんまいどう》（浄妙寺《じょうみょうじ》）供養《くよう》の際の願い事を述べた文章に、「夫《そ》れ勝地有り、木幡山と号す。三光昭臨《しょうりん》、四神具足」とあり（『政事要略』巻二九菅原輔正《すけまさ》「木幡寺呪願文《じゅがんもん》」）、鐘の銘《めい》の序文には「木幡山は、左青龍、右白虎、前朱雀、後玄武の勝地なり。四方城《しろ》に似て、百里絶えず」とある（同大江匡衡「木幡寺鐘銘幷びに序」）。

右の文章では「四神」が具体的に何かは不明だが、前年の建立地選定の際の「木幡三昧堂、立つべき所、定めむが為に彼の山辺に到る。鳥居の北方より河出《い》づ。其の北方、平所有り。道の東。晴明朝臣《あそん》・光栄《みつよし》朝臣等、定むるなり」（『御堂関白記』寛弘元年二月十九日条）から、勝地の西に「道」があったことがわかる。この記事は、陰陽師による私的な相地の例としても早い。晴明は時に八十四歳で、晩年に集中する道長への奉仕の一つだった。

また『作庭記《さくていき》』の「樹《き》の事」には、「人の居所の四方に木を植ゑて、四神具足の地となすべき事」として、「経《きょう》」にもとづき、「家より東に流水あるを青竜とす」「西に大路（大道）あるを白虎とす」「南前に池あるを朱雀とす」「北後に岳あるを玄武とす」とあり、ない場合は、それぞれ柳九本、楸《ひさぎ》七本、桂九本、檜《ひのき》三本を植えると「四神相応の地」となって、「官位・福禄備はりて、無病・長寿」になることが記されている。『二中歴』六「坤《こん》儀歴《ぎれき》」にも、「地経曰く」としてほぼ同じ内容が見えるが、「左（東）、南流の水」「右（西）、南行の車道」とやや詳しい。なお左右＝東西の例は、京都の左京・右京もあるが、相撲の番《つが》いが左・右から東・西になったことが身近な例であろう。天子が南を向いた時（南面《なんめん》）の左右である。

『雲州往来《うんしゅうおうらい》』巻中にも、「因幡守《いなばのかみ》藤原」が、自らの山荘用地について「陰陽頭」に、南に「広沢」、東に「長河」、西に「関路」があるが、北に「連岳」ではなく「池沼」があるのは、「或る書」のいう通り「林木《りんぼく》」で隔てると、「玄武の神」となって「四神が備わる」か、と尋ねた書状（手紙）がある。なおその後半で、「東流水」について、西から東に向かって流れる河と、東に在る北から南に流れる河のどちらがよいかと尋ねている点も、陰陽道と関わりが深い。前者が中国の黄河や長江《ちょうこう》などだが、平安時代は産湯《うぶゆ》や髪削《そ》ぎなどの誕生儀礼や通過儀礼において、後者の東方に在って南流する鴨川や白川《しらかわ》の水が用いられた。「東」は万物生成の方角である。

以上は、臣下の寺や家の「四神具足・相応」の例である。これらよりも下る『保元物語』巻上「将軍塚鳴動並びに彗星出づる事」や、『平家物語』巻五「都遷《みやこうつり》」に、平安京の例が見える。軍記物語にこのような例が現われる理由は、田中貴子《たかこ》氏の、十二世紀以降「平安京の危機に対処するために」四神に守護された理想的な都市のイメージが作られたとの説が、もっともであろう。それに先立ち、貴族らが四神具足を意識し始めていた（十一世紀中頃は、土木工事における禁忌が一層重視されるようになった時期でもある）。

『大鏡』道長伝に、藤原忠平《ただひら》が幼少時に極楽寺《ごくらくじ》建立の指示に向かう父基経《もとつね》に同車し、後に法性寺《ほっしょうじ》を建立する地の前を通った際、「ここここそ、よき堂所《どうしょ》なんめれ」と言って父を驚かせたという話が見える。後付けの摂関家嫡流《ちゃくりゅう》讃美の一環だが、地をみることは神童《しんどう》として描く際に利用できるほど特別な能力だったのである。

式占とは

「式」つまり式盤《しきばん》を用いた占いを「式占《しきせん》」という。木偏《きへん》の「栻」の字も用いられる。方形で地を表わす地盤の上の、円形で天を表わす天盤を回転させて占った。なお、これらが前後になっているのが前方後円墳《ぜんぽうこうえんふん》である。入口が手前の方形の地の部分で、奥の円形の天（死後の世界の一つ）に葬られた。

平安時代の陰陽師は易筮《えきぜい》（易占）を行なわないが、正史《せいし》や日記などの史料（歴史資料）には、「占」以外に「筮」「蓍」の字も見える。これらは易占ではなく式占で、易占は「易」と明記されている。上代以来の占いは式占であり、式占を行なうのが官人陰陽師であるといってもよいだろう。法師陰陽師は、皇延《こうえん》の三例のみ指摘されている。長和三年（一〇一四）二月二十日丙子《へいし》の深夜、自邸に鹿が乱入した「怪」の吉凶を、実資は光栄と晴明男吉平《よしひら》、「皇延法師」の三人に占わせた（『小右記』翌日条。他は同年七月十三日条の養子資平《すけひら》の病、長和四年八月二日条の寝殿の屋根への鷺《さぎ》の群集）。

さて式占にも種類や変遷がある。唐代は雷公《らいこう》・太乙《たいいつ》（太一）・六壬《りくじん》の「三式」で、他の二つは国家が管理したが、六壬式は「士庶《ししょ》共用」だった（『唐六典《とうりくてん》』一四太卜署《たいぼくしょ》）。六壬式盤は、庶人《しょじん》（民間人）も使用でき、私有してもよかったのである。

なお唐の「太卜署」は、太常寺《たいじょうじ》管下の占いと祭祀（大儺《たいな》）専門の役所で、日本では祭祀を除き陰陽寮の陰陽部門に相当する。天文・暦・漏刻の科学的技術は、秘書省管下の

「太史局《たいし》」（隋は太史監《たいしかん》）が担った。役所のランクは局が署の上である。陰陽寮は太卜署と太史局を合わせたものだが、漢代は「太史」が記録・卜筮・天文・暦数を兼ねていたので、統合自体は日本独自ではない。陰陽寮は漢代の「太史」に倣ったともいえるが、前述したように「陰陽」を寮名とした点など、占いが重視されている。

日本の三式

日本の三式は、遁甲《とんこう》・太一・六壬である。「官人考試帳」で、勤務評定「中上」の「陰陽師高金蔵《こうきんぞう》」（高句麗からの渡来僧信成《しんじょう》が還俗《げんぞく》）と「天文博士王中文《おうちゅうぶん》」（東楼《とうろう》）の「能」は、ともに「太一、遁甲、天文、六壬式、算術、相地」であり、「陰陽博士觮《ろく》（角《ろく》）兄麻呂《えまろ》」（恵耀《えよう》）の「能」は、「周易経及び楪筮《ちょうぜい》、太一・遁甲・六壬式、算術、相地」だった。陰陽寮の官人が、他部門の博士を含め三式を行なっていたことがわかる。

小坂眞二氏は、雷公式は初見が『唐志』で、式占の中では最も遅く成立し、唐代に「秘書」とされたことから日本に伝来しなかったとされる。「雷公式」の語自体は、『養老律』の職制律《しきせいりつ》に「凡《およ》そ、玄象器物《げんしょうきぶつ》、天文図書《てんもんずしょ》、讖書《しんしょ》、兵書、七曜暦、太一・雷公式、私家に有るを得ず」と見えている。しかし、これに対応する雑令《ぞうりょう》の「凡《およ》そ、秘書、玄象器物、天文図書、輙《たやす》く出《いだ》すを得ず」の『令義解』には、「秘書は、遁甲・太一式の類《たぐい》なり。玄象器物は、銅渾儀《どうこんぎ》（銅製の渾天儀）の類なり。天文図書は、星官薄讃《しょうかんふさん》（三色薄讃）の類なり」とある。他には全く例がないことからも、少なくとも職制律に見える「雷公式」は、「遁甲式」とイコールだと考えてよいのだろう。

遁甲式

「遁甲」は、わざわいから遁《のが》れる呪術（東晋《とうしん》の道家《どうか》の葛洪《かっこう》著『抱朴子《ほうぼくし》』内篇「登渉《とうしょう》」など）と、式占の種類の両義がある。日本の文献の具体例は、後者が早くに見られる。推古天皇十年（六〇二）十月、百済僧観勒《かんろく》が来日し、「暦本及び天文・地理（相地）の書、幷びに遁甲・方術の書」を奉ったので、「書生《しょしょう》（学令《がくりょう》に規定された漢籍などを学習する生徒《しょうず》）三、四人」を選んで観勒に「学習」させた。陽胡史玉陳《やこのふひとたまふる》が「暦法」（造暦）、大友村主高聡《おおとものすぐりこうそう》が「天文・遁甲」、山背臣日立《やましろのおみひたち》が「方術」を学び、三人とも「成業」したという（『日本書紀』）。

「天文・遁甲」の組み合わせは、高金蔵と王中文の「能」にも見えたが、その前に天武天皇の「天文・遁甲を能《よ》くす」がある（『日本書紀』天武天皇即位前紀）。「壬申《じんしん》の乱」の際、隠棲地の吉野宮を出て、夜中、横河《よこかわ》（名張《なばり》市）に到ると、「広さ十余丈《よじょう》」の「黒雲」が空を流れていった。天皇（大海人《おおあま》皇子）は、「之を異《あや》しみ、則《すなわ》ち燭《ともしび》を挙げ、親《みずか》ら式を乗《と》りて占ひ」、「天下両分の祥《しるし》なり。然《しか》して朕《ちん》、遂に天下を得むか」と言った（同天武天皇元年〈六七二〉壬申六月甲申《こうしん》条）。大友皇子（弘文《こうぶん》天皇）が近江《おうみ》で治めていた時期に天下が二分される前兆があったことから、自らの即位を確信・正当化したのである。この式占は当然、彼が得意とした遁甲式であろう。この記事は、遁甲式占の稀な実践例であり、また、日本の文献における式盤の意の「式」の例として早い。

相地の例で触れた滋岳川人も、多数の著作の中に『滋川新述遁甲書《じせんしんじゅつとんこうしょ》』二巻があるので（『三代実録』貞観《じょうがん》十六年五月二十七日条卒伝《そつでん》）、遁甲式に明るかった。しかし、この書名以外には平安時代の文献に見えないので、平安時代には行なわれなかったと考えられている。

太一式

太一式も、遁甲式や天文占書、観測器具などとともに国家が管理していた。ただし、平安時代のある時期まで（おそらく十世紀後半頃）、国家や天皇に関わる陰陽寮の大事の占いで用いられていた点は、遁甲式と異なる。川人は、後掲の記事によると、太一式盤を管理していたらしく（私物ではないだろう）、上代の還俗僧《げんぞくそう》の陰陽寮官人と同様に、遁甲・太一・六壬の三式を行なっていたと考えられている。

『扶桑略記《ふそうりゃくき》』天徳四年（九六〇）九月二十三日条所引の『村上天皇御記《ぎょき》』の逸文「又、仁寿殿《じじゅうでん》の太一式盤、皆灰燼《かいじん》と成る。天下の災、斯《これ》に過ぎたるは無し」によると、内裏火災で太一式盤も焼失した。山下克明《かつあき》氏は「将門《まさかど》の乱」平定のための祭祀で文武兼《ふみのたけかね》が用いた式盤が、特別に仁寿殿に安置されていたと推測され、細井浩志氏は太一式盤焼失を、陰陽寮官人としては新興で六壬式を得意とする賀茂氏台頭の契機として重視されている。

『続本朝往生伝《ぞくほんちょうおうじょうでん》』に慶滋保胤《よししげのやすたね》について、「賀茂忠行《ただゆき》の第二子なり。塁葉《るいよう》（代々の）陰陽《おんよう》の家より出づ」とあるが、寮官人としては忠行が最初で、その長男が保憲だった。なお同書が挙げる一条朝に各界で活躍した人物には、「陰陽、則ち賀茂光栄（保憲男）・安陪《ママ》晴明」とある。

また次の記事によると、焼失した式盤とは別に、川人所持の太一式盤が、文道光《みちみつ》（円融朝では晴明よりも上位）、某《ぼう》法師などの手を経て、十一世紀初頭にも現存しており、関白頼《より》通《みち》も実見した。「二枚」とあるが、陰陽つまり天地各一枚で一組である。

関白殿に参り、故《いにしえ》の滋岡《ママ》川人の奉持せる太一式の盤二枚〈陰一枚、陽一枚〉を御覧ぜしむ。件《くだん》の盤、前年、陰陽頭文高、語る次《ついで》に云《い》はく、「故《いにしえ》の川人の太一式盤、故の道光宿禰《すくね》、伝領して、常に家中《かちゅう》に安置し奉る。是れ霊物なり。尚《な》ほ或る法師の許《もと》に在るの由《よし》と云々。其の処《ところ》、慥《たし》かには聞かず。公家《こうか》（朝廷）、尋ね取り、持《じ》せらるべき者《もの》なり」てへり。（源経頼《つねより》『左経記《さけいき》』長元《ちょうげん》元年〈一〇二八〉四月五日条）

細井氏は、太一式盤伝来に関わる陰陽師が、文《ふみ》氏や惟宗《これむね》（元は秦《はた》）氏といった旧勢力であることに注目されている。経頼が川人の所持を「奉持」と記して式盤に敬意を表していることや、文高が式盤を「霊物」と評していることにも注目しておきたい。

次節以降、式占で何を占ったか、主なものを取り上げる。十世紀以前の公的な占いは太一式だった可能性が高い。六壬式の詳細については、「六壬式・六壬占」で述べる。

災害・怪異の占い

災害と怪異の定義

陰陽師の占いの対象として最も重要なものの一つが「災害」と「怪《かい》異《い》」、あわせて「災異《さいい》」だった。「災害」は「災・異損《いそん》・損」ともいう。「災害・災」は、現代と意味が若干異なる。六国史や『類聚国史《るいじゅうこくし》』災異部、『小記目《しょうきもく》録《ろく》』を総合すると、大風、洪水・霖雨《りんう》（長雨）、干ばつ、蝗害《こうがい》（イナゴの被害）、飢饉、凶年、地震、疾疫《しつえき》（疫癘《えきれい》・時行《じぎょう》・時疫ともいう）、噴火、内裏火災、三合歳《さんごうさい》、兵革《へいかく》（兵乱・兵事）など、基本的に実害を伴う国家的な災害を指す。疫病は、「裳瘡《もがさ》」（疱瘡《ほうそう》）、「赤裳瘡《あかもがさ》」（麻疹《はしか》）が代表的である。現代語の「火災」は民家一棟でも用いるが、平安時代はそれを「火の事《ひのこと》」といい、「火災《かさい》・火の災《ひのさい》」は、基本的に内裏など公的や広範囲の場合に限られた。「怪異」は、「異《い》・物怪《もっけ》・怪」ともいう。史料には「怪」の異体字「恠」の例が多いが、本書では「怪」に統一した。「怪異」は、現代語との意味の違いが非常に大きい。怪奇現象を指すのではなく、多くは実害を伴わないが、人々に不安を抱かせる、日常の周辺に起きる不可解な現象を指す。地震について述べたように、今後に何か悪いことが起きると思わせる出来事、要するに不吉な出来事である。「虹」も含まれる。その他は、寒暑の変調、鳥獣の異常行動、植物の異常開花、樹木の突然の枯倒、建造物（陵墓を含む）の鳴動・倒壊、聞こえるはずのない音声が聞こえる（鼓妖《こよう》・物鳴り）などである。特に鷺《さぎ》や烏《からす》などの鳥が起こす例が多い。卑小な鼠が物を齧《かじ》ったり「矢《し》」（糞）を残したりするのも、対象や場所によっては「怪異」であり、陰陽師に占わせた。

物怪は「もののけ」にあらず

淳和《じゅんな》朝の天長年間（八二四〜八三四）以降は、正史に「異《い》・怪異《かいい》」の他に、「物怪」が用いられることが多くなる。「物」「怪」の呉音が「もつ」「け」である。森正人《まさと》氏は、「物怪」が、多く神社や山陵への告文《こうもん》に見えることに注目し、「怪異」という漢語に対して「もののさとし」という和語に当てるべく案出された語であるとされた。つまり「物怪」は、「怪異」とイコールであり、訓読みは「もののさとし」である。「もののけ」ではない。

　また「もののさとし」は、辞書や注釈書で「神仏のお告げ」とされる場合が多いが、「仏」は無関係なので、「神霊のお告げ」とすべきである。

なお「(ものの) さとし」を、原義通り重みのある意味で用いた例もなくはない。たとえば、『小右記』永延元年 (九八七) 三月二十九日条で実資は、最年少 (七歳) の幼帝《ようだい》一条天皇即位の翌年、舞人《まいびと》や楽人《がくにん》を公《おおやけ》の臨時祭《りんじさい》のごとく整えた摂政兼家《かねいえ》(天皇の外祖父) の春日詣《かすがもうで》において、終夜暴風雨が続いたことを、「物怪に似たり」と評した。氏神《うじがみ》の不快を見出す批判的な言辞である。『御堂関白記』も、多武峯寺《とうのみねでら》の鎌足廟《かまたりびょう》(藤原氏の祖廟。現在の談山《たんざん》神社) の鳴動のみ「怪」の字を用い、他の怪異には用いていない (家司《けいし》による道長の物忌の日の注記には多用)。『方丈記《ほうじょうき》』では治承四年 (一一八〇) 四月の「辻風」を、「さるべきもののさとしか」と記している。これは竜巻の「災」で、「四大《しだい》」(地水火風) の一つでもあった。『源氏物語』明石《あかし》巻でも、広範囲の暴風雨の災が「もののさとし」とされ、為政者には儒教的な徳が要求されている。ただし、これらは例外的である。

董仲舒の「災害」「怪異」

「災害」「怪異」という熟語や、それを予兆とする考え方は、日本独自のものではなかった。漢の武帝の時代は、太史令《たいしれい》(太史の長官) の司馬遷《しばせん》をはじめ、日本人もよく知っている人物が多い。儒家で春秋公羊学者《しゅんじゅうくようがくしゃ》の董仲舒《とうちゅうじょ》も、武帝に仕えた人物である。陰陽五行説の影響を受け、天人相関説による災異思想を唱えた。天子の不徳により「国家」が非道《ひどう》に陥ろうとすると、至上神である「天」は、まず「災害」を出して「譴告《けんこく》」し、反省がなければ次に「怪異」を出して「警《けい》懼《く》」し、それでもなお変わらなければ、天子を死に至らせると主張した（『漢書』董仲舒伝）。逆に徳治・善政が行なわれている聖代《せいだい》であれば、「天」はその証明として、種々の自然現象を示すという。この瑞祥《ずいしょう》説も前漢には盛んだった。災異・瑞祥思想は、以後、儒教的天命観と一体化して展開する。

不徳・失政とは、たとえば刑罰に頼る、冤罪者《えんざいしゃ》を出すなどで、徳治・善政とは、租税減免、貧窮者の救恤《きゅうじゅつ》（賑給《しんごう》・賑恤）、免獄《めんごく》の調査と赦免《しゃめん》（大赦《たいしゃ》）などである。瑞祥については『延喜式』巻二一治部省《じぶしょう》「祥瑞」に、「慶雲《けいうん》」や「白雉《はくち》」など多数挙げられている。

怪異占の開始と背景

山下克明氏によると、奈良時代には、災害は神の祟りであるから祭祀を怠ること（神事懈怠《しんじけたい》）のないようにするという在来の観念と、董仲舒以来の災異は失政による天の咎《とが》め（天譴《てんけん》）であるから善政に努めなければならないという儒教の政治理念とが共存していたが、この重層的な関係は、やがて破綻を見せ、律令制支配が崩れ始める八世紀末の光仁《こうにん》・桓武《かんむ》朝以降、災害・怪異の際、神祇官や陰陽寮に卜占《ぼくせん》（卜筮《ぼくぜい》）を行なわせる記録が頻繁になり、神や霊の祟りということに重きを置くようになっていった。また小坂眞二氏によると、神祇官の亀卜は、もっぱら神の祟りと占っていたが、陰陽寮の占いが加わることで、天皇の慎みや災異の予兆性が加味され、中国の災異思想が神祇信仰と融合した日本的災異思想に発展した。つまり、災異が政治問題・責任ではなく神や霊に対する敬い方の問題とされ、為政者は敬い慎むようになったのである。これは、幼帝の誕生し得る前提の一つともいえよう。

なお、儒教的徳治を政治理念とし、天皇が不徳を恥じて徳治・善政を模索する詔《みことのり》を発していた八世紀の律令国家でも、災異（および祥瑞）を降《くだ》す主体を、「天」ではなく「天地」や「天神地祇」（天《あま》つ神と国つ神）とする認識があった。たとえば、『続日本紀』養老五年（七二二）二月甲午《こうご》条の、連日の「地震」「日暈《にちうん》」（ひがさ）などの「災異」があったことをふまえての元正《げんしょう》天皇の詔に、「之《これ》を旧典に聞けり、王者の政令、事に便《びん》ならざれば、天地譴責《けんせき》して、以て咎《とが》の兆を示すと。或いは（私自身に）不善有れば、則ち之が異《い》を致すか」とある。

卜占の具体例としては、光仁天皇の宝亀三年（七七二）、四月己卯《きぼう》の「西大寺《さいだいじ》の西塔《さいとう》」への落雷を「卜《うらな》ふ」と、社《やしろ》の木を西塔に使用された「近江国滋賀《しが》郡小野社」が、八月甲《こう》寅《いん》の「異常の風雨」を「卜ふ」と「伊勢月読《つくよみ》の神」が、それぞれ「祟りを為す」と出た（『続日本紀』）。これらは神祇官単独で、陰陽寮はまだ占っていない。

光仁崩御《ほうぎょ》の翌年、延暦元年（七八二）七月庚戌《こうじゅつ》には、公卿らが服喪《ふくも》中の桓武天皇に対し、今は孝心よりも神祇祭祀を重んじるべきだと奏上した（同前）。その理由は、「頃者《けいしゃ》（近ごろ）、災異荐《しきり》に臻《いた》し、妖徴《ようちょう》並びに見《あら》はる。亀・筮に命じ、其の由（原因）を占ひ求むれば」、諒闇《りょうあん》（天皇の喪中）による国家の祭祀の不備によって、「伊勢大神及び諸《もろもろ》の神社、悉《ことごと》く祟りを為す。如《も》し凶《きょう》（喪服）を除き吉（平服）に就《つ》かざれば、恐らくは聖体不予《せいたいふよ》（天皇の病）を致さんか」と申したからだという。これが神祇官・陰陽寮がともに占った初見だが、「勅問《ちょくもん》」（公式の天皇からの諮問《しもん》）があったのか定かではない。

次に、肥後《ひご》国阿蘇《あそ》郡山上《さんじょう》の神霊池の涸減《こげん》を「卜・筮」させると、「旱・疫」の予兆と出たことが、延暦十五年七月辛亥《しんがい》の詔勅に見える（『日本後紀』）。これは確かに、地方の怪異を国家が官・寮に占わせた例である。内裏の怪異の例は、天長八年（八三一）二月辛未《しんび》、「卜徒《ぼくと》及び陰陽寮を内裏に召し、卜・筮せしむ。殿庭《でんてい》（紫宸殿の南庭）の版位《へんい》（バミリ用の木片）の下、物怪有る故なり」（『類聚国史』職官一二陰陽寮）が早い。この例は寮単独の占いとの解釈もあるが、「卜」の字からも神祇官がいたと考えられる。また九世紀に入ると、祟る主体に山陵も加わる。大同《だいどう》四年（八〇九）七月の干ばつが、吉野山陵（光仁廃后《はいこう》の井《い》上《うえ》内親王。崇道《すどう》天皇追称と同日に、復位し山陵に加わった）の祟りとされたのが早い（『日本紀略』）。

怪異占に批判的な人々

怪異は災害のように絶対的なものではなく、怪異とみるか否かの判断が分かれる場合がある。儒教を重んじた嵯峨《さが》・淳和両天皇は、怪異を無闇に占って先霊の祟りと恐れることに批判的だった。淳和上皇は、承和《じょうわ》七年

（八四〇）崩御の前、自らが祟らないよう、死ぬと「精魂」は昇天するが、火葬にしても「冢墓《ちょうぼ》」を作ると「鬼物」（魄）が留まり、祟り続けるので、山中に散骨《さんこつ》してほしいと述べ（『続日本後紀』同年五月辛巳《しんし》条）、嵯峨上皇は「卜筮《ぼくぜい》を信ずること無かれ、俗事に拘《こだ》はること無かれ」と遺詔《いしょう》した（同承和九年七月丁未《ていび》条）。遺詔の内容は、「世間の事、物怪《もっけ》有る毎《ごと》に、祟りを先霊に寄す。是れ甚だ謂《い》はれ無きなり」とも伝えられるが（同十一年八月乙《いつ》酉《ゆう》条）、嵯峨上皇崩御の二年後、藤原良房《よしふさ》が、春澄善縄《はるずみのよしただ》や菅原是善《これよし》に遺誡を改めた前例の有無を諮問して、「卜筮の告ぐる所、信ぜざるべからず」との結論を導かせて遺詔を破棄し、朝議《ちょうぎ》はこれに従って、怪異があれば占いで何の祟りかを明らかにすることが公認された（同前）。仁明《にんみょう》朝（八三三〜八五〇）の承和年間（八三四〜八四七）は、さまざまな意味での転換期で、嵯峨崩御の二日後、良房が皇太子（淳和皇子）を廃して甥の仁明皇子（文徳天皇）を皇太子に立てた「承和の変」もあったが、怪異占を国家の方針としたことも転換の一つである。

『徒然草』二〇六段に、検非違使庁《けびいしちょう》の下級官人の痩せ牛が牛車《ぎっしゃ》から脱走し、長官の座に上がって反芻《はんすう》するということが起きた際、長官の父が、「怪しみを見て怪しまざる時は、怪しみかへりて破る（怪異を見て怪異だと思わなければ、怪異ではなくなる）」と言ったとある。これは、南宋の洪邁《こうまい》『夷堅志《いけんし》』が出典で、平安末期の『簾中抄《れんちゅうしょう》』下にも見える「怪異あらんをば、怪しむなかれ。怪を見て怪とせざれば、怪おのづから破る」と同じだが、このような考え方は平安初期の嵯峨・淳和にさかのぼるのである。

なお、『徒然草』一〇段の後徳大寺《ごとくだいじ》大臣（藤原実定《さねさだ》）が「寝殿」の屋根に縄を張って「鳶《とび》」を追い払ったのは、怪異の予防でもあったのだろう。トビ（鳶・鵄）の怪異の記録は少ないが、平安中期の例もあり（後述）、長禄二年（一四五八）に勘解由小路《かでのこうじ》（賀茂）在《あき》盛《もり》が編纂した『吉日考秘伝《きちにちこうひでん》』（『日法雑書《にっぽうざつしょ》』）の「百怪吉凶第六十七」には、「鵄・梟《ふくろう》、人家に入《い》れば、主《ぬし》、喪服・悲泣・官事（左遷）・失財あり、大凶《だいきょう》」とある。

怪異占で何を占ったか

ここまで災害や怪異を占うことを「怪異占《かいいせん》」と呼んできたが、藤原忠実《ただざね》の日記『殿暦《でんりゃく》』天永二年（一一一一）九月十六日条にも、「法成寺《ほうじょうじ》の怪異占」とある。怪異占を行なわせることを、物語や日記文学では「物（を）問ふ」、説話では他に「吉凶《きちく》を問ふ・祟りを問ふ」ともいう。依頼先は明記されていない場合が多いが、いずれも陰陽師である。天皇や貴族は複数の陰陽師を召して占わせた。

占う内容、依頼者が知りたいことは、以下の通りである。

(1)原因・吉凶…何の祟りか、つまり、どの社《やしろ》の神や霊の祟りだったのか。社や山陵の方角などが示される。名前は示されず、依頼者が方角から判断する。

(2)何の予告か…予告された凶事は何か。疾疫《しつえき》・兵事（起こり得る方角を含む）、各自の病事《やまいごと》（天皇は「御薬《みくすり》」という）・口舌《くぜち》（争い事）・火事《ひのこと》・盗人事《ぬすびとごと》・遠行《えんこう》（左遷）などのいずれか。一つの怪異が複数の凶事の予告の場合もある。

(3)予防の時期…凶事が起こり得るので、予防のために、怪所《かいしょ》の責任者が慎《つつし》みをすべき期間はいつか。怪日《かいにち》以後の何日間と一年以内のどの節月のうちの、どの十干の日か。

(4)責任分担者…責任者以外の慎みをすべき怪所の構成員。男女別の生年《せいねん》十二支で示される。該当者を「年当《ねんとう》・年当《としあ》たる・年中《としあ》たる」という。

右のうち、(3)(4)の「慎み」つまり物忌《ものいみ》については、文学作品の例も多く、その解釈に誤りも見られるので、後で改めて取り上げたい。ここでは、物忌がこれから起きる凶事の予防行為であること、災害に限らず怪異も集団が対象と考えられていたことを強調しておく。

(1)は、凶兆以外に、吉兆《きっちょう》や「祟り無し」「咎《とが》無し」「理運《りうん》」の場合も稀にある。

(2)の凶事は、文学作品には、記されない場合、命が危ういと「病事」がほのめかされる場合が多いが、明記もある。たとえば、『蜻蛉《かげろう》日記』下巻天禄三年（九七二）三月十九日戊寅《ぼいん》に、作者が未明の隣家の火事を占わせると、陰陽師は「病ひごと、くぜち」と申した。『今昔物語集』一四―四五の新羅《しらぎ》国における怪異占の「異国ノ軍発《いくさおこり》テ可来《くべ》キ由」は「兵事」で、二九―五「平貞盛《さだもり》の朝臣《あそん》法師の家に於《お》て盗人を射取る語《こと》」では、忠行が法師宅の怪異を「某月某日物忌ヲ固クセヨ。盗人事ニ依テ命ヲ亡《ほろぼ》サム物ゾ」と占った。

鎌倉初期の説話集『続古事談《ぞくこじだん》』五―一七は、頼長の『台記《たいき》』久安《きゅうあん》四年（一一四八）七月十九日条にもとづく。祇園社焼失の時に「御《み》うら」を行ない、安倍泰親《やすちか》が「六月の壬・癸の日、内裏焼亡あるべし」と占った。火事が予告した凶事も、「火事」だったのである。実際に「六月二十六日壬子《じんし》」に「土御門《つちみかど》内裏」が焼けて占いが的中したので、人々が称賛し、「占は十にして七あたるを神《しん》とす。泰親がうら、七あたる。上古《しょうこ》にはぢず」との鳥羽院の仰せがあった。

公家や貴族は陰陽師に式占を依頼したが、平安末期以降、怪日の十二支・場所・対象などによる怪異と吉凶の関係のパターン化・マニュアル化があった（一部は中国の『東方《とうぼう》朔《さく》』などにさかのぼる）。怪異占をしなくても吉凶がわかるのである。『二中歴《にちゅうれき》』九「怪異歴」や、『吉日考秘伝』「百怪吉凶第六十七」に見える。前者の「狐鳴く」「耳鳴る」などや、後者の「噴嚏《ふんてい》（鼻ひる）」「鼠咬《か》む」「犬上る」など、片方にしかないものもあるが、「釜鳴る」などは共通する。後者の「犬、床《とこ》の帳《とばり》の内、主の夫婦分離」、つまり犬が夫婦の寝室に入ると離婚するというのは、今日の飼い犬との関係からは考えられないだろう。

怪所による違い　怪異は、発生場所（怪所）ごとに、占いを行なう主体や、占う内容などが異なった。災害や怪異による警告は、怪所の責任者に対して行なわれたと考えられたため、天皇や長官・氏長者《うじのちょうじゃ》・家長《かちょう》でもある摂関などは、必ず物忌の対象となり、特に回数が多かった。なおもちろん、災害の場合は、まずそれへの対処を行なう。真っ先に卜占をしたわけではない。

①災害と、国家的機関・社寺、陵墓、地方などで発生した怪異。責任者は天皇。

②内裏の怪異。責任者は天皇。

③官衙《かんが》（平安京、大内裏《だいだいり》、内裏の一部）の怪異。責任者は各長官。天皇ではない。

④氏の寺社や機関・祖廟での怪異。責任者は氏長者。主に藤原氏。

⑤親王家・大臣家以下、各家の怪異。責任者は各家の家長。

右のうち①は、神祇官と陰陽寮が、左近衛《さこのえ》の陣《じん》（詰所）に近い、紫宸殿《ししんでん》に続く回廊で、卜占を行なった（軒廊《こんろう》の御卜《みうら》）。儀式書では藤原公任《きんとう》編の『北山抄《ほくざんしょう》』が初見である。事情により寮単独になる場合、初期の承平《じょうへい》六年八月十五日辛未《しんび》は「陰陽寮を軒廊に召し、霖雨《りんう》の事を占はしむ」とあるが（大江匡房《まさふさ》『江家次第《こうけしだい》』一八にも見える）、その後は軒廊を用いず、陣の腋《わき》で行なった（陣腋《じんえき》の御占《みうら》）。急を要する場合や、亀卜を行なわない子《ね》の日（源高明《たかあきら》『西宮記《さいきゅうき》』四、『注好選《ちゅうこうせん》』上―七八）、上卿《しょうけい》の触穢《しょくえ》・服喪《ふくも》などの場合である。神祇官は、他日に、本官または便所《びんしょ》で卜《うらな》った。

国家的寺社とは、東大寺、伊勢神宮・宇佐八幡宮《うさはちまんぐう》・石清水《いわしみず》八幡宮・賀茂社・平野《ひらの》社・松尾《まつお》社などである。神社からの怪異の報告は、時期的な偏りがあり、十一世紀初頭から特に

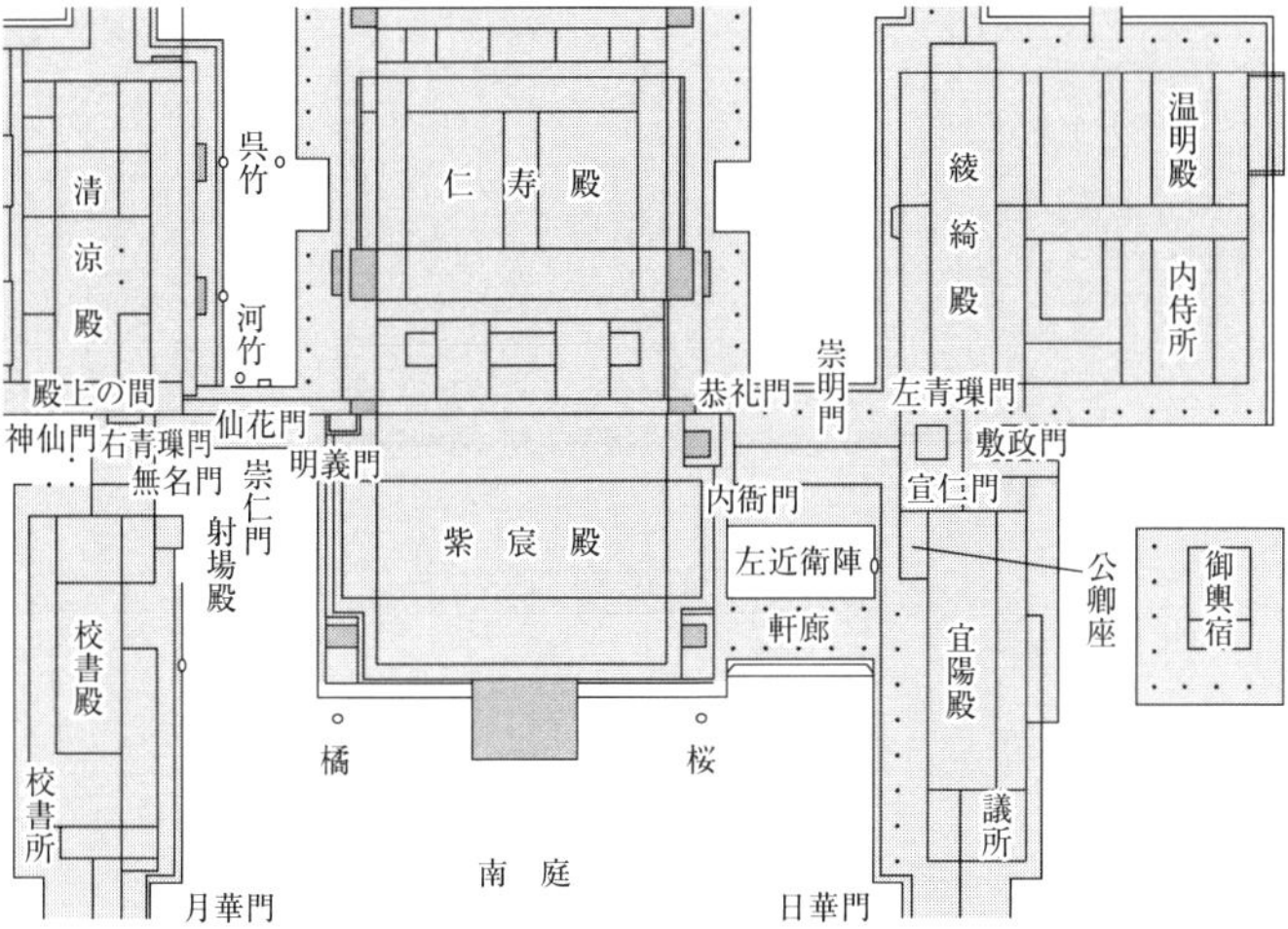

図4　陣と軒廊の位置

増えている。地方の怪異は、九世紀後半に陰陽師（官名）が追加されたことからもわかるように各地で占ったが、正規の手続きを経て言上《ごんじょう》され、太政官より奏上されて、天皇が上卿に命じて外記《げき》らに先例を勘申《かんじん》させ、対象となるものであれば御卜《みうら》を行なわせた。畿内や大宰府管内の怪異が多いが、『扶桑略記《ふそうりやくき》』治暦《じりやく》三年（一〇六七）八月十六日条の「参河《みかわ》国」など、他国の例もある。平安中期は地方の例は少ない。軒廊の御卜の結果を記した「卜文《うらぶみ》・卜方《うらかた》」には攘災方法も記され、諸社奉幣《ほうべい》、密教修法、陰陽道祭祀などの措置が取られた。

②は、天皇ごとの「蔵人所《くろうどどころ》」に候《こう》する陰陽師」、つまり陰陽道の上臈《じょうろう》一名または二名が、蔵人所（校書殿《きょうしょでん》の西廂《にしびさし》）に召され、

蔵人から天皇の内々の諮問を受けて占った（蔵人所の御占《みうら》）。陰陽師の人数などには変遷があり、院政期の「占文《うらぶみ》・占方《うらかた》」は五名連署だが、順徳院の『禁秘抄《きんぴしょう》』下「御物忌」には「或いは七人、或いは三人」とある。怪異以外に、天皇の病や行幸の可否、伊勢奉幣の公卿勅使を誰にするかなども占った。蔵人所の御占での天皇は、「おほやけ」ではあるが、国家ではなく内裏の主という立場である。

③以下も陰陽師のみが占った。③は外記庁《げきちょう》・侍従所《じじゅうどころ》（南所《なんしょ》）・清涼殿の殿上《てんじょう》の間《ま》・縫殿寮《ぬいどのりょう》などが史料に見える。

氏や家の怪異の場合

④の氏の寺社や機関とは、藤原氏の興福寺、春日大社・大原野《おおはらの》神社・吉田神社、勧学院《かんがくいん》、多武峯《とうのみね》寺の鎌足廟《かまたりびょう》などである。怪異があった際、氏長者にただちに報告されて氏長者の責任で占う場合と、勧学院などの怪所の長（別当）が占わせて占文を氏長者に奉る場合の二通りがあった。後者の例を挙げておく。勧学院の竈《かまど》にキノコが生えたことが怪異とされた。

内《うち》に候《こう》す。院の案主《あんじゅ》永盛《ながもり》、院の竈、茸《たけ》を生ずるの占方を持《も》て来たる。物忌、明後両日に当たる。永盛をして、別当致孝《むねたか》に占方を長者殿《ちょうじゃどの》（道長）に持参せしむべきの由を仰《おお》せしむ。（『権記』長保三年七月二十七日丙申《へいしん》条）

「明後日」の二十九日戊戌条には、「今・明、物忌也」とあり、行成は年当だった。

氏の寺は、浄妙寺《じょうみょうじ》などが建立されて増えていき、鎌足廟は時代が下ると鳴動の報告は減るが、発光の例が現われる（『本朝世紀《ほんちょうせいき》』仁平《にんぴょう》元年〈一一五一〉二月二十六日条「御墓山、鳴動幷びに光を放つ事」）。

『大鏡』道長伝には、「この寺（興福寺）ならびに多武峯・春日・大原野・吉田に、例に違《たが》ひ、あやしきこと（怪異）出《い》で来《き》ぬれば、御寺の僧・禰宜《ねぎ》等など、公家《こうか》に奏し申して」とあるが、この奏上は、道長や頼通の時代には行なわれていなかった。『左経記』万寿《まんじゅ》三年（一〇二六）五月七日条では、頼通《よりみち》が「若《も》しくは春日・大原野社の怪は、公家、卜筮《ぼくぜい》せらるべきか。当氏の為に長者卜《ぼく》せしむべきか。前例、尋ぬべし」と源経頼《つねより》に命じ、翌日条に「公家」の「卜筮」の所見無しとの報告が見える。しかし小坂氏によると、その前後の十世紀後半や十一世紀後半以降は、春日社や興福寺などの怪異が奏上され、軒廊の御卜が行なわれた（『小右記』永祚《えいそ》元年〈九八九〉十二月十五日条や『殿暦』永久元年〈一一一三〉十二月十八日条など）。つまり『大鏡』の記述は、十一世紀後半以降の常識にもとづいている。

⑤の各家の怪異も、陰陽師に式占を行なわせた。物語にも、大臣家などで「物のさとし」があり、複数の陰陽師が呼ばれた例が散見する。

六壬式・六壬占

怪異の⑴原因、⑵何の予告か、⑶予防の時期、⑷責任分担者を占った六壬式盤《りくじんしきばん》について、占い方、占文を含め、もう少し詳しく見ておく。

六壬式盤の概要

「六壬」は呉音なら「ろくにん」だが、仮名暦《かなごよみ》などでも漢音の「りくじん」と書かれている。「歳徳」の「としとく」のように平安時代にはさかのぼれない仮名書きもあるが、「六壬」については、すでに漢音が普及した平安中期に広く価値が認められるようになったので、陰陽道では「りくじん」だったのだろう。

小坂眞二氏によると、六壬式は亀卜《きぼく》や易筮《えきぜい》よりも遅れて、漢代、紀元前後に生まれ、占具の六壬式盤は中国では後漢や六朝時代の遺品が数点あり、北朝鮮の楽浪《らくろう》遺跡からも出土しているという。多くは木製だが銅や象牙製もあり、大きさや形状も一様ではなく、刻銘

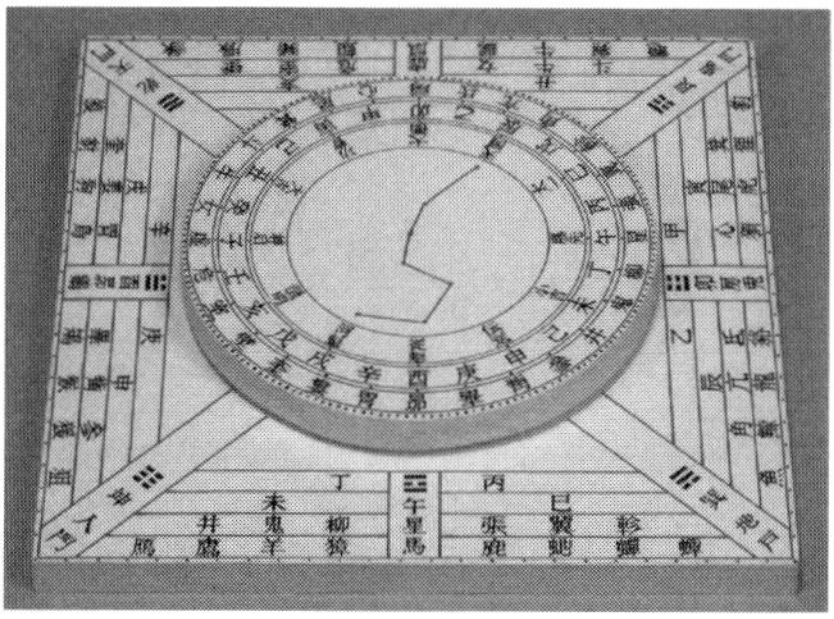

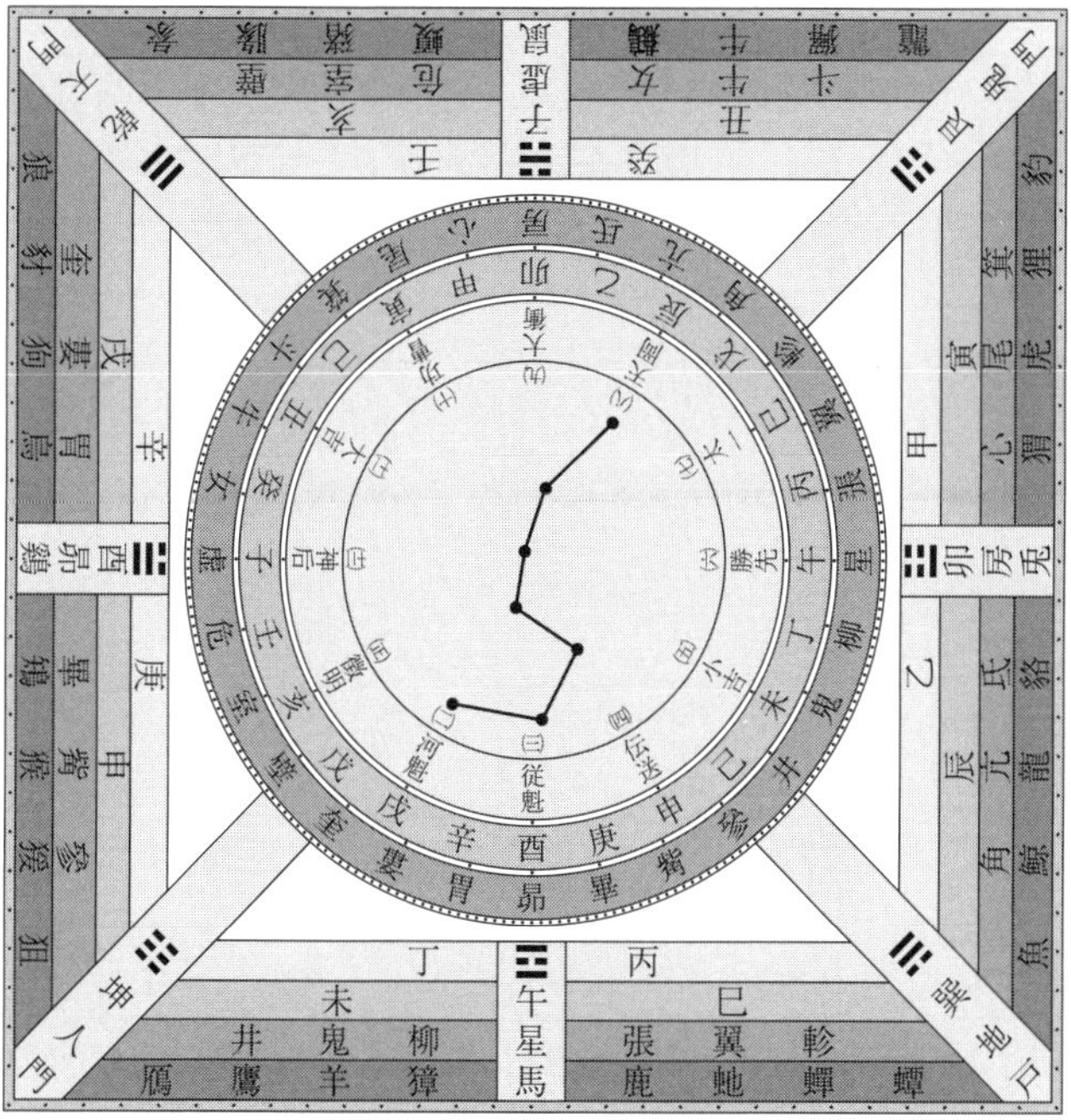

図５　六壬式盤復元模型（上，京都文化博物館蔵）と復元図（京都文化博物館ほか編『安倍晴明と陰陽道展』読売新聞大阪本社，2003年より）

にも変遷があった。素材については、『唐六典《とうりくてん》』太卜署に「今、其の局（盤）、楓《ふう》の木を以て天と為し、棗《なつめ》の心《しん》（芯）、地と為す」とある。フウも紅葉するが、カエデとは別の木である。

小坂氏の指導の下、後漢時代の復元図を元に、日本に伝わったとみられる六朝期の要素を加えて復元された六壬式盤（京都府京都文化博物館蔵）の刻銘は、次の通りである。

天盤…中央に北斗七星、周囲に内側から十二月将《じゅうにがつしょう》、十干（戊《ぼ》・己《き》は二つずつ）・十二支、二十八宿。

地盤…内側から、八干（戊・己以外）、十二支、二十八宿、三十六禽《さんじゅうろくきん》。四方と四角には、八卦《はっけ》と四門《しもん》（巽《たつみ》＝地戸《ちこ》、坤《ひつじさる》＝人門《じんもん》、乾《いぬい》＝天門《てんもん》、艮《うしとら》＝鬼門《きもん》）。

四門のうち占いに用いるのは、乾「天門」と巽「地戸」である。乾は、「乾坤《けんこん》」の熟語でも天であり、吉方《きちほう》だった。

十二月将と十二天将　「十二月将」は、各節月《せつげつ》の「神《かみ》」で、「十二神・十二神将」ともいう。黄道《こうどう》を十二等分したものなので、節月の正月「徴明《ちょうめい》」は魚宮（双魚宮）、二月「河魁《かかい》」は羊宮（白羊宮）など、黄道十二宮と対応するが、平安時代には認識されていなかったようである。

「二十八宿」は、大江匡房《まさふさ》の談話集『江談抄《ごうだんしょう》』二―一八の末尾で、匡房が聞き手の藤原実兼《さねかね》（信西《しんぜい》の父）に、「天番《(ママ)》は二十八宿在るべきに、地番に在り。地番は十二神在るべきに、天番に在るはいかん」と述べていることから、院政期の式盤では地盤のみで、天盤にはなかったとわかる。この話は『古本系江談抄《こほんけいごうだんしょう》』にはなく増補だが、密教の『北斗護摩集《ほくとごましゅう》』の六壬式盤図でも、二十八宿は地盤にしかない（天盤は北斗七星と十二月将のみ）。

「三十六禽」は、一日を十二時に分け、さらに三等分して鳥獣の名を当てたものである（各四十分間）。『口遊《くちずさみ》』陰陽門にも見えるので、平安時代の男性貴族の基礎知識ではあるが、具体例はあまり見られない。式占にも直接には関わらないが、『新猿楽記《しんさるがくき》』で「賀茂道世《みちよ》」の占術能力を述べた部分に、天盤の「十二神将」との対《つい》で挙げられており（後掲）、『北斗護摩集』でも地盤に見えている。

さらに、盤面にはない「十二天将」も用いた。占いでの十二月将と十二天将の関係は固定的ではなく、その都度、対応させた。最も重要なのが、「天一《てんいつ》」（天一貴人・天乙）で、以下、「螣蛇《とうだ》」「朱雀」「六合」「勾陳《こうちん》」「青龍」「天空」「白虎」「太裳《たいしょう》」「玄武」「太陰」「天后《てんこう》」である。たとえば「白虎」は、「病事」をつかさどる。十二月将の「十二神」に対して、「十二将」ともいう（『唐六典』太卜署、『占事略決《せんじりゃくけつ》』「十二将所主法第四」）。

「十二神将」という熟語は、(1)十二月将（十二神）、(2)十二月将と十二天将（『占事略決』「占病祟法第二十七」などに「神将」の熟語が見える）、(3)十二天将（『五行大義』巻五「第二十諸神論」所引『玄女栻経《げんによしききよう》』)、(4)薬師《やくし》如来《にょらい》の眷属《けんぞく》、の四つの意味がある。よく知られているのは仏教の(4)で、これも伐折羅大将《ばさらだいしょう》=戌《いぬ》など、十二支と関わる。

表5として、「月将」および「月の支《し》」と、「月建《げっけん》」を示しておく。二月将「河魁」、八月将「天剛《てんごう》」は、ともに凶神で「病事」をつかさどる。

「月建」は、各月の昏《こん》(夕刻)に北斗七星(小歳《しょうさい》)の柄の「建《おざ》す」(指す)方角で、正月=「建寅《けんいん》月」以下、月名にもされた(『淮南子《えなんじ》』天文訓《てんもんくん》)。子《ね》は真下である。物忌を行なう節月を決める際にも用いられた。なお北斗七星は、夜間、漏刻《ろうこく》のない場所で、時刻を知る方法にもなる(『今昔物語集』一二―二一の永承《えいしょう》三年〈一〇四八〉三月二日の興福寺再建供養での安倍時親《ときちか》の計時、『中右記《ちゆうゆうき》』承徳《じょうとく》二年〈一〇九八〉七月九日条の上賀茂神社の遷宮《せんぐう》)。

六壬式は、地盤の十干も用いるが、特に天地盤の十二支が重要な占いである。天盤を回転させて、天地の十二支どうしを合わせ、組み合わせ結果から諸事を判断した。

用語は、他と意味が異なるものがいくつかある。「太歳《たいさい》」は、占いを行なう年の十二支。「本命《ほんみよう》」は、各自の生年十二支。「行年《ぎようねん》(遊年《ゆねん》)」は、各自の占いを行なう年の十二支である。男は、地盤の太歳に、天盤の本命を合わせた時に、「功曹《こうそう》(寅《とら》)」の下に来ている地盤の十二支。女は逆に、地盤の本命に、天盤の太歳を合わせた時の、「伝送《でんそう》(申《さる》)」の下の十二支をいう。

なお、特殊な用語ばかりのようだが、現代人にも比較的なじみのある「下剋上《げこくじょう》」という熟語は、地盤の十二支の五行（表3や表5の月建と五行参照）が、天盤の十二支の五行を剋する状態になっていることを指す（後掲❹参照）。また、大安・仏滅・友引・赤口《しゃっく》などの「六曜《ろくよう》」の元は、宋末に始まる、暦で日の吉凶を判断する単純な「小六壬《しょうりくじん》（六壬時課）」で、これは六壬占を簡略化したものだった（六壬占は明《みん》代後半から「大六壬《だいりくじん》」と呼ばれる）。

表5　節月、十二月将（十二月之神・十二神・十二神将(1)）・月の十二支、月建

四季	節月	四季	五行	月将	月支	月建
春	正月	孟春	木	徴明	亥	寅
	二月	仲春	木	河魁	戌	卯
	三月	季春	土	従魁	酉	辰
夏	四月	孟夏	火	伝送	申	巳
	五月	仲夏	火	小吉	未	午
	六月	季夏	土	勝先	午	未
秋	七月	孟秋	金	太一	巳	申
	八月	仲秋	金	天剛	辰	酉
	九月	季秋	土	大衝	卯	戌
冬	十月	孟冬	水	功曹	寅	亥
	十一月	仲冬	水	大吉	丑	子
	十二月	季冬	土	神后	子	丑

四課三伝とは

怪異占の場合、基本データは、怪異発生・発見の「月《つき》の支」と「時《とき》の支」、および「日《ひ》の干・支」である。時刻は、怪異の報告や、式占の下命の時も準用された。

❶天盤を回して、天盤の「月の支」を、地盤の「時の支」の上に合せる。

❷この組み合わせは、円なので一二通り。1から12の番号（局数《きょくすう》）を割り当てる。地盤の「寅」の上の天盤の月将が何月かで決まる。「亥《い》—徴明《ちょうめい》—正月」なら一局、「戌—河魁—二月」なら2局。

❸この盤の状態で、「日の干・支」と組み合わせて、四つの天盤の支を求める。組み合わせは七二〇通り（干支六〇×局一二）。地盤の「日の干」（の最寄の支）の上の天盤の支（一課）。地盤の「一課」の支の上の天盤の支（二課）。地盤の「日の支」の上の天盤の支（三課）。地盤の「三課」の支の上の天盤の支（四《し》課）。

❹四つの課の、八つの支（天地が四組。一課の地盤のみ、元の日の干を用いる）の五行を求め、天地（上下）の相剋関係を見て、最優先される課の天盤の支を「用《よう》」とする。複雑だが陰陽道通用のものがあった。

❺「用」の月将を「一伝」（初伝《しょでん》）とする。
その月将と同じ「支」を地盤で見て、その上の月将を「中《ちゅう》」（中伝）とする。
「中」の月将と同じ「支」を地盤で見て、その上の月将を「終《しゅう》」（終伝）とする。
子と子、子と午など、天地が同じや反対の場合も、三つの伝の決め方があった。

❻天盤の月将に、「天一」から十二天将を配布する。日の干、日中（寅《とら》から酉《とり》）か夜間（戌《いぬ》から丑《うし》）か、順・逆回り、局数により、一二〇通りある。この時、天門・地戸の位置が重要である。これも、複雑だが個人差はない。小坂氏の「十二天将配当表」でわかる。配布により、三伝の各「月将」に対応する「将《しょう》」（天将）三つを求める。

❼四課と「用」、三伝（月将）間などの関係を、「卦遇《けぐう》」という。何種類もあり、「三光三陽」「新故」などの、月や季節によって変わるものもある。複雑だが、『新撰六旬《しんせんろくじゅん》集《しゅう》』にもとづいた小坂氏の「陰陽道の六壬課式七二〇局表」で、日の干支と局数から、当時の三伝と卦遇がわかる（『古代文化』三八―七～九、一九八六年）。

❽最後に「之を推《お》すに」と、三伝や、四つの月将や天将の性格（何をつかさどるか）、王《おう》・相《そう》・死・囚《しゅう》・老《ろう》の気《け》その他により、総合的に判断（推断《すいだん》）する。その文章を推《すい》条《じょう》という。ここは、陰陽師によって異なる可能性が高い。解釈の違いが占いの能力の違いである。❼もだが、季節や月（孟《もう》・仲《ちゅう》・季《き》）も影響する。

占文には、「何を以《もっ》て之を言ふ」との推断の理由のほか、御卜《みうら》以外でも、祈禱・攘災方法が示されることがある。官衙が怪所の場合は、その官衙で行なわれた。たとえば外記庁（外記局）の怪異が火事の予兆だった場合、外記庁で読経《どきょう》や火災祭《かさいさい》などが行なわれる。

占文の具体例

占文を一例、引いておく。『小右記《しょうゆうき》』長和元年（一〇一二）六月十六日条によると、実資《さねすけ》が兄懐平《かねひら》からの手紙によって春日社で怪異があったことを知り、光栄《みつよし》に尋ねると、すぐに「占方」を送ってきた。「今月十二日、酉の時」に、神殿《しんでん》の南から大木が倒れるような音が聞こえ、地響きがあったという。六月節の小暑《しょうしょ》（表4）は六月十一日なので、十二日は節月でも六月であり、「月の支」は「午」である（表5）。午と酉の組み合わせなので、局数は1（表6）。

占ふ、六月十二日戊申。時、酉に加ふ。〈怪を聞く日時。〉功曹、戌に臨んで、用と為す。将、騰蛇（蛇）。中は徴明、大陰。（終は）伝送、白虎。卦遇は「知一《ちいつ》」「玄胎四牝《げんたいしひん》」。之を推すに、氏の長者、及び(4)卯・酉・丑・未年の男、巳・亥・卯・酉年の女、(2)病事有るか。期、(3)怪日以後四十日の内、及び来たる十月・明年正月・四月節の中、並びに甲・乙の日なり。

(1)原因は、神が明らかなので、ない。(2)何の予告かは「病事」。(4)が責任分担者である。
(3)予防（物忌）の時期のうち、十干「甲・乙の日」は、前述したように、怪日の五行を剋する五行の日なので、十二日戊申の「戊（土）」から、すぐにわかる。「怪日以後」の「四十日」も、怪異発生の月と時がわかれば局数が決まり、局数から導ける（表7）。物忌が節月の途中から始まったり、節月の途中で終わったりすることがあるのは、この期間の

表6　局数――天盤（月の支）と地盤（時の支）の組み合わせ

局数	天地の支											
1	亥 寅	戌 丑	酉 子	申 亥	未 戌	午 酉	未 申	辰 未	卯 午	寅 巳	丑 辰	子 卯
2	亥 卯	戌 寅	酉 丑	申 子	未 亥	午 戌	巳 酉	辰 申	卯 未	寅 午	丑 巳	子 辰
3	亥 辰	戌 卯	酉 寅	申 丑	未 子	午 亥	巳 戌	辰 酉	卯 申	寅 未	丑 午	子 巳
4	亥 巳	戌 辰	酉 卯	申 寅	未 丑	午 子	巳 亥	辰 戌	卯 酉	寅 申	丑 未	子 午
5	亥 午	戌 巳	酉 辰	申 卯	未 寅	午 丑	巳 子	辰 亥	卯 戌	寅 酉	丑 申	子 未
6	亥 未	戌 午	酉 巳	申 辰	未 卯	午 寅	巳 丑	辰 子	卯 亥	寅 戌	丑 酉	子 申
7	亥 申	戌 未	酉 午	申 巳	未 辰	午 卯	巳 寅	辰 丑	卯 子	寅 亥	丑 戌	子 酉
8	亥 酉	戌 申	酉 未	申 午	未 巳	午 辰	巳 卯	辰 寅	卯 丑	寅 子	丑 亥	子 戌
9	亥 戌	戌 酉	酉 申	申 未	未 午	午 巳	巳 辰	辰 卯	卯 寅	寅 丑	丑 子	子 亥
10	亥 亥	戌 戌	酉 酉	申 申	未 未	午 午	巳 巳	辰 辰	卯 卯	寅 寅	丑 丑	子 子
11	亥 子	戌 亥	酉 戌	申 酉	未 申	午 未	巳 午	辰 巳	卯 辰	寅 卯	丑 寅	子 丑
12	亥 丑	戌 子	酉 亥	申 戌	未 酉	午 申	巳 未	辰 午	卯 巳	寅 辰	丑 卯	子 寅

表7　局数から怪日以後何日間か求める法（地支数×5）

局数	6	12	1	7	2	8	3	9	4	10	5	11
河魁の地支	午	子	丑	未	寅	申	卯	酉	辰	戌	巳	亥
地支の数	九		八		七		六		五		四	
数期	四十五日		四十日		三十五日		三十日		二十五日		二十日	

ためである。占いが必要なのは、「来たる十月・明年《みようねん》正月・四月節、」の節月だけである。怪日から一年以内の節月三つが基本だが、「怪日以後」の期間に含まれたり、翌年（遠期）を採らなかったりした場合、一つまたは二つになる。

なお「四月節」は、(1)立夏、(2)立夏から十五日間、(3)立夏から三十日間＝節月四月、の三つを指す。占文は(3)である。

物忌とは何か

さまざまな物忌・ものいみ

平安時代の「物忌《ものいみ》」の例のほとんどは、陰陽師の怪異占の結果にもとづく籠居《ろうきょ》だが、「物忌」という語は他にもさまざまな意味で用いられた。多訓は「ものいみ」だが、「物忌」という漢字を用いない場合もある。多義であることが、怪異による「物忌」の語釈に、穢《けが》れや方違《かたたがえ》や土忌《つちいみ》など、無関係な要素を含めてしまう原因になっている。そこで、先にすべての意味を網羅的に見ておきたい。本書で詳しく取り上げているのは❻である。

❶神事・仏事のための斎戒《さいかい》…神祇令《じんぎりょう》の「斎戒」の訓。心身を清めて、つまり不浄を避けて慎む。身体用のふだ（後掲⓮）、屋外用のふだを用いる場合もある（源師房《もろふさ》『土右記《どゆうき》』長元《ちょうげん》九年〈一〇三六〉十月八日条「（大嘗会《だいじょうえ》の検校《けんぎょう》になったので）僧尼《そうに》・重軽《じゅうきょう》

服《ぶく》・触穢《しよくえ》の人、来入すべからざるの簡《ふだ》を立たしむ」)。
❷伊勢神宮などに仕える下位の神職の童男・童女…『皇太神宮儀式帳《こうたいじんぐうぎしきちょう》』や『延喜式《えんぎしき》』神祇官など。
❸縁起かつぎ全般、何かを忌むこと…「物(を)忌む」(『紫式部日記』など)の名詞化。『枕草子』二七四段「成信《なりのぶ》の中将は」段の「ものいみくすしう」など。
❹噂話や情勢にもとづく凶事予防の自主的籠居(外出自粛)…『日本紀略』天元《てんげん》三年(九七八)五月一日条「謡言《ようげん》、貴賤、物忌すべし」、『本朝世紀《ほんちょうせいき》』仁平三年(一一五三)五月十八日条「今日、洛中、大物忌《おおものいみ》と称し、大半《たいはん》、其の門戸を閉ぢ青木香《しょうもっこう》(臭気のある蔓性植物)を懸《か》く。閭巷《りょこう》の妖言《ようげん》に云ふ、今日、疫鬼、遊行《ゆぎょう》すべしと」など。
❺不吉な夢を見た際の凶事予防の自主的籠居…日。ふだは本来用いない。忠平《ただひら》『貞信公記《ていしんこうき》』延長四年(九二六)正月十四日条「物忌に依《よ》り参らず。天台《てんだい》に於《お》いて大般若《だいはんにゃ》経《きょう》を転読《てんどく》せしむ。人々の夢想《むそう》、不吉に依る」、『御堂関白記《みどうかんぱくき》』寛弘八年(一〇一一)十一月七日条「有る人の夢想に依り、籠居物忌す」、『うつほ物語』忠こそ巻、『源氏物語』浮舟巻(屋内用のふだ使用)など。読経《どきょう》のほか、諷誦《ふうじゅ》(経文《きょうもん》を唱える)、金鼓《こんく》を打つ、陰陽師の祓《はらえ》などでも予防。
❻怪異占の結果にもとづく特定の凶事予防の籠居…二日連続。三種類のふだを使用(後

述）。用例数最多だが、院政期には❼が増えたために相対化。『殿暦《でんりゃく》』康和三年（一一〇一）十一月五日壬戌《じんじゅつ》条「公家（堀河天皇）、怪異の御物忌と雖《いえど》も、御方違《おんかたたがえ》に依り行幸有り」（方違を優先）。

❼式占《しきせん》以外の占術や禁忌による予防のための籠居…一日単位。ふだは用いない。「八卦《はっけ》忌勘文《いみかんもん》」「易筮《えきぜい》勘文・易勘文」「宿曜《すくよう》勘文」などによる。「宿曜物忌」や「八卦物忌」（大厄日《たいやくにち》・小衰日《しょうすいにち》）は十一世紀初頭から、他は院政期から。藤原師通《もろみち》の『後二条師通《ごにじょうもろみち》記《き》』は「八卦物忌」「易物忌」「禄命《ろくめい》物忌」「五行物忌」が揃う。『中右記《ちゅうゆうき》』に堀河天皇の「三日」「五日」連続の奇数の物忌があるのは、大厄日の一日物忌《いちにちものいみ》と、二日・四日の怪異占による物忌が接しているため。

❽発病後七日目の本人や家族の籠居…一日。ふだは用いない。『御堂関白記』長和四年（一〇一五）九月六日条「物忌籠居。件の物忌、小児《しょうに》（嬉子《きし》）悩む後、七日に当たるに依る」など。

❾死後七日目や十三日目の喪家《そうか》の籠居…一日。屋外用のふだを使用（現代の忌中札《きちゅうふだ》）。『今昔物語集』一六—六「今日七日ニ当《あたり》テ、物忌ノ札ヲ立テ門閉《とじ》タリ」。『後拾遺《ごしゅうい》和歌集』五五三番歌（能因《のういん》）や『四《し》条宮主殿《じょうのみやとのも》集』一二二一番歌の詞書《ことばがき》（詠歌事情の説明文）は、喪家十三日の例。

⑩服喪《ふくも》や、服喪中の人々の諸々の謹慎…『落窪物語《おちくぼ》』巻四「幼き人々、ここ（故父大納言邸）に迎へむは、物忌などするにゆゆしかし（不都合ですよ）」など。

⑪触穢による謹慎・注意…『今昔物語集』二七—一五「己ハ年老テ此《かか》ル片田舎ニ侍《はべ》ル身ナレバ、物忌モシ不侍ズ」は、人の産穢《さんえ》。告知と境界を示すために屋外にふだを立てたが、そのふだのことは「物忌」「物忌札」とは呼ばない。

⑫病中・病後や出産前などの安静・養生《ようじょう》…『源氏物語』夕顔巻「（光源氏の全快後）御物忌何やとむつかしうつつしませたてまつりたまふ」、『栄花物語』月の宴《えん》巻「月ごろ内《うち》（村上天皇）に例ならず悩ましげに思《おぼ》しめして、御物忌などしげし」など。二日連続でも五行とは無関係。『小右記』長和元年（一〇一二）七月二十七日条「今・明（癸《みずのと》・甲《きのえ》）、左相国《さしょうこく》（道長）、堅き御物忌。邪気《じゃけ》の労する所と云々」、『左経記《さけいき》』寛仁《かんにん》四年（一〇二〇）九月二十八日条「物の気《け》の申すに依り、明日より二箇日（丁《ひのと》・戊《つちのえ》）、堅固の御物忌なり」など。

⑬端午《たんご》の節供《せっく》の菖蒲蘰《あやめかずら》…『枕草子』三七段「節《せち》は」。

⑭❶の神事用の身体に付けるふだ…『堤中納言物語《つつみちゅうなごん》』ほどほどの懸想《けそう》「祭（賀茂祭）のころは（中略）童べ（少女たち）の、衵《あこめ》、袴清げにて、さまざまの物忌ども付け」、『中右記』永長元年（一〇九六）七月十三日条田楽《でんがく》「皆直衣《のうし》。相公《しょうこう》（参議）二人、大

物忌を付け高扇《たかおうぎ》を持つ」、『山槐記《さんかいき》』永暦《えいりやく》二年（一一六一）四月十九日条「（賀茂祭の小舎人童《こどねりわらわ》は）紅《くれない》の薄様《うすよう》（高級な薄紙《うすがみ》）を以て髪を結び、葵《あおい》を付け物忌を付けず」。なお『満佐須計装束抄《まさすけしようぞくしよう》』巻一では、五節《ごせち》の舞姫付きの童女の左右の耳辺の髪を結ぶ紅の薄様自体を「物忌」と呼ぶ。いずれにしても、これらの紙は日常的に付ける物ではない。

⓯❻用のふだのうち、身体や室内用。

⓰❾の喪家の身体用のふだ…これは中世以降か。『凶服部類《きようぶくぶるい》』所引『親長卿記《ちかながきようき》』文明三年（一四七二）正月十五日条など。

以上のように「物忌」の意味は多いが、❻以外の意味で用いる例は多くはない。これらのうち❾が、最も現代と関わりがあるだろう。具体例は、他にも『左経記』万寿二年（一〇二五）八月十一日条「故尚侍《ないしのかみ》殿（嬉子）の七日に当たるに依り、東宮・宮、堅く物忌せしめ給ふべきの由、殿より仰せ有り」、十六日条「明日、故尚侍殿の還《かえ》る日（十三日）たるに依り、宮（彰子《しようし》）幷びに東宮《とうぐう》（夫敦良《あつなが》親王）の御方《おんかた》、堅く御物忌有るべし」、『長《ちよう》秋記《しゆうき》』大治《だいじ》四年（一一二九）七月十三日条「七日物忌」など、十一世紀以降、散見する。

❼のうちの八卦物忌と宿曜物忌や、❹❺❻❼❿⓫⓬は、「慎み・慎む」ともいう。また「慎み」はこれら以外に、厄年《やくねん》（生年十二支の年。現代の年男・年女）や、天文道の占文に

もとづく謹慎や攘災の祈禱なども指す。

陰陽道の物忌のふだ

平安時代の「物忌」のほとんどは、災害や怪異が発生した際、それを神や霊の祟りと考え、陰陽師に六壬式盤で占わせた結果にもとづき、発生場所（怪所）の長や構成員のうちの一部（年当の人）が、特定の凶事の予防のために、特定の期間において、発生日（怪日）の五行に勝つ五行の二日間ごとに行なう籠居・謹慎である。「慎み・慎む」ともいう。方角神や暦注、方違、土忌、触穢などとは関係がない。日の吉凶とも無関係である。

籠居の際は、閉門し、簾《すだれ》や格子《こうし》を下ろすほか、「物忌」と書いたふだで、物忌空間と他との境界を示し、物忌中であることを示した。次の三種類がある。

(1)屋外の門や庭など家の境界に立てる木のふだ。

(2)屋内の簾・柱などの境界に付ける紙のふだ。単に「物忌」と呼ばれる。

(3)身体（冠・烏帽子《えぼし》、袖）に付ける紙や柳などのふだ。これも「物忌」と呼ばれる。

(2)(3)の例もあるので、右の「物忌」の定義は、「境界を示すために屋内外用と身体用のふだを用いたが、そのうちの屋内用・身体用のふだも指す」と続ける必要がある。

(1)の屋外用は物忌木簡の例があり、「物忌」の熟語の例としても、文献より早い。文献上の初見は、『貞信公記』延喜七年（九〇七）二月八日乙卯《いつぼう》条「次に東宮（保明《やすあきら》親王）に参る。而《しか》して御物忌に依り、之を啓するを得ず」である。ただし怪異による籠居の行為は、『三代実録』貞観十二年（八七〇）二月十九日条の春澄善縄《はるずみのよしただ》の薨伝《こうでん》の「斎禁」が初見とされている。

物忌木簡は、長岡京の左京跡から、「今日物忌　此処不有預人而他人輙不得出入（此の処、預かる人に有らざれば、他人輙《すなわ》ち出入するを得ず）」と書かれた全長一一〇・四センチ、最大幅四・三センチ、厚さ〇・七センチの物が出土した。屋外用のふだである。式占が行なわれたか否かはわからないが、八世紀後半に「物忌」の実態と語が成立していたことは確かである。また大分県国東《くにさき》市の飯塚《いいづか》遺跡の八世紀後半から九世紀にかけての遺構からも、全長一五六センチで「今日物忌　不可出入」と書かれたふだが出土し、地方でも行なわれていたことがわかる。九世紀に、怪異占を行なわせるため、地方の国衙に陰陽師（官名）が設置されたことと符合する。ただしこれらの木簡が示す「物忌」は、小坂氏によると、怪日以後の何日間や節月などの指定はなく、怪日の五行に勝つ五行の日に行なうだけの単純なものだった可

図6　物忌木簡（京都府向日市埋蔵文化財センター蔵）

能性が高い。なおこれら以外にも、少なからず物忌木簡が発掘されている。

ふだの素材については不明だが、『今昔物語集』二七―二四「門ニ物忌ノ札ヲ立テ、、桃ノ木ヲ切《きり》塞ギテ□法ヲシタリ」では、「鬼」が来るとされた日に、ふだとは別に「桃ノ木」が用いられている。「桃」による魔除けは、『論衡《ろんこう》』訂鬼《ていき》篇所引『山海経《せんがいきょう》』に、「悪害の鬼」を防ぐために「大桃人」を立てたとあるのにさかのぼる。また、迦毘羅衛国《かびらえこく》の「桃林」に住み、他の鬼神から人を守る大鬼王「物忌」の伝承が、『江家次第《ごうけしだい》』一「正月四方《しほう》拝《はい》」、『河海抄《かかいしょう》』巻二箒木《ははきぎ》などに見られる。

室内用と身体用のふだ

(2)の屋内用は、天皇の物忌の場合、蔵人所《くろうどどころ》の出納《しゅつのう》または小舎人《こどねり》が、紙屋《こうや》紙《がみ》に「御物忌」と書き、朝餉間《あさがれいのま》の三間、台盤所《だいばんどころ》の二間など、清涼殿《せいりょうでん》の所定の場所の御簾《みす》に、一間（柱と柱の間）ごとに付け（『侍中群要《じちゅうぐんよう》』九「御物忌」、『禁秘抄《きんぴしょう》』下「御物忌」）、出納が天皇の生活に関わる各所に配布した。また「諸陣」に、(1)の「札」を立てた。

屋内用は、仮名文学作品にも見える。たとえば『蜻蛉日記《かげろう》』下巻の天禄三年（九七二）三月条に、「この物忌どもは柱におしつけてなど見ゆるこそ、ことしも惜しからむ身のやうなりけれ。その二十五、六日（甲申・乙酉）に、物忌なり」とあるのは、前述の十九日戊寅の隣家の火事を占わせた結果にもとづく、病事および口舌を予防するための物忌と、そのふだである。作者は、ことさら命惜しみをしているかのような自らの行為に皮肉を感じていた。

(3)の身体用は、『枕草子』三一段「説経《せっきょう》の講師は」段に、物忌中にも説経の場に出かけていく元蔵人の五《ご》位《い》が、「烏帽子に物忌つけたる」とある。『禁秘抄』によると、天皇用は、「柳」で「三寸許《ばかり》」の「簡」を作り「物忌」と書かれた物を「御冠の纓《えい》の上」に指し、冠を被らない時には「白紙」に「物忌」と書かれた物を「左の御袖」に付けた。注釈書によく引かれる『貞丈雑記《ていじょうざっき》』巻一六「物忌」の「柳に物忌と書いて、糸で忍草《しのぶぐさ》の茎に」結びつけるというのは、『禁秘抄』の「三分許」の異文と、『河海抄』巻二箒木の「忍ぶ草」の注を合成したもので、平安時代の実態ではない。ただし十世紀中頃から十二世紀初頭頃まで、「忍ぶ草」（ノキシノブ）も、柳とは別に頭部に挿す物忌ふだとして、用いられることはあった（「橘正通《まさみち》和歌序」、忠実《ただざね》の談話集『中外抄《ちゅうがいしょう》』上―四六、同じく『富家語《ふけご》』五および一五八）。

なお、前掲『大鏡』道長伝の氏の寺社の怪異奏上の続きには、「その時に、藤《とう》氏《し》の長者殿占はしめたまふに、御慎みあるべきは、年のあたりたまふ殿ばらたちの御もとに、御物忌を書きて、一の所より配らしめたまふ」とある。「御物忌」は、「物忌」と書いた(2)の室内用のふだを指すのだろう。氏長者が物忌ふだを書いて年当の公卿に配ったという。しかし『御堂関白記』寛弘元年（一〇〇四）九月二十五日条には、「多武峯《とうのみね》、去《さ》んぬる二十三日御墓《おんはか》鳴る怪異の事を申す。晴明朝臣を召し卜せしむ。年に当たる上達部《かんだちめ》の許《もと》に卜方を送る」とある。道長は、物忌ふだではなく、占方を午当の公卿に送った。回覧でもない。頼通も氏長者として同様にしたことが、『小右記』からわかる（寛仁二年〈一〇一八〉正月二十四日条、長元四年〈一〇三一〉正月二十七日条など）。『大鏡』は、この点でも道長らの実態とは異なる。

物忌の種類・呼称

陰陽道の物忌にも、いくつか呼び方の違いがある。

①四日《よっか》物忌（四箇日物忌・四ヶ日物忌）、六日物忌、八日物忌…期間による。別種の物忌（別の怪異による物忌）の五行が隣接すると、四日連続になる。三種で六日、四種で八日の場合もあった。

②二合《にごう》物忌…別種の物忌が、同じ五行に重なった場合。熟語の例は稀少。

③烏《からす》物忌、多武峯物忌、夢《ゆめ》（夢想《むそう》）物忌など…何の怪異か、怪異の種類による。

④外記《げき》（局《きょく》）物忌、南（所）物忌、陣物忌、殿上物忌、勧学院物忌、春日物忌、多武峯物忌など…怪所による。「陣」は陣の座。「多武峯」は鎌足廟の鳴動で、③でもある。

⑤火事《ひのこと》物忌、口舌物忌、病事物忌、失物《うせもの》物忌など…予告された凶事による。

⑥所《ところ》さりたる物忌・所かへたる物忌…怪所や居所を離れて行なう物忌。

⑦軽き物忌、かたき物忌・堅固の物忌・重き慎み…命の危険性の程度による。

右のうち、①の四日・六日連続の物忌は日記に例が多い。『蜻蛉日記』にも兼家の例が散見する。『源氏物語』帚木巻冒頭の「内裏の御物忌さしつづきて」も、桐壺帝の六日または八日の物忌であろう。いずれにしても中神《なかがみ》（天一神《てんいちしん》）などの方角神《ほうがくしん》は無関係である。

②は、『小右記』長保元年（九九九）九月二十七日丙午《へいご》条「今・明、二合物忌。平《へい》納言、門外《もんがい》に来たる。門を開け相逢ひて、清談す。衝黒《しょうこく》、帰去」が、つとに指摘されている。実資は平惟仲《これなか》を邸内に入れ、日暮れまで対話した。『左経記』長元五年（一〇三二）五月九日条の「二箇御物忌」なども同義であろう。

物忌は、重いから期間が延びる・長引く、凶事が重なると重い、などと説明されることがあるが、長さや重複は、物忌の軽重とは関係がない。また、物忌を行なう人の信心と結びつけられることもあるが、信心は物忌を破るか遵守するかには関わっても、軽重とは無関係である。「おびただしき」「いみじき」などの怪異の内容や程度も同様である。

物忌の軽重

籠居形態に影響する物忌の軽重は、怪異が予告した凶事で決まる。

「口舌物忌」は軽く、外出や、外から来た人との対面が可能だった。『小右記』正暦《しょうりゃく》元年（九九〇）十月十二日甲寅《こういん》条「今・明、物忌。口舌の事に依り、外行を禁ぜず」などの例がある。『殿暦』康和五年（一一〇三）十月九日条や永久五年（一一一七）

七月二十八日条には、「病（事）」が軽く「口舌」が「（極めて）重し」とあるが、これらは占い結果における慎むべき度合を指すと考えられる。この時代にも、口舌物忌なので破るという例はあり、凶事の深刻さの程度は平安中期と変わらない。他に、「失物物忌」（『左経記』治安《じあん》二年〈一〇二二〉十月十一日条）、「火事物忌」（『小右記』寛仁元年〈一〇一七〉十月十二日条など）も軽い。

「病事物忌」は、呪詛《じゅそ》と同じく、その人の命に関わるので重かった。特に重い物忌の場合、普段の居所を離れて慎むこともあった。藤原頼忠《よりただ》が「堅固の御物忌」を「他処」である「四条殿」で忌む例が早い（『小右記』天元五年〈九八二〉二月十五日戊寅《ぼいん》・十六日己卯《きぼう》条）。これを「所さりたる物忌」「所かへたる物忌」という（前掲⑥）。「さり」は本来「避り」だが、「去り」の字も用いられた。方違と結びつけて説明されることがあるが、無関係である。「所」は日頃の「住所」で、自邸の怪異の場合は「怪所」でもあった。

関白（頼通）、（菅原）孝標《たかすえ》朝臣を差し、多武岑鳴るの占方を送らる。〈今月十日（丁亥）戌の時、鳴揺す。陰陽博士孝秀《たかひで》占ひ申す。〉巳・亥・丑・未年の人、病事《やまいごと》に依り暫《しばら》く所を避るか。期、怪日以後二十五日の内、及び来たる十月節の中《うち》、並びに壬・癸の日なり。（『小右記』長元四年二月十二日条、局数10）

家ニ怪《さとし》ヲシタリケレバ、陰陽師ニ其吉凶《そのきちく》ヲ問フニ、卜《うらない》テ云ク、「病事可有《あるべし》。重ク可慎《つつしむべし》。悪《あし》ク犯セバ命被奪《うばわれ》ナントス」ト。鳳至《ふげし》（能登国）ノ孫《そん》此ヲ聞テ、大キニ恐テ、陰陽師ノ教ニ随テ、其怪ノ所ヲ去テ、物忌ヲセント為《する》ニ（『今昔物語集』二六―一二）
『枕草子』一三三段「つれづれなるもの」にも「所さりたる物忌」が挙げられ、二八二段「三月ばかり物忌しにとて」は自らの具体例だが、清少納言は、定子《ていし》からの手紙をただちに取り入れ、返信している。所在ないとはいえ、この物忌が特に重いことをふまえると、当時の読者には、清少納言の無謀さや、定子に対する思いが伝わったはずである。

覆推・復推

物忌の軽重は、物忌の前日や当日に「覆推《ふくすい》」を行ない、一日だけ、あるいは両日変わる例が多い。陰陽師に命じないためか、「重し・固し」に変わる例は少ない（『小右記』永祚元年〈九八九〉八月二十二日庚午《こうご》条、長和五年〈一〇一六〉五月四日丙子《へいし》条など）。「軽し」となって開門し、御簾《みす》を上げ、外出した記事が散見する。たとえば、寛仁元年九月十日乙卯、卯の時に見つけた、鼠が実資邸の巻物の下部を齧《かじ》っていた怪は、「己身（実資）及び怪所の卯・午・酉年の人、病事・口舌の事を慎むべきか」と占われたが（実資は家長だが、巳年生まれなので年当ではない）、十五日庚戌の物忌初日に、安倍吉平《よしひら》に「覆推」させると、「卯・午年の人、病事を慎むべし。余《よ》（実資）は用心を致すべし。口舌の事を慎むべし」と軽くなったので、「西門《にしもん》」を開けた。「西」は邸宅の「晴《はれ》」の方角で（『富家語』一一二）、「西門」は正門である。また、「軽」にも程度差があった。『小右記』長元五年十一月二十八日丙申条に、「覆推して云はく、今日、軽し。明日、頗《すこぶ》る軽し」とある。

「覆推・復推」は二度目の「推断」である。怪異発生の節月と時刻、日の干支という基本データは変わらない。最初からではなく解釈のみのやり直しであることは、堀河天皇の病の易占の記事、「件の御占（快尊《かいそん》の占文）を以て江《ごう》中納言匡房に給ひ、復推せしむ」（『台記』長治《ちょうじ》三年〈一一〇六〉正月二十六日条）からもわかる。

籠居、物忌明く

一日の始まりは「寅」なので、二日目の「丑」が過ぎ「寅」を迎えると、「物忌が開《あ》く」。それまでの二日間は、軽い物忌の場合を除き籠った。閉門し札を立てたが、門は開け縄を張るだけの場合もある。屋内は格子や簾を下ろし、札を壁や柱・簾などに付け、外部からの人に会ったり物を受け取ったりをしない。手紙などを従者が受け取った場合も、自らは見なかった。

外部の人を「外人《がいじん》・外宿人《がいしゆくにん》」という。前夜に他所で宿した人である。物も、前夜からそこにあった「宿紙《しゆくし》」（再生紙の意味もある）、外からの「外書」などを区別した。

逆に、前夜の丑から寅までを同じ場所で過ごした「同宿人」とは対面が可能だった。詩《しい》歌管絃《かかんげん》の遊びをしたり、同衾《どうきん》（共寝《ともね》）をしたりもできる。「心身を清めて過ごさなくてはならない」との注釈が多いが、それは前述した❶神事や仏事のための斎戒《さいかい》の場合である。

現に、漢詩（当時は五字の題の七言律詩が一般的）を作るのが好きな道長は、固い物忌で籠居の際にも作文《さくもん》会《え》（詩会《しかい》）を行なった（『御堂関白記』寛弘七年〈一〇一〇〉十月一日丙午条など）。『栄花物語』月の宴《えん》巻に、村上天皇が物忌中に清涼殿で女御《にょうご》同士の交流を見た話があり、『枕草子』二一段「清涼殿の丑寅の隅の」段の村上女御藤原芳子《ほうし》の『古今集』暗誦の逸話や、七八段（「草の庵《いおり》」の段）では、天皇が物忌中に后妃と共寝をしている。

物忌中は外界との接触がないからこそ、内側では日常とは異なる時間が確保できた。普段の住居以外での物忌の場合はなおさらである。『和泉式部日記』の敦道《あつみち》親王の「所かへたる物忌」中の二人の逢瀬は実際のものだが、『源氏物語』浮舟巻では、匂宮《におうのみや》が宇治で浮舟と過ごすための口実として利用した。物忌は、「所さりたる物忌」に限らず、来訪に応じない、外出しないための口実にもされた。口実の例は、物語では『落窪物語』巻一が早く、『源氏物語』は宿木《やどりぎ》巻以下、宇治十帖に多い。『浜松中納言物語』巻五「御物忌などよろづに言ひかまへさせ給ひ」も同様である。

臣下・家臣の参籠

「御物忌」つまり天皇の物忌では、政務や行事などに支障を来さないよう、関係者が「同宿人」になるべく、前夜に内裏に参上して宿した（参籠《さんろう》・候宿《こうしゅく》）。彼ら自身は物忌をしているわけではない。場所は各自の宿所が基本だが、親しい人の宿所でもよかった。必要な紙・物・馬なども運び入れた。平安中期に夜型生活になったことが政務にも影響し、さらには火事の増加にもつながったが、その主因の一つとして、天皇が物忌を行なうようになり、臣下が参籠するようになったことが挙げられるだろう。『古今著聞集《ここんちょもんじゅう》』三政道忠臣―七六に、村上朝に「公事《くじ》の夜に入《い》る」ため「主殿寮《とのもりょう》」に搬入される「松明《たいまつ》」が増えたとあるが、村上朝は陰陽道の最初の発展期でもある。

さて臣下が天皇の物忌初日の前夜に参る場合は、早くて「戌」、遅くとも「丑」だった。前述したように、戌から丑までが「暮」(夜)である。忠実は自らの参上時刻を「戌」と明記している(『殿暦』)。『枕草子』一三〇段「頭弁《とうのべん》の、職《しき》にまゐりたまひて」の段で、行成《ゆきなり》が内裏の外にある定子御在所の職御曹司《しきのみぞうし》から清涼殿に戻るのに、「丑になりなばあしかりなむ」と清少納言に言ったのは、参籠の期限を示す例である(翌朝のやり取りが、鶏鳴の故事をふまえ、「鳥」や参籠にちなんだ言葉を複数用いた「夜を籠めて鳥の空音《そらね》に謀《はか》るともよに逢坂の関はゆるさじ(許さじ・放さじ)」の詠歌につながる。『百人一首』では「空音は」)。

天皇の物忌当日の場合、参上するのは「丑」に限られた。それ以前では物忌を犯すことになるが、「丑」には外部との接触が可能になった。物忌初日の夜に「丑」から参る例は、「御物忌に依り、上達部《かんだちめ》、丑の時、参上」(『御堂関白記』『権記《ごんき》』寛弘元年十二月二十一日庚子条)のように日記に散見する。『侍中群要』第一「夕《せき》を得ざる事」には、「御物忌中の夜、参籠の人、丑一刻《いっこく》に及び、昇殿す」とある。「夕」は夜勤で、「近代」では、この参籠が夜の出勤回数として認められるようになったという。

参籠しなかった人は、物忌二日目に天皇の御前に伺候《しこう》できないが、その日の「丑」にはやはり可能になった。たとえば、『紫式部日記』寛弘五年（一〇〇八）十一月二十八日乙酉条に、「御物忌なれば、御社《おんやしろ》より、丑の刻にぞ帰りまゐれば、御神楽《みかぐら》などもさまばかりなり」と、一条院内裏に帰参していた賀茂臨時祭《かものりんじさい》の使《つかい》（教通《のりみち》）らの参入の時刻、および還立《かえりだち》の御神楽の規模のことが見え、『小右記』同日条には、「籠候」していなかった公《きん》任《とう》・懐平《かねひら》が、道長の催促により「御神楽の間《あいだ》に参入」したとある。

参籠中の人々の行動は自由で、庚申《こうしん》の徹夜と併せて、宮廷文化・貴族文化を育む場の一つだった。前述の『枕草子』七八段や『源氏物語』帚木巻の「雨夜《あまよ》の品定《しなさだ》め」は、天皇の物忌に参籠した殿上人《てんじょうびと》たちが女性批評を楽しんだ例である。

『禁秘抄』には、「近代、公卿の参籠、極めて叶ひ難し。仍《よ》りて多くは重からざれば之を破る」とあり、院政期には参籠が少なくなっていたようである。また院政期には、方違のために物忌を破ることも、公家・臣下、ともに見られるようになる。

昨（昨日）・今（今日）、物忌なり。然《しか》りと雖《いえど》も、明日、平等院阿弥陀堂《びょうどういんあみだどう》を直《なお》すべきに依り、物忌を顧みず枉《ま》げて宇治に向かふ。今夜、宿《しゅく》を経て方忌《かたいみ》を移すべきの故な

り。（『玉葉《ぎょくよう》』建久元年〈一一九〇〉庚戌《かのえいぬ》三月二十五日己卯・立夏条。方角神の大将軍《たいしょうぐん》は南、立夏から王相《おうそう》も南）

物忌を破る

それとは別に、物忌を自らの意志で破ることもあった。『枕草子』六段に描かれた長保元年八月九日の定子懐妊による内裏退出の行啓は、道長が早朝、道綱や斉信《ただのぶ》ら公卿を率いて宇治の別荘（後の平等院）に遊覧に出かけたため上卿《しょうけい》がおらず、中納言時光《ときみつ》が病を押し、重い物忌を破って務めた（『小右記』『権記』）。『蜻蛉日記』『枕草子』『和泉式部日記』には、物忌を破る、もしくは遵守するなどの籠居姿勢が具体的に描かれ、男女・兄妹・主従の絆《きずな》の程がうかがえる。物忌は、愛情・親疎・忠心のバロメーターでもあった。『江談抄《ごうだんしょう》』二―二七「行成大納言、堅固の物忌を為すといへども、召しに依り参内する事」では、一条天皇の蔵人頭の行成が物忌を破って参内し、清涼殿で藤原朝成《あさひら》の死霊に襲われ、御簾の中に入って難を逃れたという。

なお、あえて破ったり失念したりして籠らなかった場合や、物忌中に外出する場合などには、悪夢を見た時と同じく、諷誦《ふうじゅ》が身を守る手段とされた。たとえば、『小右記』天元五年正月一日甲午条には、「今日、（円融《えんゆう》天皇）御物忌。而《しか》るに、覆推、軽し、てへり。仍りて、先《ま》づ御諷誦を修し、外宿人、参入す」とある。臣下も同様に行なった。

物忌の対象者

物忌は、怪所の責任者のほか、すでに何度か述べたように、年当の構成員が行なった。十二支で示された例は、『貞信公記』承平《じようへい》元年（九三一）六月十二日条「宜陽殿《ぎようでん》の板敷鳴るの怪、子・午年の公卿は慎むべし」が早い。該当者は男女別だが、占い結果は性別を示さない例が多い。日記に記されるような怪所は、構成員が男性に限られるものが多いためであろう。ただし藤原氏の寺社などでの怪異は、前掲の春日社の大木が倒れるような音がした怪異の占文のように、女性も示されている。また、天皇が年当の場合は、物忌すべき藤原氏の一員として奏上された。次は、関白太政大臣頼忠《よりただ》が、藤原懐子《かいし》が安和《あんな》元年戊辰（九六八）に産んだ花山《かざん》天皇に奏した例である。

> 今・明、御物忌。大相府《だいしようふ》（頼忠）、多武峯鳴るの占《うら》を奏せらる。「氏の中《うち》、其の年の男女慎むべし」てへり。然《しか》り而《しこう》して、御年《おんとし》、相《あい》当たる。仍りて奏せらるる所なり。前例、之のごとし。（『小右記』永観二年〈九八四〉十一月八日甲寅条）

このことは、天皇も氏神《うじがみ》の祟りを受けることや（後述）、一条朝における外戚神《がいせきしん》の例祭《れいさい》の公祭《こうさい》化などとともに、天皇と家との関係を考える上で重要といえる。

また藤原氏以外の貴族女性も、各家の構成員ではあった。家は、一家という意味だが、多くの場合（宮仕え先にいる場合などは除き）、住んでいる家でもある。家の怪異占の年当は、『源氏物語』以後の「後期物語《こうきものがたり》」に複数、例がある。パターン（いつ―主人公またはその親が―いたそうだ）を脱した画期的な冒頭表現など、各物語作者のさまざまな工夫が見られる中に、陰陽道の『源氏』以上の利用もあった。

　七月一日、いとおどろおどろしきもののさとし（怪異）したり。おぼしおどろきて、物問はせたまへば、「中《なか》（二番目）の姫君の御年あたりて、重くつつしみたまふべし」となむ、あまたの陰陽師かんがへ申したり。（『夜《よる》の寝覚《ねざめ》』別名『寝覚《ねざめ》物語』巻一）

　右は、厄年や穢れとは無関係で、太政大臣家での怪異占の結果、物語のヒロインである次女の姫君が、病事《やまいごと》の物忌をすべき年回りに当たったのである。姫君は、「所さりて忌む必要があるとのことで九条家に行き、物忌の前夜に、見知らぬ男君《おとこぎみ》（実は姉の婚約者）と結ばれたが、同じ家に「四十五日違《しじゅうごにちたが》へ」（後述）で滞在していた「但馬《たじま》守の女《むすめ》」だと男君に思われてしまった。この物忌と方違による逢瀬と人違いが、姫君の運命を定めている。物語の最重要事項に陰陽道の禁忌を利用することは、『源氏物語』にはなかった。貴族社会において陰陽道の重みが増したからだけではなく、思想的な違いというべきだろう。『狭衣《さごろも》物語』巻二にも、主人公「狭衣」の父大臣の堀川邸での怪異占における、「源氏の宮」の病事の年当の例が見える。彼女は「狭衣」の従妹だが、大臣家の一員とされている。

　各家の怪異占については、「別に家を構えた一族の長《ちょう》や指年（年当）の人も物忌を行なう場合がある」ということを小坂氏が指摘されている。具体的には、「一宮《いちのみや》の御方（敦康《あつやす》親王の御在所)」での怪異が、「国家(一条天皇)、慎み御《おわ》すべきか」とされ(『権記』寛弘八年五月九日条)、道長の「新造上東門第《じょうとうもんだい》(土御門第《つちみかど》・京極殿《きょうごくどの》)の寝殿」の怪異が、「其の物忌、摂政(頼通)、重く慎しまるべし」(『小右記』寛仁二年四月十四日条)とされた。

家族(血縁)以外の物忌の例としては、実資第の寝殿の怪における「近習《きんじゅう》の丑・未」の例が指摘されている(『小右記』治安三年〈一〇二三〉十二月二十三日条)。この場合は、主人との同居が要件であろうが、「家」の概念の拡大も考えられる。

悪夢の占い

ある人に関わる不吉な夢を本人や関係者が見た場合も、「怪《さとし》」として陰陽師に占わせる場合があった。「夢の怪《さとし》」ともいう。その他にも、「夢想《むそう》・夢見《ゆめみ》」が「騒がし・静かならず・閑かならず・宜しからず、不吉・不快・紛々《ふんぷん》・紛紜《ふんうん》」など、書き方はさまざまである。「呪詛の気《け》見ゆ」ということもあった(『小右記』万寿四年〈一〇二七〉十二月二日条)。式占の結果にもとづき、二日連続の物忌を行なった例として、『小右記』治安三年十一月二十三日壬戌条に「今・明、夢想物忌」とある。『師通記《もろみちき》』寛治《かんじ》六年(一〇九二)六月も、十四日丙寅条「夢想物忌なり」、十五日丁卯条「同じ物忌なり」のほか、十日前や十日後も「夢想物忌」とある。ただし多くの場合は自主的に一日だけ籠居し(物忌❽)、読経・諷誦などを行なった。

早くは、三善清行が自らの見聞を記した志怪《しかい》集『善家異記《ぜんけいき》』(『善家秘記』ともいう)の逸文に見える。「陰陽師（官名）弓削是雄《ゆげのこれお》」が、貞観《じょうがん》六年（八六四）、「近江国介藤原有《あり》蔭《かげ》」の「属星《ぞくしょう》を祭る」ために館《たち》に出向き、偶然同宿した「内竪伴《ないじゅともの》宿禰世継《よつぎ》」の「悪夢」を、「式を転じ」（式盤を回転させ）て占い、帰宅すると寝所の艮方《うしとらのかた》に潜んでいる「鬼」に命を狙われるということを予告して、世継を守った（『政事要略《せいじようりゃく》』巻九五至要雑事「弓削是雄式占、有徴験《ちょうげん》事」）。この話は、私的な個人のための呪術や占術の例として最も早い。「式」は、私用で畿外の近江国に携帯しているので、六壬式《りくじんしき》であろう。同時代の滋岳川人《しげおかのかわひと》の六壬占についての著書『六甲《ろっこう》』にも、「夢」の占い方が含まれていた。『六甲』自体は散逸したが、それにもとづく撰者未詳の『新撰六旬集《しんせんろくじゅんしゅう》』に、「占怪夢」「占夢」が見える。

「夢」への関心が高まった時代としては、十一世紀後半以降がよく知られており、その先駆け的な例に菅原孝標女の『更級《さらしな》日記』に見える幾度かの夢告《むこく》があるが、九世紀も、「夢」が何か未来のことを告げるということが重視された時代だった。災異観が変化する八世紀末から九世紀初頭に成立した『日本霊異記《りょういき》』巻末の、下—三八「災と善との表相《ひょうそう》先づ現れて、而《しか》る後《のち》に其の災と善との答《こたえ》を被《かがう》りし縁《えん》」にも、歌謡や天変とともに、編者景戒《きょうかい》自身の予兆としての「夢」や、狐と螓《しじなつむし》（夏蝉）の鳴き声の怪異が挙げられている。

心身の不例に関する占い

陰陽師が六壬式盤《りくじんしきばん》で占った主なものは怪異と病である。支配層は心身の不例である病の背後にも、「霊」などの超自然的な存在を認め、その「祟り」と解し、正体を明らかにすることで不安を解消しようとした。それを任されたのが神祇官《じんぎかん》と陰陽寮の卜占《ぼくせん》だった。病は、個人の身体の内部に起きる点では、集団を対象に外部で発生する災異と対照的である。

個人の病を占う

病について陰陽師が占うのは、「祟り」の有無や、祟る主体つまり原因が中心だが、他にも、病状の軽重《けいちょう》、治るか否か、平癒や病死の時期、服薬の吉凶や日時、密教僧による加持《かじ》（印《いん》を結んだり真言《しんごん》を唱えたりする）・修法《ずほう》（壇《だん》を設けて不動明王《ふどうみようおう》などの本尊《ほんぞん》を安置して祈禱する）の可否などの除病《じよびよう》方法も占った。除病方法の一つとして、「所をかへて」と転地療養が勧められたり、否定されたりした。場所を選ぶ際に方角禁忌は無視できないが、「所をかへて」療養すること自体は方違ではない。

病人が出たので陰陽師を呼んで原因を占わせる例は、日記や物語には比較的よく見られるが、談話集や説話集には稀である。『今昔物語集』の晴明説話は基本的に呪術で、唯一の占いが、一九―二四の三井寺《みいでら》の僧（ここでは無名）の重病である。除病祈願の泰山府君《たいざんふくん》祭《さい》の都状《とじょう》（祭文《さいもん》）に、身代わりになる僧の名前を書けば命が助かるという占い結果は、現実にはあり得ない。ただし、除病方法、生死、死期の占いの要素は含まれている。

病の原因

病の原因は、陰陽師が随意に判断するものではない。安倍晴明編の六壬式占の解説書『占事略決《せんじりゃくけつ》』「占病祟法《せんびょうすいほう》第二十七」に挙げられた原因を、種類ごとに挙げておく。これもよく「神仏の祟り」といわれるが、仏教系はほとんどない。

丈人《じょうじん》…祖霊《それい》の祟り。日記などに見える占いの具体例の「物の気《け》・霊気《りょうけ》」に当たる。

鬼《き》…異常死した人の霊の祟り。「鬼」は「霊」より低位。道路鬼《どうろき》・厠鬼《しき》は亡くなった場所、客死鬼・縊死《いっし》鬼・溺死鬼・兵死鬼・乳死鬼は亡くなり方を示す。他に悪鬼・母鬼・求食鬼《ぐじきき》・無後鬼。日記などに見える具体例は、「求食鬼」（仏教の餓鬼《がき》）、「疫鬼《えきき》」（疫神《えきじん》）、総称の「鬼《おに》の気《け》・鬼《き》気《け》」。鬼神《きしん》はこちらであり、「神」ではない。

神《かみ》…神の祟り。社神・氏神・大歳《たいさい》神・水神・水上神・山神・道路神・馬祠神・儛神・形

神。具体例は、「社神《やしろがみ》」「氏神《うじがみ》」、総称の「神《かみ》の気《け》・神気《しんけ》」。

竈神・廃竈神…竈《かまど》の神の祟り。具体例は「竈神（かまどがみ・そうじん）」のみ。

土公《どくう》…地中の神である土公神《どくうじん》の祟り。水辺、門・井、竈土および丘墓、小沢の各土公。

具体例では、総称の「土公・土《つち》の気《け》・土気《どけ》」。

仏法《ぶっぽう》・北辰《ほくしん》…具体例は「北辰」のみ。北辰妙見菩薩《ほくしんみょうけんぼさつ》（尊星王《そんしょうおう》）の祟り。「北君《ほくくん》・妙見菩薩」ともいう。「北辰」は北斗七星ではなく北極星。

呪詛《じゅそ》…生きている人間ののろい。「祟り」ではない。

風病《ふびょう》・宿食物誤《しゅくじきもつのあやまり》（食中毒）・厨膳・毒薬…病名など。具体例は最初の「風病」。「風《ふう》気《け》・風《かぜ》の気《け》」ともいう。他に「咳病」「時行《じぎょう》・時疫《じえき》・疫気」「瘧病《ぎゃくびょう》」（おこりやみ・わらわやみ）などもある。


たとえば、天盤の十二月将（表5）の正月「徴明」は北辰、十二天将の「螣蛇《とうだ》」は竈神と客死鬼など、各神・将がつかさどる原因（所主《しょしゅ》）が決まっていた。

具体例で最も多いのは、死霊《しりょう》の祟りである。日記などには「物の気《け》・霊《りょう》の気《け》・霊《りょう》気《け》・邪気《じゃけ》・邪霊・邪霊の気・霊物・霊物の気、御霊《ごりょう》・御気《おんけ》」と記されている。他に「猛霊・悪霊《あくりょう》・怨霊《おんりょう》」などの例もある。「御」が付くのは、死霊に憑かれている人が高貴な場合が多いが、死霊の正体が貴人《きじん》の場合もある（『小右記』長和四年〈一〇一五〉五月四日条「主上《しゅじょう》の御眼《おんめ》（三条天皇の眼病）、冷泉《れいぜい》院の御邪気《おんじゃけ》の為《な》す所と云々《うんぬん》」、『御堂関白記』同年六月二十九日条「故冷泉院の御気、出来《しゅつらい》」、『栄花物語』玉《たま》の叢菊《むらぎく》巻）。なお「物の気」は、平安時代においては、祟る死霊の正体が未知の場合に用いる言葉で、正体がわかると「何々の霊」という言い方をするのが一般的である。また、死霊の正体を特定できるのは密教僧であり、陰陽師ではない。

『占事略決』には見えないが、より平安時代の実態に近い『新撰六旬集《しんせんろくじゅんしゅう》』の「占病」では、「霊気」や、物語・説話に見える「女霊《にょりょう》」の語が用いられている。十一世紀には、「所《ところ》に付くの霊」「住む所の鬼霊」（地縛霊《じばくれい》）も日記に見えるようになる（『小右記』長和四年七月十二日条、長元二年〈一〇二八〉九月十三日条）。また「生霊《いきりょう》・いきすだま」（遊離《ゆうり》魂《こん》）は、文学作品には病因として見えるが（『源氏物語』葵巻、『寝覚《ねざめ》物語』巻四、『江談《ごうだん》抄《しょう》』三―三四や三五など）、日記には見えない。

一条天皇の歯痛を晴明が占った時のように（『権記』長保元年〈九九九〉七月十六日条）、占いの結果が「咎《とが》無し」などになる場合もある。また、原因が複数の場合も少なくない。長和四年六月二十日に、三条天皇（母は兼家女超子《ちょうし》）の熱病を占い、「鬼気《きけ》の上に、巽の方《かた》の神社、祟りを加ふるか」と出たが、奉幣をせず「祓《はらえ》」で済ませたところ、天皇は眼病になった。九月二十八日に「旧《もと》の御願《ごがん》、未だ果たし奉り給はざるに依《よ》り、巽の方の大神《たいじん》祟るか」と吉平《よしひら》が占ったので、参議藤原通任《みちとう》（皇后娍子《せいし》の弟）を、東南の春日社に派遣した（以上『小右記』）。天皇も、母方の「氏神」（外戚神）に祟られるという点に注意しておきたい。ただし物忌の年当の例も花山天皇だったので、いずれも一般化するには冷泉系以外の例が必要である。

「もののけ」とは

「もののけ」は、現代では精霊《せいれい》や妖怪などを指すのが一般的であろう。平安時代の多種多様な超自然的存在の神・霊・鬼・精・天狗《てんぐ》・木霊《こだま》・狐狸《こり》などの総称である「物《もの》」のうち、下位の存在に当たる。

平安時代の「もののけ」は、(1)病の原因である死霊の祟り、(2)死霊の祟りによる病、(3)祟って病にさせる死霊であり、病（心身の異常）と関わる言葉だった。しかし後には、(4)病と関係のない場合を含め、死霊以外の霊・精なども指すようになる。これが現代語とほぼ同じである。

(4)の早い例は、『今昔物語集』の霊鬼《りょうき》部である巻二七に見える（他の巻の例は(2)や(3)）。前述した「物」に関する巻である。二七—六は、東三条院《とうさんじょういん》の庭の南の山に「長《たけ》三尺許《ばかり》（約一《メートル》）ナル五位ノ太リタル」が時々うろついたので、怪異占を行なわせたところ、官人陰陽師が「此レハ物ノ気也。但シ人ノ為ニ害ヲ可成《なすべ》キ者ニハ非ズ」と申した。「銅《あかがね》ノ提《ひさげ》器《うつわもの》ノ精《たま》」だとも言う。所在の場所も占わせて、そこを掘ると「五斗納《ごとなわ》許ナル銅ノ

（約九〇リットル入りの持ち手と注ぎ口のある銅器）」が出てきた。つまり古い器物が化した「付喪《つくも》神《がみ》」である（図7参照）。二七―一九では、怨みを持つ「鬼《おに》」が「少《ちい》サキ油瓶《あぶらかめ》」に化し、鍵穴から侵入して若い娘を死なせた。この「油瓶」を「物《もの》ノ気《け》」と呼び、「此《かか》ル物ノ気ハ様々ノ物ノ形ト現《げん》ジ」るものだと語っている。また二七―四〇の「物ノ気病《やみ》」は、「狐」による。つまり、「物ノ気」の意味が広がり、付喪神を含む現代語の妖怪の意味を持つようになるのは平安末期にさかのぼるが、「物の怪《さとし》」との区別は依然としてなされていた。「もののけ」の漢字表記は、「物の気」である。『貞信公記《ていしんこうき》』延喜十九年（九一九）十一月十六日条「物の気を煩ふ」以下のように日記の例があり、右の『今昔物語集』や『平家物語』のような文学作品にも見えている。また同義の「霊気」「邪気」や、他の祟りの「神気」「土気」「鬼気」などの熟語が日記に散見する。

しかし近代ではなくすでに近世には、古代の例についても、「物の怪《け》」という漢字を当てることが定着した。たとえば、十七世紀の北村季吟《きたむらきぎん》による『源氏物語湖月抄《こげつしょう》』では、本文は平仮名の「もののけ」だが、その左の傍注《ぼうちゅう》の漢字表記は「物の怪」となっている。現代の古典文学作品の代表的な注釈書、さらにはそれにもとづいた教科書・入門書や現代語訳などにより、この表記が拡散されて、圧倒的な多数派《マジョリティ》になっている。注釈書で仮名書きの原文に漢字を当てる際に、「もののけ」は「物の怪」とし、「ざけ」「りやうけ」や

「つちのけ」「あしのけ」（病名）は「邪気」「霊気」「土の気」「脚の気」とするように、わざわざ同じ意味の「け」の区別がなされているのである。だが、そこまで平安人よりも後《こう》人《じん》の認識を尊重する必要があるのだろうか。漢字の違いなどどうでもよいといえるのだろうか。漢字は意《こころ》を表わす文字であるのに。

「物の怪」という後代の当て字の弊害

「物の怪《け》」という当て字は、単なる間違い以上の難点もあるので、やはり平安時代を扱う際には、使用を避けるべきだろう。使うことで、「もののけ」と、予兆としての怪異の「物《もの》の怪《さとし》」「物怪《もっけ》」が区別しにくくなってしまう。

また、「気《け》」という重要な概念の軽視も難点といえる。「気」は、祟り以外にも、「気《け》配《はい》」「気色《けしき》」「人の気・人気」「王気《おうけ》」「酒の気」「猿楽気《さるごうけ》」「穢気《えげ》」「暑気《あつけ》」「温気《ぬるけ》」「朝日《あさひ》の気」「天気《てんけ》」など種々用いられていた。すべてがマイナスのエネルギーというわけではない。「物の怪」と書くことは、「気」を感じながら生きていた人々の心理からも遠ざかることになる。よって、仮名のままにするか、漢字を当てるなら当時の「物の気」を用いるようにして、平安人の心理から離れた当て字は避けるべきだと思われる。

なお『紫式部集』四四には、「物の気」についての合理的な解釈が示されている。「物の気」が憑き醜い姿になった「女」（後妻）の背後で、「鬼《おに》」になった亡き「本《もと》の妻《め》」を「小《こ》法師」（護法童子）が縛り、「男」（夫）が読経して「物の気」を責めている、という絵を見て詠んだ歌である。

亡き人にかごとはかけてわづらふも己《おの》が心の鬼にやはあらぬ

「己」（自分）が夫なのか病む後妻なのかについて説が分かれているが、前者によると、後妻が病むのは亡き妻の死霊のせいだと言って困っているが、自分が妻にしたことに対する良心の呵責がそう思わせているのではないのか（疑心が暗鬼を生じさせているのではないのか）、という意味になる。いずれにしても、亡くなった前妻に対して、生きている夫婦が後ろめたさ、罪悪感を感じているのである。

つまり、あの人は生前、怨んでいたに違いない、その怨みのせいで成仏できていないに違いない、という個人や集団の思いが、心身に不調を来した時に、想起されたのである。死者への負い目の成せる業《わざ》ゆえ、基本的には身近な人物の死霊だった。特定の政治的敗者や、男女の愛情における怨恨である。一方、政治的理由で非業《ひごう》の死を遂げた人々の怨霊の祟りが疫病など対象の広い社会的な災などの原因とされたのが、奈良時代末期にさかのぼる御霊《ごりょう》信仰である。

その他に六壬式で占ったこと

国家の方針

最も重要な式占《しきせん》は、神祇官《じんぎかん》とともに行なう軒廊《こんろう》の御卜《みうら》である。院政期には平安中期以上に頻繁に行なわれた（『中右記《ちゅうゆうき》』など）。平安末期には、譲位の可否や（『殿暦《でんりゃく》』嘉承《かじょう》二年〈一一〇七〉七月七日・十日条）、三種の神器《じんき》が還京するか否か（吉田経房《つねふさ》『吉記《きっき》』寿永《じゅえい》二年〈一一八三〉七月三十日条）など、皇位継承に関わる大事も、神祇官とともに占った。後者の御卜の場所は、軒廊ではなく仙洞御所《せんとうごしょ》である。なお結果が相違した場合、常に神祇官を採るというわけではない。

また、大学寮の四道《し》とともに、辛酉《しんゆう》革命・甲子《かっし》革令勘文《かくれいかんもん》を奉り、内裏火災で焼損した神鏡《しんきょう》の改鋳の是非を勘申《かんじん》するなど、国家の重要事項決定の学問的根拠の一つとされた。『御堂関白記《みどうかんぱくき》』寛弘三年（一〇〇六）七月三日条には、「大弁《だいべん》（行成《ゆきなり》）、御簾《みす》に対《むか》ひ、之（諸道勘文）を読む。先《ま》づ紀伝《きでん》、次明経《みょうきょう》、次明法《みょうぼう》、次陰陽道」とある。

晴明編『占事略決』の項目

陰陽師は六壬式《りくじんしき》で公私に多様な事柄を占った。『占事略決《せんじりゃくけつ》』の「占病祟法」に続く「占病死生」は病の軽重や生死、「占産期」は出産の時期、「占産男女」は胎児の性別、「占待人」は待ち人が出発したか道中か、いつ来るか、「占盗失物得不」は無くした物や盗まれた物が見つかる否か、「占六畜逃亡」は逃げた牛や馬が戻ってくるか否か、いつ戻るか、どの方角で見つかるか、「占聞事信不」は聞いた事を信じるべきか否か、「占有雨不」は雨が降るか否か、「占晴」は晴れるか曇るかを占う。

雨や晴れの例は、早くは『日本紀略』延暦十六年（七九七）七月乙酉条に、陰陽允大津《おおつの》海成《うみなり》の「霽《は》れを占ひ験《げん》有り」の例が見え、『殿暦』天永三年（一一一二）八月二十日甲辰条に、大雨を賀茂光平《みつひら》が蔵人所《くろうどどころ》で占うと「晴れ難し」と出たので、鳥羽天皇（時に十歳）の大原野社行幸が延期になったことが見える。

安倍泰親《やすちか》は、式占で紛失していた天皇の累代の笏《しゃく》が出てくると占い、その通りになった（三条実房《さねふさ》『愚昧記《ぐまいき》』治承元年〈一一七七〉十一月二十七日条）。中世以降の晴明説話の一つに物や人を見つける話があるが、これは、財産である牛・馬の所在の占いと同じ枠組みである。

病や産に関する占いは、日記にも文学作品にも散見する。『栄花物語』玉の飾り巻には、三条天皇中宮妍子《けんし》の平癒の時期を占った例があるが、まさにその日に妍子は崩御した。見果てぬ夢巻には、関白道兼《みちかね》の室《しつ》が懐妊しているのは女子だとの占いも見える。

『占事略決』の項目以外に、物が届く日の占いもある（『小右記《しょうゆうき》』治安三年〈一〇二三〉七月十五日条）。『御堂関白記』には他に、発見された物が呪詛用の厭物《ようもつ》か否か、穢れに触れたか否か、寺社参詣・奉使《ほうし》や行啓の可否、出産時刻の例が見える。公家や貴族は、さまざまなことを陰陽師に占わせ、方針を決めていた。陰陽師は、顧客に指針を示し安心感を与えるというコンサルティングを担ったのである。

『雲州往来《うんしゅうおうらい》』中末の「酒造正《みきのかみ》」の「陰陽頭《おんようのかみ》」宛往状《おうじょう》には、「巳年《みどし》の男の所望《しょもう》、成敗如何《いかん》」とある。願い事が叶うかどうかは、早くは大津大浦《おおうら》が、藤原仲麻呂に謀反の「吉凶」を訊ねられていた（『続日本紀』宝亀六年〈七七五〉五月己酉条卒伝《そつでん》）。

射覆・覆物とは

最後に、未来のことではない占いを取り上げておく。覆った物の中身を当てるもので、「射覆《せきふ》」や「覆物《ふくもつ》」という。「射」の「あてる」という意味での音読みが「せき」である。平安中期の幼学書《ようがくしょ》的説話集『注好選《ちゅうこうせん》』上―七八「伝鵲《でんじゃく》」の話は、易占《えきせん》で箱の中の鼠を当てたもので、晴明《せいめい》対道満《どうまん》の話の源泉の一つである。

また鎌倉初期の『古今著聞集』七術道―二九五「陰陽師晴明、早瓜《はやうり》に毒気《どくけ》あるを占ふ事」

は、晴明が大和国から道長に届いた瓜の中に毒蛇がいるのを言い当てた話で、射覆の発展型である。なお道長には確かに瓜が献上されていた（『権記《ごんき》』長保二年〈一〇〇〇〉八月十日条）。

六壬式では、賀茂忠行《ただゆき》が村上天皇の「勅」を奉じて行なった。六壬式の威力の中枢への宣伝の機会としても、忠行の実践は画期的だったであろう。天徳三年（九五九）二月七日壬午春分（節月二月）午の時に、四課を立て、三伝（小吉《しょうきち》―朱雀、徴明―天空、大衝―大陰）を求め、卦遇《けぐう》は「曲直《きょくちょく》」となり、推断の結果、赤い糸の水晶の数珠が八角形の箱の中に入っていることを当てた。院政期にも陰陽師らが行ない、的中が称賛されている。見えないものが見える、隠されたものを見破ることは、未来がわかることとともに陰陽師に相応しい。

細井浩志氏は、天徳四年（九六〇）九月の内裏火災で仁寿殿《じじゅうでん》の太一式盤が焼失したことが節目となり、軒廊の御卜の寮占《りょうせん》が、従来の太一式から六壬式に切り替わったと考えられている。御卜での六壬式の確かな例は長保年間まで見えず、また、太一式盤が他になく一気に変わったとは考えにくい（川人の太一式盤もあった）。しかし、内裏火災は天徳三年の忠行の公的な六壬式での「射覆」の翌年であり、宮中奉安の式盤の焼失に、太一式後退の象徴的意味合いがあったことは確かであろう。

六壬式の怪異占は、たとえば、花山《かざん》天皇が六月に退位する寛和二年（九八六）の二月、太政官正庁《せいちょう》にヘビとハトが侵入した怪異を、二度とも晴明が占った（『本朝世紀《ほんちょうせいき》』十六日条・二十七日条）。これは蔵人所の御占《みうら》で、大事を占う軒廊の御卜で確実に陰陽寮が用いたのは、長保三年（一〇〇一）正月の、東大寺の大仏から水が汗のように湿《しめ》り出た怪異の御卜であり（占文から六壬式だとわかる）、翌年十月には、東大寺の大鐘と大仏から水が流れ出た怪異の寮単独の陣腋《じんえき》の御占が、同じく六壬式で行なわれた（『類聚符宣抄《るいじゅうふせんしょう》』第三「怪異事」）。よって十世紀末頃には、大事の寮占でも六壬式が採用されていたと考えられる。

『占事略決』は、前半は『黄帝金匱経《こうていこんききょう》』（ただし詳細な十巻本《じっかんぼん》ではなく簡略な三巻本）、後半は『神枢霊轄経《しんすうれいかつきょう》』にもとづくとされる。円融《えんゆう》朝の天元《てんげん》二年己卯（九七九）に編集された（京都大学図書館本奥書）。忠行の射覆の二十年後、師匠保憲卒去《やすのりそっきょ》の二年後、晴明自身の太政官庁の怪異占の七年前である。細井氏は、晴明という優秀な弟子を得たことが賀茂氏にも意義があったとし、両氏の協力関係を重視されている。六壬式占の継承も、その一つといえよう。

『大鏡』の晴明

寛和二年の晴明の怪異占に触れたついでに、『大鏡』に唯一陰陽師が登場する花山天皇院退位事件に触れておきたい。有名な話なので、五節《ごせち》の舞姫の過差《かさ》の禁止、破銭法《はせんほう》（破銭忌避の禁止）の制定、格《きゃく》（延喜の荘園整理令《しょうえんせいりれい》）後の荘園の停止その他、外叔父の中納言義懐《よしちか》や、東宮時代からの漢学の師の惟成《これしげ》を中心に、政治改革にも積極的に取り組んだ花山朝のイメージまで下げてしまっているのは残念である。

晴明の「天変」の占いと奏上は、天文博士の職務に合致するが、寛和二年には記録がない。現存史料の限界もあるが、『栄花物語』花山《はなやま》たづぬる中納言巻が記す年明けからの怪異の頻発は史料で確認でき、そのうち二月の二件は晴明が占っていた。また、『栄花物語』浦々《うらうら》の別《わかれ》巻には「年ごろ天変などして、兵乱など占ひ申しつる」と天文占《てんもんせん》が見え、伊周《これちか》らが失脚した、一条朝のいわゆる「長徳の変」を「天変」と結びつけていた。

『大鏡』が『栄花物語』の記事を参照・編集することは他にもあるので（たとえば藤原師《もろ》尹《ただ》の子女の芳子《ほうし》・済時《なりとき》の人物評）、晴明の天文占も、『栄花物語』の予兆たる寛和二年の怪異、および長徳二年の天変の記事と無関係ではないだろう。これらや、前者を晴明が占ったという史実、天文博士の職務（賀茂氏の天文博士は保憲・光国《みつくに》親子のみで、『大鏡』成立時はすでに安倍氏が独占）、「土御門《つちみかど》」に面した晴明宅の位置、賀茂氏よりも劣勢の安倍氏の喧伝、後述する『新猿楽記《しんさるがくき》』の超人的・理想的陰陽師像や、晴明の式神《しきがみ》説話の誕生などをふまえて語られた、院政期の「真実」といえる。前述したように、『大鏡』が語る、藤原氏の寺社での怪異の奏上や、年当の公卿への氏長者の対応なども、後の時代のものだった。

そしてこの語りは、摂関家にとっては、譲位は謀略《ぼうりやく》以前に天命《てんめい》だったことになり、また安倍家の子孫にとっては、始祖晴明が天変の意味を解し国家の最重要事項を真っ先に知り得たことに加えて、『今昔物語集』巻二四の晴明説話の末尾と同じく、伝領した土御門の家が式神のいた霊所《れいしょ》（現代語の聖地）であることを証明するという、それぞれに都合がよいものだった。

まじない

対処と予防による安心、招福

広義の陰陽師へ、陰陽道の成立へ

まじないとは

占いは未来・未知を知ることだが、まじない（呪術）は何らかの対処法といえる。すでに起きているよくないことを除いたり、今後よくないことが起きないようにしたり、あるいはよいことが起きるようにする。いずれにしても、現時点での集団または個人の願望を叶えようとする手段である。しかも、神や霊などに祈り、働きかけるもので、実現するか否かに不確実性を伴う。

陰陽師《おんようじ》が行なう呪術には、「何々祭《さい》」と呼ばれるものがあり、便宜的に「陰陽道祭祀《おんようどうさいし》」と総称されている。祭壇を設け、神や鬼神などを祭って祈る。陰陽師の力が、効き目を左右すると考えられていた。このように特定の神々に祈ることを継続的に行なう祭祀者である職業人は、やはり宗教家といえるだろう。占い師でもあるので、宗教家に限定はできないが、宗教家でもある。要するに、陰陽道が宗教か否か、陰陽師が宗教家か否かは、誰にとってなのか、賀茂《かも》氏と安倍《あべ》氏や、官人と民間の違いを含め、どの側面を見るか、どの時代を中心に見るかなどによって、度合いが異なってくるのである。

なお占い師が呪術者・祭祀者を兼ねる前例として、神祇官《じんぎかん》の卜部《うらべ》は、亀卜《きぼく》のほかに祭祀も行ない、卜部から選抜された宮主《みやじ》は、天皇のための亀卜および祈禱を行なっていた。

陰陽寮官人の呪術への接近

災異や病気を起こす神・霊などの力を恐れ、占いによって祟る正体や予告された凶事を明らかにしようとした支配層は、さらにそれらを鎮め、わざわいを除去し、凶事を予防することを、従来の僧侶や神祇官に加えて、陰陽寮《おんようりょう》の官人にも求めるようになった。

天平宝字四年（七六〇）以下、寺を建立する際の土地の「鎮祭《ちんさい》」に携わっている（『大日本古文書』）。『類聚国史《るいじゅうこくし》』によると、延暦十六年（七九七）七月丙戌、陰陽少属菅原世道《よみち》と陰陽博士志斐国守《しいのくにもり》が、大和《やまと》国平群《へぐり》山・河内《かわち》国高安《たかやす》山へ派遣されて、「霖雨《りんう》」による山崩れで人家が埋まったことによる「鎮祭」を行ない（巻一〇雑祭）、同十九年七月己未、故皇太子早良《さわら》親王に崇道《すどう》天皇と追称し、陰陽師（官名）と衆僧に淡路《あわじ》国の「山陵《さんりょう》」を「鎮《ちん》謝《しゃ》」させている（巻二五追号天皇、巻三六山陵、『日本紀略』）。さらに、弘仁元年（八一〇）七月丙辰には、嵯峨天皇の病が「山陵」の祟りとされたので、生母藤原乙牟漏《おとむろ》の「高畠《たかばたけ》陵」(女性の祟りによる病の初例。災異の例は前年七月丁未の井上内親王吉野山陵。『日本紀略』)で、陰陽頭安倍真勝《まかつ》らが「鎮祭」を行なった(巻三四天皇不予《ふよ》、同前)。これらの例で寮官人が担当したのは、陵地の鎮祭、地鎮《じちん》である。怨霊《おんりょう》(怨む理由も影響も物の気より社会的で広範囲の死霊)の慰撫《いぶ》の場合は、『日本紀略』延暦十一年(七九二)六月癸巳《きし》条の、皇太子(平城天皇《へいぜい》)が「久しく病む」のを「卜《うらな》ふ」と、早良親王の「祟り」と出たので、諸陵頭《しょりょうのかみ》の調使王《ちょうしおう》らを淡路に遣わし「其の霊を謝し奉る」というように、明記されている。

このように奈良時代末期から平安初期は、陰陽寮の陰陽《おんよう》部門や四等官《しとうかん》が、僧侶や神祇官の補完的役割を担った。九世紀中頃からは、積極的に要請に応じ、国家や貴族層に働きかけ、公私に種々の呪術・祭祀を行なうようになる。その早い例として、『日本文徳天皇実《にほんもんとくてんのうじつ》録《ろく》』仁寿《にんじゅ》三年(八五三)十二月甲子条の「陰陽寮奏して言ふ、諸の国郡及び国分《こくぶん》二寺をして、陰陽書の法に拠り、毎年、害気《がいき》を鎮めしめよ。之《これ》に従ふ」があり、呂才《ろさい》編『大唐陰陽《だいとういんよう》書《しょ》』にもとづき、毎年正月上旬の「厭日《えんにち》」に、疫病流行予防の鎮害気《がいきしずめ》を行なうようになった(『雑式』)。延長五年(九二七)完成の『延喜式《えんぎしき》』陰陽寮には、他に土牛《どぎゅう》(祭日は大寒《だいかん》)、大儺《たいな》(大晦日)、庭火《にわび》幷びに平野竈神祭《ひらののかまどがみのまつり》(毎月癸《みずのと》の吉日)、御本命祭《ごほんみょうさい》(天皇の本命日《ほんみょうにち》)、三元祭《さんげんさい》(一月・七月・十月の各十五日)が挙げられている。神祇官による鎮土公祭《どくうをしずむるまつり》・

鎮火祭《ほしずめのまつり》や、疫病対策の道饗祭《みちあえのまつり》・宮城四隅疫神祭《きゅうじょうしぐうえきじんさい》なども、後に陰陽師が同様の祭祀を行なうようになる。貞観《じょうがん》九年（八六七）正月二十六日、神祇官と陰陽寮が疫病流行の兆《きざ》しを言上《ごんじょう》し、諸国での『仁王経《にんのうきょう》』講読と、初の鬼気祭《きけさい》（疫病をもたらす疫鬼《えきき》を祭る）が命じられた（『三代実録』）。

彼らは、依頼者にとっては新たな「呪術祭祀者」「呪術宗教家」と呼ぶべき存在である。他部門の官人、そして寮の出身者も担うようになっていく。しかし本来の職務ではないので、正当化する根拠として典拠を重視した。陰陽生《おんようしょう》の教科書や『（大唐）陰陽書』などの隋唐の五行家《ごぎょうか》説のほか、『董仲舒祭法《とうちゅうじょさいほう》（祭書）』『葛仙公祭法《かつせんこう》』などの道教経典《どうきょうきょうてん》、密教経典、そして『産経《さんきょう》』他の医書《いしょ》である。それらの説を必要に応じて採り入れた。「本条・本文・本書」という語が用いられるようになる。「当道《とうどう》の文書目録」（『諸道勘文』）として書籍自体は固定化するが、陰陽師による解釈の違いはあった。

水の呪力

呪術に関して日本文化の特徴でもあるので特筆しておくべきことがある。九世紀後半から十世紀にかけて、「日本紀講《にほんぎこう》」（『日本書紀』の講読）を通じ、住吉神《すみよししん》（黄泉《よみ》から帰ったイザナキの「瀬《せ》」と「海」での「禊祓《みそぎ》」で誕生）や神功《じんぐう》皇后伝承とともに、「難波《なにわ》の海」の重要性が再認識された。そのことを含め、「大祓詞《おおはらえことば》」に見える罪・咎《とが》を「大海原」に持ち出す「瀬織津比咩《せおりつひめ》」と、それを呑み込む「速《はや》（隼）開津比咩《あきつひめ》」の二女神が象徴する水の呪力・霊力への信仰が高まり、それによって災禍を祓い浄化・再生を祈る祭祀が生まれた。

具体的には、神祇官の八十嶋祭《やそしままつり》（初見八五〇年）、陰陽師の祈雨《きう》の七瀬《ななせ》の祓（九六三年）、厄除けの海若祭《かいじゃくさい》（九六四年）などが、難波の瀬と海を祭場として行なわれた。また『董仲舒祭法』にもとづく蝗害《こうがい》対策の高山祭《こうざんさい》を、貞観元年（八五九）八月三日、滋岳川人《しげおかのかわひと》が「清浄の処」である「大和国吉野郡の高山」で行なったが、前年には、「城北の船岳《ふなおか》」で「陰陽寮」が行なっていた（『三代実録』）。北山《きたやま》の十二月谷《じゅうにがつだに》や神泉苑《しんせんえん》で、密教の請雨経《しょううぎょう》法《ほう》とともに行なわれる五龍祭《ごりゅうさい》（雩祭《あまごい》）も、延喜二年（九〇二）六月十七日（『日本紀略』）以前に、やはり川人が行なっていたという（『江談抄《ごうだんしょう》』一―一七）。「北山」は地形的にも水源だが、五行の水に当たる。

さらに『延喜式』初見の「供立春水《りっしゅんすいをぐうず》」（若水《わかみず》）も、水の呪力に対する信仰の一つといえる。

属星祭と本命祭は別

九世紀後半には、陰陽師は公的な祭祀だけでなく、私的な祭祀にも奉仕している。公務員の副業である。悪夢の占いで触れた弓削是雄《ゆげのこれお》の貞観六年（八六四）の近江介藤原有蔭《ありかげ》の属星祭《ぞくしょうさい》の例が早い。これは、天皇を含め個人対象の呪術の初見でもある。

属星祭（本命《ほんみょう》属星祭）は、依頼主の属星を祭り息災・招福を祈る。「属星」とは、生まれ年の十二支によって決まる北斗七星の一つで、「本命星・生年属星・本命属星」ともいう。寿命や一生の吉凶禍福をつかさどる星（司命神）である。北辰《ほくしん》（北極星）も神として祭られたが、このような北辰・北斗などの星や、冥官神《みょうかんしん》の泰山府君《たいざんふくん》に対する信仰は、道教に由来するもので、八世紀後半以降の唐代後期には、密教にも取り込まれていた（雑《ぞう》密《みつ》）。

具体的には、子《ね》歳生まれは、北極星に近い貪狼星《とんろうせい》、丑《うし》・亥《い》が巨門《こもん》星、寅《とら》・戌《いぬ》が禄存《ろくそん》星、卯《う》・酉《とり》が文曲《もんごく》星、辰《たつ》・申《さる》が廉貞《れんてい》星、巳《み》・未《ひつじ》が武曲《ぶごく》星、午《うま》が破軍《はぐん》星である（『口遊《くちずさみ》』陰陽門七星「貪巨禄文廉武破」）。出典は『五行大義《ごぎょうたいぎ》』とされるが、『医心方《いしんほう》』巻二四「相子生属七星図第十四」所引『産経《さんきょう》』に、同じ属星ごとの運命と寿命が見え、『二中歴《にちゅうれき》』五「属星歴」は出典を『産経』と明記している。

日本での属星信仰は、九世紀初頭、嵯峨《さが》朝に始まる「天地四方拝《てんちしほうはい》」に、道教の玉女《ぎょくじょ》や方角神《ほうがくしん》などの神々とともに属星拝が組み入れられたのが早い。四方拝は、天皇が元旦寅の刻（臣下は卯の刻）に行なう。藤原師輔《もろすけ》が公卿としての日課や心得・信仰を子孫に訓戒した『九条殿遺誡《くじょうどのゆいかい》』（『九条右丞相《うじょうしょう》遺誡』）にも、起床後、まず属星の名を七遍唱えよとある。

なお本命祭《ほんみようさい》は、別の祭祀で、依頼主の本命日（生年干支の日）に行なう。「天曹《てんそう》・地府《ちふ》、司命《しめい》・司禄《しろく》、河伯水官《かはくすいかん》、掌籍《しようせき》・掌算《しようさん》の神」を祭った（『三十五文集』紀長谷雄《はせお》仁和《にんな》四年〈八八八〉本命祭文）。臣下では、藤原忠平《ただひら》が頻繁に行ない、子孫の道長も恒例とした。一方、道長と対照的に宿曜道《すくようどう》を重視した藤原実資《さねすけ》は、本命日の宿曜師《すくようじ》による本命供《ほんみようく》を恒例とした。

当年属星、九曜祭

十一世紀になると、行年《ぎようねん》（数え年）によって決まる九曜《くよう》の一つ「当年属星《とうねんぞくしよう》（当年星）」が重視されるようになり、院政期にはその慎《つつし》みが貴族に普及する。「本命曜《ほんみようよう》」に対し、「行年曜」ともいう（『口遊』陰陽門）。表8として、一行《いちぎよう》（盛唐の密教の大家で、『大衍暦《たいえんれき》』の編者）仮託の『梵天火羅図《ぼんてんからず》』（『大正新《たいしようしん》修大蔵経《しゆうだいぞうきよう》』の『梵天火羅九曜』）により、四十五歳まで示しておく。残りの順も同じである。なお同図は、文殊菩薩《もんじゆぼさつ》を中心とする曼荼羅《まんだら》で、二十八宿、十二宮や九曜の図像も描かれ（たとえば太白星《たいはくせい》＝金曜《きんよう》＝ビーナスは女神）、生年属星の大本の「葛仙公礼北斗法《かつせんこうらいほくとほう》」も引かれている（葛仙公は呉《ご》の道士葛玄《かつげん》）。陰陽道の星祭《ほしまつり》と密教の星宿法に共通点が多いのは、同じ典拠、つまり道密混交（雑密）の経典を用いたからである。

生年属星は一生だが、当年属星は一年間の守り神である。『江談抄』三―三六によると、藤原致忠《むねただ》（元方《もとかた》長男、保輔《やすすけ》・保昌《やすまさ》父）が、村上天皇の蔵人として「天文博士保憲《てんもんはかせやすのり》」との取り次ぎを務めたことで「天文の事」を知り、国家的な機密であるにもかかわらず「厠《かわや》」で人に話してしまったところ、急に何者かに射られたが、矢が柱に当たって無事だった。致忠は「熒惑星《けいこくせい》（火星）の吾を射るなり。今年木星の助け有り。故《ゆえ》に柱に中《あた》る」と語ったという。火星は凶神《きょうしん》（武神《ぶしん》）、木星は吉神だが、「今年」とあることから、致忠の当年属星が木星だったとわかる。ただし当年属星（行年曜）は、すでに『口遊』にも見えているが、十世紀中の日記などの具体例は未見である。よってこの話は、十一世紀以降に生まれた可能性が高い。

表8　当年属星（当年星・行年曜）

行年	行年曜	吉凶
一　十　十九　二十八　三十七	羅睺	凶
二　十一　二十　二十九　三十八	土曜	凶又吉
三　十二　二十一　三十　三十九	水曜	大凶
四　十三　二十二　三十一　四十	金曜	大凶
五　十四　二十三　三十二　四十一	日曜	大吉
六　十五　二十四　三十三　四十二	火曜	大凶
七　十六　二十五　三十四　四十三	計都	凶・女
八　十七　二十六　三十五　四十四	月曜	小吉
九　十八　二十七　三十六　四十五	木曜	中吉

熒惑星祭（火曜祭）、太白星祭（金曜祭）などの九曜祭は、当年属星に関わる変異の時に行なわれた（五星は表2参照）。日曜祭や月曜祭は、日月蝕《しょく》の時にも行なわれている。

また、九曜以外の星厄を避ける陰陽道の星祭に、老人星祭《ろうじんせいさい》（カノープス。初見は九〇九年）や、天皇・上皇のみが行なう北極星を祭る玄宮北極祭《げんきゅうほっきょくさい》（初見一〇〇二年）があった。

陰陽道祭祀

名称、分類

すでにいくつか具体例を挙げたが、陰陽道祭祀は、陰陽師が多種多様な神や鬼などに対して供物《くもつ》を捧げて行なう、延命祈願を主とする招福《しょうふく》・攘災《じょうさい》の祈禱である。専門知識と呪力が必要だった。広義では神祇信仰にもとづく祓《はらえ》も含まれる。対象に地神《ちじん》・方角神・星神・冥官神《めいかんしん》・鬼神など、自然神・道教の神が多いことが、祭祀の実施形態に影響を与えている。時間は夕刻から未明が多い。基本的に夜の祭である。寺社のような特定の施設ではなく、屋外の水辺や依頼主の邸宅の庭（天皇は八省院《はっしょういん》、別名朝堂院《ちょうどういん》。その正殿《せいでん》が大極殿《だいごくでん》）、門前などに臨時に祭壇を設け、神々を本宮《ほんぐう》から勧請《かんじょう》して行なった。後に一部の祭祀は、陰陽師の自邸の庭に常設した祭壇を用いるようになる。

祭神が五行家系（主に攘災）か道教神系（主に招福）か、公的か私的か、集団的か個人的か、凶事の予防か起きてからの対処か、恒例か臨時かの違い、さらに斎籠《さいろう》の方法（精《しょう》進《じん》や期間）、祭文《さいもん》の形式、祭物《さいもつ》・撫物《なでもの》の種類などの違いがあるが、現世利益を求める点は共通している。種類は院政期に増え、『伊呂波字類抄《いろはじるいしょう》』諸社部「神道」に併載された陰陽道祭祀の数は、八十八という。一方で、行なわれなくなるものもあった。また、同じ祭祀でも、目的の追加や変更があるなど、やはり変遷がある。

五行家系といっても、道教と無関係ということではない。山下克明氏は、六朝《りくちょう》末から唐代にかけて成立した道教経典『赤松子章暦《せきしょうししょうれき》』に見える、五行相剋の理で火災消除を祈る「収除火殃章《しゅうじょかおうしょう》」、五方の土神などに謝罪する「謝土章《しゃどしょう》」の章文と、陰陽道の防解火災《ぼうげかさい》祭《さい》、土公祭《どくうさい》の祭文とを比較して、道教の最高神に願い出ることの有無以外は類似することを指摘されている。「却虚耗鬼章《きゃくきょこうきしょう》」や「断瘟毒疫章《だんうんどくえきしょう》」も、鬼気祭《きけさい》と同じく鬼神を五方五帝の元に退散させる祭祀だという。なお逆に道教神系の陰陽道祭祀も、五星・五岳《ごがく》（五嶽）など、五行の要素がある。

集団的な祭祀は、元慶《がんぎょう》年間（八七七〜八八四）に北野《きたの》で初めて行なわれた雷公祭《らいこうさい》（年穀《ねんこく》を祈る。『禁秘抄《きんぴしょう》』では祈雨）や、天徳内裏火災の翌年、応和元年（九六一）十一月二十日の新造内裏遷御《せんぎょ》に先立ち、十月十三日に内裏で行なわれた火伏《ひぶせ》の火災祭、前述の高山祭《こうざんさい》（蝗害《こうがい》対策。後に疫病対策）、五龍祭《ごりゅうさい》（祈雨）、鬼気祭（疫病予防および対策）などである。

鬼気祭は、国家だけでなく、実資などは自邸への疫鬼進入の予防のために、四季ごとに各四方の門で行なった（特に秋・冬。惟宗文高《これむねのふみたか》が担当）。鬼気祭を国家が大内裏《だいだいり》（平安宮《きゅう》）の四隅（宮城四隅）で同時に行なうのが四角祭《しかくさい》（宮城《きゅうじょう》四角《しかく》鬼気祭《きけさい》）、山城《やましろ》国の境界（逢坂・山崎・大枝《おおえ》・和邇《わに》）で同時に行なうのが四堺祭《しかいさい》（四境祭《しきょうさい》）で、あわせて八ヵ所で行なうのが四角四界鬼気祭（四角四界祭・四角四境祭）である（九一四年初見）。羅城門《らじょうもん》と京《きょう》極《ごく》四角（京城四隅）の五ヵ所で行なった例もある（『小右記』長元《ちょうげん》三年〈一〇三〇〉六月九日条。文高が上申）。

干ばつ・疫病・内裏火災は、占いの章で述べたように「災《さい》」であり、国家の危機である。これらへの予防や起きてからの攘災は、仏教の伝統的な護国経典の『仁王経《にんのうきょう》』『大般若《だいはんにゃ》経《きょう》』の転読、神祇信仰による諸社奉幣《しょしゃほうべい》、および村上朝から盛んになる密教の修法《ずほう》などもあったが、陰陽道もその一翼を担っていた。平安時代について書かれた諸書でも言及されにくいことなので、強調しておきたい。

太一式祭

自然災害ではないが、兵乱も「災」である。朱雀朝の「承平《じょうへい》・天慶《てんぎょう》の乱」は、「保元《ほうげん》の乱」と異なり舞台は地方だが、朝廷にとって大きな危機だった。将門は、忠平の元家人《けにん》である。

朝廷の対応として、天慶二年（九三九）三月二十二日、摂政忠平が出雲惟香《いずものこれか》・文武兼《ふみのたけかね》を召して「兵乱」の制圧方法を尋ねたところ、武兼が「太一式祭、尤《もっと》も宜《よろ》しかるべし」と申したので、奉仕するよう命じ、五月十六日、武兼に行なわせた（『貞信公記《ていしんこうき》』）。太一《たいいつ》式盤《しきばん》が威力を持っていた点や、文氏の陰陽師がそれを主張している点、式盤は鎮圧のまじないに使用し得る点が注目されている。軍記物語の『将門記《しょうもんき》』にも、式盤を用いた制圧法（将門呪詛《まさかどじゅそ》）が見えることは、後で取り上げたい。なお賀茂忠行《ただゆき》は、天慶三年のこの東西両乱の際、密教の白衣観音法《びゃくえかんのんほう》を提案したという（天台系の『阿娑縛抄《あさばしょう》』巻九四「大白衣」所引「澗底隠者記《かんていいんじゃき》」）。

撫物の返却

「撫物《なでもの》」は、祭場《さいじょう》において依頼主自身の代理となる物である。現代では祓《はらえ》の際に罪や穢れを付けて流す人形《ひとがた》を「撫物」と呼ぶが、『源氏物語』東屋巻《あずまや》など、平安時代の例もわずかながらある。しかし一般的ではなく、人形の平安時代の一般的な呼び方は「贖物《あがもの》」であり、「撫物」のほうは、必ず依頼者に返却する必要があった。

泰山府君祭《たいざんふくんさい》や各星辰祭、各方角神祭、火災祭は「鏡」、代厄祭《だいやくさい》、招魂祭《しょうこんさい》、呪詛祭（呪詛返却祭・解返呪詛祭）は「衣」、天曹地府祭《てんそうちふさい》は「鏡」と「衣」の両方を用いる。なお五龍祭、鬼気祭、土公祭など、撫物を用いない祭祀もある。集団的な祭祀において撫物を用いないわけではなく、高山祭、太一式祭や五帝祭《ごていさい》、大歳祭《たいさいさい》、天地災変祭《てんちさいへんさい》、地震祭などでは「鏡」

を用いた。

室町時代の『陰陽道祭物帳《おんようどうさいもつちょう》』（宮内庁書陵部《しょりょうぶ》蔵）には、平安末期の久安《きゅうあん》五年（一一四九）から建保《けんぽう》二年（一二一四）までに、安倍泰親《やすちか》とその男季弘・泰茂・泰忠《やすただ》が行なった祭祀の撫物などの用物《ようもつ》や、次第・目的などが記されている。すでに触れた九曜祭、泰山府君祭、呪詛祭のほかに、造作《ぞうさく》（建設工事）の際の鎮祭（大歳八神祭や厩鎮《うまやちん》・灰鎮・石鎮・橋鎮）、赤痢病祭《せきりびょうさい》、山神祭、河伯水神祭、宇賀神祭《うがじんさい》も見える。

土公神、土公祭

「土公」の読み方は、「どこう」や「つちぎみ」ではなく、『倭名類聚抄《わみょうるいじゅうしょう》』巻二鬼神部「神霊類」に「『董仲舒《とうちゅうじょ》書』云ふ、土公は駑《ど》・空《くう》の二反《にはん》」と発音が示されており、物語や仮名暦《かなごよみ》なども「とくう・とく」と仮名書きされているので、「どくう」である。地中の神で、その所在は、前掲『占事略決《せんじりゃくけつ》』や後述する暦注のように門・井・竈《かまど》など、あるいは、五方《ごほう》とされる。後代には、土を練り上げて作る竈の神、火をめぐる荒神《こうじん》ともされた。

「犯土《ぼんど》」とは、実質的には土を掘り起すことで、土木工事を指し、「起土《きど》」や「動土《どうど》」に当たるが、地中の土公神《どくうじん》に対する侵犯という禁忌を意識した語である。「造作」は別だが、多く犯土を伴う。土公神は深さ三尺に至ると祟り、自邸全域と、忌む方角の隣家からの一定距離も、害の及ぶ範囲だった（『朝野群載《ちょうやぐんさい》』陰陽道の賀茂保憲「犯土禁忌勘文《ぼんどきんきかんもん》」）。

日本での祭祀の例は、摂津国嶋上郡《しまかみぐん》衙《が》跡（大阪府高槻《たかつき》市）の九世紀の井戸跡から、斎《い》串《ぐし》・櫛・桃核《とうかく》（桃の種）などとともに発見された墨書《ぼくしょ》土器皿《どきざら》が早い。一枚は周囲に「封《ふう》」の字が十二個あり、内側に「北方土公・水神王」など五方の土公・水神名が書かれ、もう一枚には「天罡《てんこう》大神王」および「十二神王」（月将《がっしょう》）という字が、縦と横向きに書かれている（「罡」は「岡」の異体字《いたいじ》）。井戸を掘った際に、土や水などの神々の祟りを鎮め、水が枯れないように祈る祭祀に使われたらしい。なお、土器皿二枚を重ねて封じ厭鎮する例は、『宇治拾遺《うじしゅうい》物語《ものがたり》』一四―一〇などの説話が知られている。

陰陽師の土公祭でも、この「東方（青帝）土公神」以下、五方土公神などを祭った。土公祭は、⑴犯土・造作の際の土公神の祟り（土気《どけ》）の予防のほか、⑵個人の土公神の祟りによる病を除くためにも行なわれた。式占の結果によるが（『中右記《ちゅうゆうき》』長承《ちょうしょう》三年〈一一三四〉正月二十三日条の腰痛《ようつう》など）、貴族自ら土公神の祟りと判断した場合もある（『小右《しょうゆう》記《き》』万寿《まんじゅ》四年〈一〇二七〉六月五日条。源俊賢《としかた》の股などが腫れた）。

招魂祭と儒家の魂喚

集団ではなく個人対象の祭祀は、すでに属星祭、九曜祭、本命祭などについて述べた。いずれも道教神系の祭祀だが、その他も道教神系が多い。

鬼気祭は、⑴集団の疫病対策のほかに、⑵個人が「鬼気《きけ》」つまり求食鬼《ぐじきき》や疫鬼《えきき》の祟りで病む場合に行なわれた。

代厄祭《だいやくさい》は、⑴病の予防のためだったが、⑵院政期以降は除病にも行なわれるようになる。『小右記』永延二年（九八八）閏五月二十七日条に、内裏の鼠の怪異が一条天皇の病事《やまいごと》と火事《ひのこと》を慎むべしと占われたので、代厄祭と火災祭（防解火災祭）を行なわせたとあるのは、⑴の例である。この二つは、七瀬の祓《はらえ》とともに、十一世紀後半以降、天皇の月例祭《げつれいさい》となる（『師遠《もろとお》年中行事』他）。

招魂祭（招魂続魄祭《しょうこんぞくはくさい》）は、⑴除病（心身の病によって身から離れた魂を戻す）のほか、⑵「人魂《ひとだま》」が現われた時にも行なわれた。延命・長寿を祈る予防である。

招魂祭と同一視されやすい「魂喚（たまよび・たまよばひ）」は、死後に復活を願うもので、全く別の呪術である。屋根の上で死者の衣を三度振って、魂を呼び戻す。

道長の末娘で東宮妃の嬉子《きし》は、万寿二年（一〇二五）八月三日、赤斑瘡《あかもがさ》（麻疹）を患いつつ男子（後冷泉《ごれいぜい》天皇）を出産し、五日に薨去《こうきょ》する。当夜、道長家司《けいし》の播磨《はりま》守藤原泰通《やすみち》（惟孝《これたか》男）の指示で、陰陽師（官名）の中原恒盛《つねもり》が上東門院第《じょうとうもんいんだい》の東対《ひがしのたい》の上で行なったのを、後日、陰陽道の上臈《じょうろう》たちが、「本条に見えざる」ゆえに、恒盛に罰として「祓を負《お》はす」よう申した（『左経記《さけいき》』二十三日条）。咎めた理由は、異例なことを地位の低い陰陽師が行なったからというより、異例の内実が問題だった。清原頼隆《よりたか》が「本条有り」と述べたように（同前）、『礼記《らいき》』喪大記や『儀礼《ぎらい》』士喪礼を出典とする「復《ふく》」と呼ばれる儒家の呪術で、しかも死者と関わるものである。陰陽師は特定の死者の霊とは関わらない。なお恒盛は、繁田信一氏が詳述されたように気鋭の陰陽師で、『小右記』には占いの的中への賛辞が繰り返されている。嬉子の出産の時刻も、安倍吉平《よしひら》の「午」、賀茂守道《もりみち》の「辰」ではなく、彼が占った「酉」だった（『小右記』）。

また、明経家が導入した方角神の金神《こんじん》の忌《いみ》に対して、当初は抵抗したように、陰陽師は儒家と共有する部分も少なくないが違いも主張した。彼らの競合・対抗は、説話を含め散見する。ただし、依頼する貴族の側には特に抵抗感はなかったようで、『栄花物語』楚王《そおう》の夢《ゆめ》巻では、魂喚を恒盛ではなく、上臈の守道《もりみち》が務めたことにして箔《はく》を付けている。

なお『栄花物語』の記事は、もっぱら史実として扱われたり、当時（成立時ではなく事件年時）の認識として一般化されたりもするが、この例からもわかるように、自覚的か否かは不明だが、明らかに史実と異なる場合も多く、そのように語った、物語としての必然性を考慮すべきである。当然ながら、基本的に道長一家、特に頼通に到る嫡流《ちゃくりゅう》に、都合よく書かれている。

泰山府君祭

泰山府君祭は、⑴延命祈願で行なわれたが、⑵除病のため、さらに⑶現世利益全般、⑷安産祈願と、目的が広がっていった。泰山府君は、五岳のうちの東岳泰山《とうがくたいざん》の神で、寿命や禍福をつかさどる冥府《めいふ》の神であり、「東嶽大帝《とうがくたいてい》」とも呼ばれる。

図７　泰山府君祭（『不動利益縁起絵巻』東京国立博物館蔵，colbase）

後に地蔵菩薩《じぞうぼさつ》や赤山大明神《せきざんだいみょうじん》とも習合した（安倍泰忠『養和《ようわ》二年記』三月二十八日条、『源平盛衰記《げんぺいじょうすいき》』巻一〇）。

泰山府君祭では、泰山府君を含む冥道十二神を祭った。他は、閻羅天《えんらてん》子《し》（焔魔天《えんまてん》）、五道大神、天官・地官・水官、司命・司禄、本命神、開路将軍、土地霊祇、家親丈人である。来世について祈るわけではないが、陰陽道祭祀のうち、特に現世以外に関わる性格が強い。祈願内容を記した願文《がんもん》は「都状《とじょう》」と呼ばれ、漢文で黄紙《おうし》に朱字で書かれた。中世の現物が残る。平安時代の本文は『朝《ちょう》野群載《やぐんさい》』『本朝続文粋《ほんちょうぞくもんずい》』に収められている。

なお『今昔物語集』一九―二四では、安倍晴明が病の占いの後、泰山府君祭を行なう。『宝物集《ほうぶつしゅう》』『発心集《ほっしんしゅう》』『三国伝記《さんごくでんき》』では、重病の僧（智興《ちこう》）の身代わりを申し出た弟子の僧を助けたのは、泰山府君ではなく不動明王《ふどうみょうおう》になっている。それを絵画化した『不動利《ふどうり》益縁起絵巻《やくえんぎえまき》』（東京国立博物館蔵）や『泣不動《なきふどう》縁起絵巻』の泰山府君祭の場面では、祭壇に大小の幣《ぬさ》や供物《くもつ》があり（東博本《とうはくぼん》は皿十二枚を明記。後者の奈良博本《ならはくぼん》や清浄《しょうじょう》華院本《けいんぼん》は霞で端が見えない）、その前で晴明が衣冠《いかん》姿で都状を読んでいる。

祭壇の向こうに座っているのが祭神《さいじん》だとの解説もあるが、祭神は冥道十二神であり、これらは供物にありつこうとやって来た付喪神《つくもがみ》たち（古い角盥《つのだらい》・靴・鼎《かなえ》などが化した物）で、祭神ではない。また、病の原因の小さな鬼神一体も、智興が病臥する場面の空中で、長い御幣《ごへい》などを持った赤と青（グリーン）の小鬼の式神《しきがみ》二人に逐われており、これらとは別である。

早くは『貞信公記《ていしんこうき》』延喜十九年（九一九）五月二十八日条に、忠平の延命祈願が「七献《しちけん》上章祭《じょうしょうさい》」の名で見える。山下克明氏は、保憲らによって七神から十二神に編成し直されたという小坂眞二氏の説に、泰山府君祭が密教の焔魔天供《えんまてんぐ》（冥道供《みょうどうく》）と祭神が重なることや、忠行・保憲が密教修法に深く関与したこと、保憲がさまざまな祭祀を実施したこと、晴明《はるあき》が保憲学派の一員であったことなどから賛同され、さらに『赤松子章暦』の「絶泰山《ぜつたいざん》死籍言巧章《しせきげんこうしょう》」や「除泰山死籍章《じょたいざんしせきしょう》」の「十二司命君」への祈願内容との類似も指摘して、総合的な冥道祭祀としての編成過程の一端を解明されている。

つまり、道教の泰山府君信仰を基礎に、密教の焔魔天供の諸神を統合したという。泰山府君祭は、晴明が一条朝に積極的に普及を図ったが、それには師の教えの継承という意味もあったことになる。

泰山府君祭の普及

(1)の延命祈願の例は、永祚元年（九八九）二月十日、円融法皇が一条天皇に関わる日頃の夢想がよくないので、尊勝法《そんしょうほう》・焔魔天供・代厄祭を行なうよう命じたのを、翌日、実資が摂政兼家《かねいえ》に伝えると、兼家は日を勘申《かんじん》させて尋禅《じんぜん》（兼家弟）に修法を、晴明に泰山府君祭を行なわせるよう指示した（『小右記』）。臣下も、藤原行成《ゆきなり》が晴明に依頼するために、祭物（米・紙・鏡・硯・筆・墨・刀）と、都状や十二神ごとの供物を記した書状（後には都状に含まれる）の計十三通に署名して送り（『権《ごん》記《き》』長保四年〈一〇〇二〉十一月九日条）、その後、晴明の説に従い、自ら幣・紙・銭を泰山府君に奉って「延年益算《えんねんえきさん》」を祈願した（二十八日条）。実資も、寛弘二年（一〇〇五）二月十八日「戊の剋」に縣奉平《あがたのともひら》に行なわせて、自ら「祭場」に出たのをはじめ、計五回行なわせており（他は吉平一回、守道三回）、一条朝以降、公私で盛行した。

(2)の除病の祈りは、長治《ちょうじ》二年（一一〇五）九月二十一日の藤原忠実《ただざね》の室《しつ》源師子《しし》の場合、泰長が七瀬の祓・呪詛祭と併修している（『殿暦《でんりゃく》』）。なお貴族の成人女性の名前は、『大和物語』の「としこ」のように後宮《こうきゅう》女性以外も訓読み＋子《こ》だが、確定できない場合は便宜的に音読み＋子《し》と呼んでいる。

『本朝続文粋』一一に見える保延《ほうえん》四年（一一三八）の藤原実行《さねゆき》の都状（藤原敦光《あつみつ》作）では、(1)延命に加え、(3)に当たる内大臣《ないだいじん》昇任も祈願している。頼長《よりなが》は、康治《こうじ》二年（一一四三）十二月七日、易占の修学および延命祈願で行なった（『台記《たいき》』）。『玉葉』文治元年（一一八五）二月二十六日条の兼実《かねざね》が安倍泰茂に命じた際の「三ヶ条意趣」は、「天下静謐《てんかせいひつ》、家門《かもん》安穏《あんのん》、除病等也」と、(2)除病も明記されている。なお翌月、壇ノ浦で平氏が滅亡した。

(4)安産祈願は、院政期には陰陽師が三人で行なった。治承二年（一一七八）の徳子《とくし》の安産祈願では、主に母の二位尼時子《にいあまときこ》（平時忠《ときただ》・滋子《しげこ》の姉）の意向により、種々の特別で大規模な祈禱が行なわれている。その中に、能算《のうさん》以後しばらく途絶えていた宿曜道《すくようどう》の「東方《とうほう》祭《さい》」（東方清流・南方高山）や、「霊所七瀬《れいしょななせ》」と同じ京外《きょうがい》の七ヵ所（後述）での泰山府君祭もあった（『山槐記《さんかいき》』十月二十九日条・十一月八日条。記主中山忠親《ただちか》は中宮権大夫《ごんのだいぶ》で、大夫の時忠女と結婚）。

霊所の祭庭

泰山府君祭は、院政期には定期的に行なわれるようになる。天皇は毎月、臣下も兼実は本命日を恒例とした。

毎月や四季ごとなどに定例化すると、陰陽師の私宅の庭が用いられるようになった。十二世紀には、安倍泰長《やすなが》は忠実、その男泰親は天皇や頼長・忠親のために、泰山府君祭や属星祭などを私宅の「土御門の家」、つまり晴明の故地で行なっている。『山槐記』保元元年（一一五六）二月十二日条には、「霊所の祭庭」という呼び方も見える。この日、忠親は泰親の私宅に出向いたが、基本的に依頼主は、祭の間、自邸の庭に下りて拝礼した。忠実は、『殿暦』長治元年（一一〇四）十二月十六日条に、祖先の道長と晴明も泰山府君祭をこのように行なっていたと記している。史実ではなく、山下氏が泰長の「進言」「吹聴《ふいちょう》」とされる通りであろう。

山下氏はさらに、その晴明の家を、土御門大路《つちみかどおおじ》（今の上長者町通《かみちょうじゃまちどおり》）の北、西洞院《にしのとういん》大路（西洞院通）の東、西南角地の六戸主《へぬし》（約二七〇〇平方メートル、約八二〇坪）と特定された（図8）。『今昔物語集』二四―一六「土御門ヨリハ北、西ノ洞院ヨリハ東」が正しく、『大鏡』の「土御門町口」つまり、西洞院の一本東側の町口小路《まちぐちこうじ》（町尻《まちじり》小路・町《まち》小路ともいう。今の新町《しんまち》通）には面していない。戸主は、一町を縦に四つ、横に八つに等分した、横長の区画で、当時の宅地の最小単位である。

『長秋記《ちょうしゅうき》』長承元年（一一三二）五月十五日条に、嫡流（泰親の亡兄致文の若年の長男泰行《やすゆき》）が相続した「六戸主」をめぐる、泰親と、当時の一族の長で別の家系の安倍兼時《かねとき》（晴《はる》

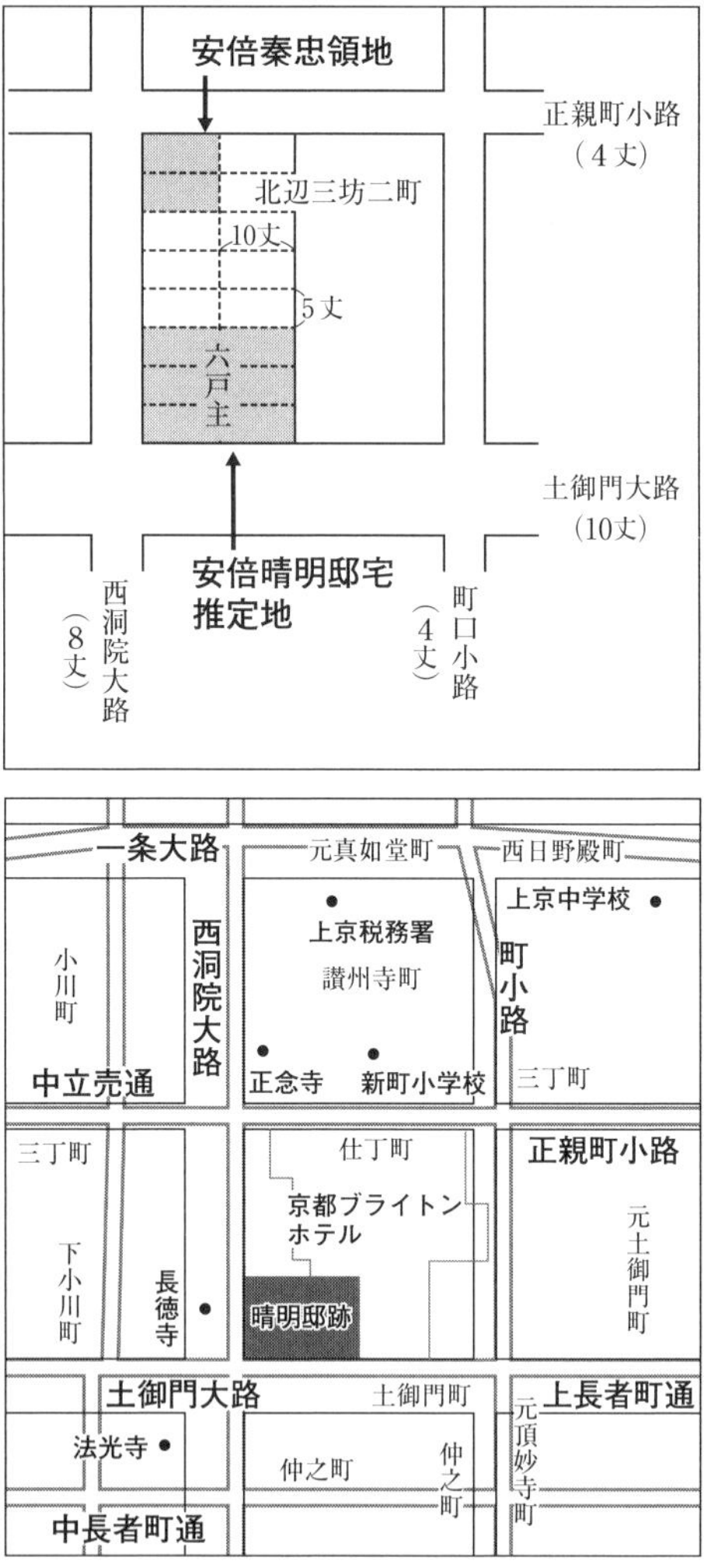

図８　安倍晴明の邸宅推定地（山下克明『陰陽道の発見』NHK 出版，2010年より，一部改変）

道《みち》）との相続争いが見え、泰親は「公家の祭庭《さいてい》」として保全を主張し、売却に反対した。公卿《くぎょう》の邸宅は一町、受領《ずりょう》はその四分の一の八戸主なので、それよりもやや狭いが、この辺りは高級住宅街である。

また、『玉葉』および『山槐記』治承四年（一一八〇）二月十日条によると、泰親の三男泰茂宅からの出火で、「土御門北町の西半町《はんちょう》」が火災現場となり、泰親や、泰親の長男季弘、次男業俊、兼時男の時晴《ときはる》宅も焼失した。晴明の邸宅跡に、子孫四人の家があったわけである（単純に四等分すると各二〇五坪）。なお火元の泰茂宅は、安貞《あんてい》二年（一二二八）の泰茂孫（泰俊）の「譲り状」から、泰茂男（泰忠）が「正親町《おおぎまち》・西洞院の角地《かどち》二戸主」を所有していたことがわかるので、この場所であると山下氏は推定されている（正親町小路は土御門大路の一本北側なので、泰茂宅は「土御門北町の西半町」には含まれるが、晴明故地から少し北側に離れている）。

病の原因ごとの除病法

さて次に、病の原因の占い結果と、それへの対処法を、陰陽道祭祀に限らず整理しておく。

物《もの》の気《け》・邪気《じゃけ》・霊気《りょうけ》など（死霊《しりょう》の祟《たた》り）→密教僧（験者《げんじゃ》）の加持《かじ》・修《ず》法《ほう》・読経《どきょう》。

神気《しんけ》・神《かみ》の気《け》（ある方角の社神《やしろがみ》や氏神《うじがみ》などの祟り）→神社への奉幣《ほうべい》や修理・掃除など。

土気《どけ》・土《つち》の気《け》・土公《どくう》（土公神の祟り）→陰陽師の土公祭《どくうさい》。祓《はらえ》の例もあり。

鬼気《きけ》・鬼霊《きりょう》・鬼《おに》の気《け》・求食鬼《ぐじきき》・疫鬼《えきき》（鬼神の祟り）→陰陽師の鬼気祭《きけさい》、施餓鬼《せがき》など。

竈神《そうじん》（竈神《かまどがみ》の祟り）→陰陽師の祓、竈の修理など。

北辰・北君《ほくくん》・妙見（北辰妙見菩薩《ほくしんみようけんぼさつ》＝尊星王《そんしようおう》の祟り）→妙見を祭る寺の修理・献燈《けんとう》など。

呪詛《じゅそ》→陰陽師の呪詛の祓。院政期以降は呪詛祭（呪詛返却祭《じゅそへんきゃくさい》）。

右の他に、泰山府君祭、招魂祭、代厄祭、後には天曹地府祭《てんそうちふさい》、大将軍祭《たいしょうぐんさい》（後述）も、除病のために行なわれた。

「北辰」は、具体的には北山《きたやま》の霊巌寺《れいがんじ》妙見堂である（『権記』長保元年十二月九日条、一条天皇の眼病）。「神の気」は、大神《おおみわ》神社の縁起の、崇神《すじん》朝の大物主神《おおものぬしのかみ》の祟りによる疫病流行（『古事記』巻上、『日本書紀』崇神天皇七年）がよく想起されたらしく、『権記』長保二年六月二十日条にも、「時に天皇、其の祟りを知り、忽《たちま》ち以て解謝《げしゃ》（謝罪）し、天下を治《ち》馭《ぎょ》」と見える。

「物の気」つまり死霊は、密教僧が加持によって駆り出し、憑坐《よりまし》（後に専門の物憑《ものつき》も現われる）に移して調伏《ちょうぶく》する。フィクションの安倍晴明《せいめい》は「悪霊退散《あくりょうたいさん》」と言っているが、晴《はる》明《あき》の実像ではない。なお院政期には、冥界への入口の一つの嵯峨六道《さがろくどう》の辻などで、陰陽師による霊気道断祭《りょうけどうだんさい》も行なわれるようになるが、不特定の死者の祟りを避けるためである。

また前述したように、病因は一つとは限らず、複数の神・霊・鬼の祟りや呪詛の場合もあり、その中に「神気」が含まれていれば、僧侶は対処できなかった（谷口美樹氏「平安貴族の疾病認識と治療法—万寿二年の赤斑瘡流行を手懸りに—」『日本史研究』三六四、一九九二年）。加持・修法は逆効果なのである。万寿二年八月三日に嬉子が出産後に危篤に陥った際、そのことが問題となった（『小右記』五日条・八日条）。『栄花物語』楚王の夢巻にも詳しい。玉《たま》の叢菊《むらぎく》巻の長和四年の頼通の急病でも、賀茂光栄《みつよし》や吉平が「御《おん》物の気《け》や、また畏《かしこ》き神《かみ》の気《け》や、人の呪詛などさまざまに申」し、「神の気」なら「御修法《みずほう》」ができず、「ただ御祭《おんまつり》、祓など」を繰り返すしかない混乱が語られている。光栄は頼通重病の際にはすでに卒去《そつきよ》していたなど、史実との違いはあるが、密教僧に頼れない場合に混乱・困惑があったのは事実だった。

なお陰陽師の除病は、死霊に関わらないことに加えて、基本的に「祭る」という方法で祟りを除去することも特徴の一つである。供え物をして慰撫《いぶ》するのであり、調伏のように退治するのではない。

このように陰陽師は、病気平癒・延命祈願のために祓や各祭を行なうが、その総称が「祭《まつり》、祓《はらえ》」、漢語では「祭祀《さいし》、解除《げじょ》」（『新猿楽記』）である。前者が『蜻蛉日記』中巻安和《あんな》二年（九六九）六月の記事以下、仮名文学作品に散見する。多くは『源氏物語』蜻蛉巻「世の人立ち騒ぎて、修法・読経、祭・祓と道々《みちみち》に騒ぐ」のように、密教験者の「修法」「読経」や「諷誦《ふうじゆ》」などと併記されている。あらゆる手を尽くして除病を願ったという場合の書き方だが、光源氏は紫の上が病んだ時に「祭、祓」をせず、加持など仏教のみに頼っている。

その他の除病方法に、医師による投薬を中心とする「医療」がある。医術のうち、呪術による除病・延命は、令《りょう》制では典薬寮《てんやくりょう》の呪禁師《じゅごんし》の職務だったが、平安中期以降は陰陽道などに取り込まれた。つまり、医師、密教僧、陰陽師が平安時代の除病の専門家であり、補完し合っていた。

どのようなときに祓（禊・解除）を頼むか

祓《はらえ》は、水辺などに祭壇を設け、幣《ぬさ》を捧げて、祓戸《はらえど》（祓所）の八百万《やおよろず》の神々に祈る祭祀である。

祓とは

人形《ひとがた》は祓の具《ぐ》の一つで、「人形代《ひとかたしろ》・形代《かたしろ》」ともいい、漢語では「偶人《ぐうじん》・像《ぞう》」という。木製や金属製、紙製などで、等身大もあった（『源氏物語』須磨「ことごとしき人形」、『文肝抄《ぶんかんしょう》』などの「大人形《おおひとがた》」）。衣は依頼者の代理となるが、人形は身代わりである。祓以外にも、亡き配偶者や親の棺《ひつぎ》に入れたり（『権記』寛弘八年〈一〇一一〉六月二十五日条、平信範《のぶのり》『兵範記《ひょうはんき》』久寿二年〈一一五五〉七月二十七日条「阿摩加津《あまがつ》」）、呪詛《じゅそ》に用いられたりした。平安京右京六条三坊六町《うきょうろくじょうさんぼうろくちょう》の平安前期の邸宅跡の井戸跡から発掘された杉製の立体的な男女一対の人形（「葛井福万呂《ふじいさきまろ》」「檜前阿古《ひのくまあこ》□□」と墨書《ぼくしょ》されている。京都市考古資料館蔵）は、男が後ろ手になっており、離別または呪殺を願ったものと考えられている。

祓には他に、大幣《おおぬさ》・切麻《きりぬさ》・解縄《ときなわ》・菅抜《すがぬき》・散米《さんまい》・木綿《ゆう》なども用いた。なお今も用いる「引く手あまた」という句は、大幣を詠んだ和歌（『伊勢物語』四七段、『古今和歌集』恋歌四—七〇六）に由来する。

令《りよう》制では神祇官《じんぎかん》の公務のみだったが、九世紀後半から、陰陽寮の官人たちが貴族に対して行なうようになる。清浄を保つべき神祇官とは違い陰陽師は穢《けが》れ（不浄《ふじよう》）にも対応できたし、摂関家が天皇と同じ宗教儀礼を行なって自らの権威を高めようと宮主《みやじ》の役割を彼らに求めたためと考えられている。後には陰陽師が、天皇の祓の一部も担うようになった。『禁秘抄』下「御祈《おんいのり》」も、天皇に関わる陰陽道の「祭」の最初に「祓」を挙げている。陰陽道の呪術や禁忌は、このように民間が先行するものが少なくない。明治三年（一八七〇）閏《うるう》十月の太政官布告《だじようかんふこく》（天社禁止令《てんしやきんしれい》）で陰陽師が廃止され、祓や地鎮祭は再び神職のみが担うようになり、今日に至る。

祓の目的は、病や呪詛、穢れなど、すでにある悪《あ》しきものを除去することだが、予防、招福、所願成就に重きを置くものもあった。現代でも神社への初詣などの際に、祈禱（祓）を依頼する人がいる。また、神祇信仰に由来するために、外来の他の陰陽道祭祀とは異なり、日中に行なわれた。陰陽道の日本らしさ、東アジアの術数《じゆっすう》文化の共通部分からはみ出る独自性の代表が祓といえるだろう。ただし水辺での祓禊《ふっけい》自体は、東アジアの伝統文化の一つである。

中臣祭文

陰陽師も、宮主と同じく「中臣祭文《なかとみさいもん》」（『朝野群載《ちょうやぐんさい》』巻六神祇官）を誦んだ。これは、百官《ひゃっかん》の大祓《おおはらえ》で中臣が「何々と宣《の》る」と宣下《せんげ》する宣命体《せんみょうたい》の「大《おお》祓詞《はらえことば》」（『延喜式《えんぎしき》』神祇八「祝詞《のりと》」）を、祓戸の八百万の神々に奏上《そうじょう》する「祝詞」に改めたもので、「中臣祓《なかとみばらえ》」ともいう。

『紫式部日記』の冒頭近く、寛弘五年（一〇〇八）九月十一日の敦成《あつひら》親王誕生の前日、彰子《しょうし》の安産祈願の様子を描いた記事が、陰陽師が中臣祭文を誦んだことの確実な例として最も早いとされている。日記の「陰陽師とて、世にあるかぎり召し集めて、八百万の神も耳ふりたてぬはあらじと見えきこゆ」が、中臣祭文の「遺《のこ》る罪と云ふ罪、咎《とが》と云ふ咎は有らじと、祓へ給ひ清め給ふ事を、祓戸の八百万の御神達は、さをしかの御耳を振り立てて聞こし食《め》せと申す」をふまえている。大祓詞では、「八百万の神」が冒頭にしか見えず、末尾の「耳振り立てて聞く」とつながっていない。

また藤原実方《さねかた》（九九九年卒去）が夏越《なごし》の祓の日、前渡りをした邸内から「さをしかの耳振り立てて神も聞け」と詠みかけられ、「おもと（貴女）犯せる罪はあらじな（ありませんよね）」と下の句を付けた短連歌《たんれんが》（『実方集』六四）もある。「さをしかの」は大祓詞にはない。中臣祭文は、「祝詞」（『うつほ物語』藤原の君、菊の宴）や「祭文《さいもん》」（『枕草子』二八一段）とも呼ばれ、歌学書《かがくしょ》の『俊頼髄脳《としよりずいのう》』には、「科戸《しなと》の風と言ひて、中臣祓にある風」と出典が明記されている。

安産祈願では陰陽師が間断なく祭文を読み続けるので、十一世紀以降、「不断祓《ふだんばらえ》」「千度祓」などの熟語や輪番《りんばん》体制が、史料に見える。またそれは、懐妊五ヵ月頃の「着帯《ちゃくたい》」（腹帯《はらおび》を着ける儀式）から開始されるようになる。出産を促す祓は、寛和元年（九八五）四月十八日に光栄《みつよし》、翌十九日に晴明《はるあき》が、実資妾《さねすけしょう》の出産の際に行なった例が早い。『北野天神《きたのてんじん》縁起《えんぎ》』（承久本《じょうきゅうぼん》）の出産の場面にも、庭で祭文を読む陰陽師が描かれている。

同じ祭文を読むことから、陰陽師と神祇官が互いに代行することもできた。たとえば、長和元年（一〇一二）閏十月十六日庚辰、宇佐神宮《うさじんぐう》への使が「午の二点」に出立することになっていたが、神祇官がいなかったので、吉平を召して「御禊《ごけい》」を行なわせた（『御堂《みどう》関白記《かんぱくき》』）。逆は、たとえば『左経記』万寿三年（一〇二六）九月二日条に、中宮威子《いし》の安産祈願の毎日祓《まいにちばらえ》を宮主が代勤したことが見える。なお天皇、中宮、東宮に各宮主がいた。

動詞「祓ふ」の活用

現代語では「お祓い」だが、平安時代はハ行下二段活用であり、名詞（連用形）の「はらへ」の例が多いが、和歌などでは、次のように他の活用形も見られる。承平六年（九三六）正月、朱雀天皇の命で紀貫之が詠んだ四首中の一首である。

　つらき人忘れなむとて祓ふれば禊ぐ甲斐なく恋ぞ増される（『貫之集』三―三五三）

「禊」の語も、平安時代には、水辺での祓や、天皇らの祓の意で用いられた。水辺で祓を行なう場合も、水に直接触れることはない。

右の本歌《ほんか》は、次の在原業平《ありわらのなりひら》の「恋せじの祓」の歌である。『古今集』恋歌《こいうた》一―五〇一では、題知らず・読み人知らずなので（第四・五句「受けずぞなりにけらしも」）、業平と結びついたのはそれ以後だが、依頼者が誰であっても、平安時代の私的な祓の例としては早い。

　在原なりける男の、まだいと若かりける（中略）「いかにせむ、わがかかる心やめたまへ」と、仏神にも申しけれど、いやまさりにのみおぼえつつ、なほわりなく恋しうのみおぼえければ、陰陽師、神巫《こうなぎ》よびて、恋せじといふ祓への具してなむいきける。祓へけるままに、いとど悲しきこと数まさりて、ありしよりけに恋しくのみおぼえければ、

　恋せじとみたらし河にせしみそぎ神はうけずもなりにけるかな（後略）（『伊勢物語』六五段）

なお『白描《はくびょう》伊勢物語絵巻』には、衣冠《いかん》姿の官人陰陽師が、川辺で幣《ぬさ》を立てて祓をする様子が描かれている。また祓は、他の歌物語《うたものがたり》『大和物語』『平中《へいちゅう》物語』にも例がある。

図9　衣冠姿の陰陽師（『新編日本古典文学全集　伊勢物語』小学館，1994年より）

祓の種類

祓も、目的や規模、場所、恒例か臨時か、さらに神祇信仰系か道教系かなどの違いがあり、種類が多い。代表的なものを挙げておく。なお自ら河原などに出ず、使を派遣する場合は、「衣」を依頼者の代理の「撫物《なでもの》」とし、祓をした後、使が持ち帰った。

恒例のうち「上巳《じょうし》の祓」は、三月の最初の巳《み》の日（上巳）に水辺で行なわれた。「上巳」は節日《せつじつ》の一つで、六朝《りくちょう》時代にすでに三月三日になり、日本でも宮中の節会《せちえ》や曲水《きょくすい》は三日である。しかし祓は、文字通り上巳に行なわれた。水神《すいじん》「巳（蛇）」との結びつきが理由として考えられる。この日は多くの平安京の人々が、賀茂川の河原に出た。大中臣能宣《おおなかとみよしのぶ》（輔親《すけちか》父）の家集《かしゅう》『能宣集《よしのぶしゅう》』の「内裏の屏風歌《びょうぶうた》」四首中の二首目、三二四番歌の詞書《ことばがき》に、「川のほとりに女どもありて、法師、紙冠《かみこうぶり》して祓する所」とある。これが法師による祓の初見だが、三月の景物《けいぶつ》として、屏風歌（屏風の絵とセットの和歌。色紙型《しきしがた》に書かれ屏風に貼られる。四季または十二月の月次屏風《つきなみびょうぶ》が、算賀《さんが》などの折に作成された。現代の金屏風《きんびょうぶ》と使用の機会は類似）の題材となるほど、すでに定着していたわけである。なお「巳」に意味があることは、道長が中巳《ちゅうし》・下巳《かし》に河原で祓を行なったことからもわかる。「六月祓《みなづきばらえ》・夏越の祓・夏祓《なつばらえ》・荒和《あらにご》の祓」は、六月晦日《みそか》の朱雀門前での大祓を民間で行なうようになったもので、半年間の罪や穢れを除去する。これも古今集時代の例が少なくない。日記によると、道長・実資・行成《ゆきなり》らは邸内で行なっていた。

酉の時、薬助《やくじょ》を持ち出《いだ》し、河原に於《お》いて除服《じょぶく》せしむ。三娘、同じく従ふ。暦博士義昌《よしまさ》、祓す。又帰宅し、六月祓、例のごとし。（『権記』寛弘七年〈一〇一〇〉六月三十日丁丑条）

行成は、前日丙子に、姑《しゅうとめ》の喪で二十日間の「假《か》」（ここは忌引き）を申請して着服《ちゃくぶく》したが、長男の薬助丸《やくじょまる》と三女は、翌日、除服をさせている。長男は病弱だったらしく、元服もしていない。賀茂河原で大中臣義昌に子供たちの「除服の祓」をさせた後、帰宅して「六月祓」を行なった。

『うつほ物語』国譲《くにゆずり》中巻の藤原兼雅《かねまさ》の桂《かつら》邸での「陰陽頭、御祓へ物して仕《つこ》うまつる」は、京外だが邸内である（人々が「御衣《おんぞ》を脱ぎ」とあるのは撫物ではなく禄《ろく》のため）。ただし文学作品には、賀茂河原や大宮《おおみや》川（耳聡《みみと》川）の例もあり、六月の下旬《げじゅん》に水辺に遠出して祓を行なった例が、日記文学や歌集にも散見する。近江の辛崎《からさき》（唐崎）、摂津の難波《なにわ》など

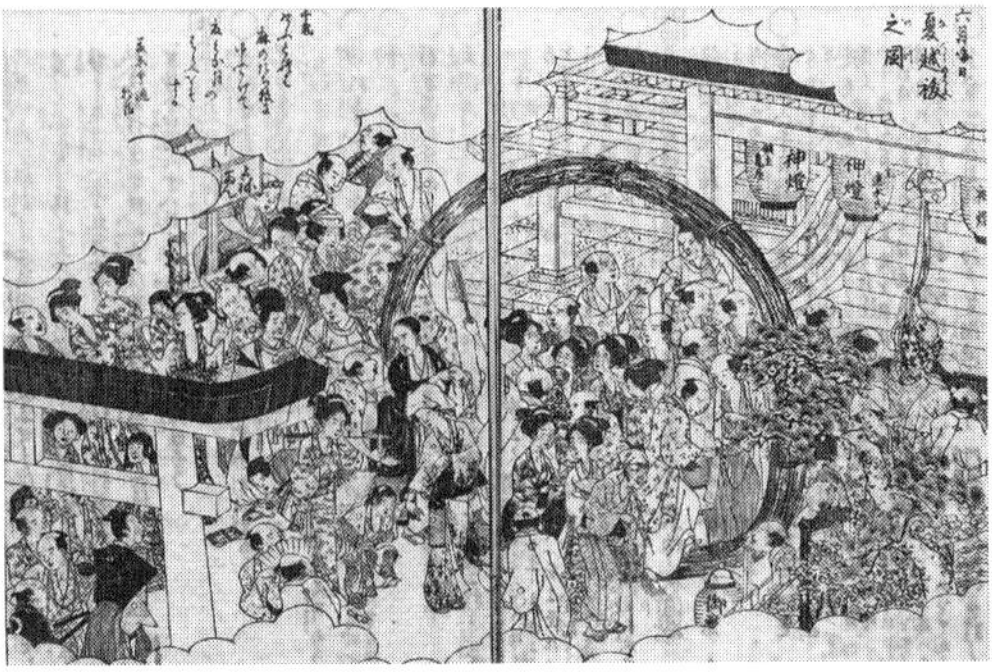

図10　茅の輪くぐりと夏越の祓（『諸国図会年中行事大成』，国立公文書館蔵）

である（十世紀中頃には「難波の祓」が流行した）。例歌は上巳よりも多い。なお、平安時代に夏越の祓で用いた「菅抜」から発展した「茅《ち》の輪《わ》」が、今日でも七月前後に神社に設置され、「茅の輪くぐり」が夏の風物詩の一つとなっている。

「御燈《ごとう》」も、「庚申《こうしん》」と同じく道教由来の行事である。三月三日と九月三日に、北辰妙見《ほくしんみょうけん》菩薩《ぼさつ》に燈明《とうみょう》を奉り、長寿と福徳を祈った。具体的には、貞観《じょうがん》年間（八五九～八七六）から霊巌寺妙見堂（真言宗）、宇多朝は月林寺《がつりんじ》、後に円成寺《えんじょうじ》、延喜からまた霊巌寺妙見堂である（『西宮記《さいきゅうき》』巻三）。延喜・天暦《てんりゃく》以降、一日に各宮主が穢れの有無を卜《うらな》い（御燈の御《み》卜《うら》）、無ければ三日に献燈の使を派遣し、有る場合は三日に御燈を奉らない由を北辰に申し上げる「御禊」（由《よし》の祓《はらえ》）を行なった。忠平は一日に賀茂河原に出て祓を行ない献燈の使を送ったが、道長の時から、もっぱら「御燈を奉らざる由の祓」に移る。道長玄孫忠実《ただざね》は、長男忠通《ただみち》が「河原」に出ないことを批判し、道長は触穢《しょくえ》でも、頼通は「宇治河」でも行なったといって、次男頼長に「御燈の祓」を勧めている（『中外抄《ちゅうがいしょう》』上—六六、『富家《ふけ》語《ご》』四）。これは、自ら河原に出で行なう由の祓を指すようである。

「由の祓」は、触穢・服喪などで神社への奉幣・参詣などが中止の際にも、臨時に行なわれた。神への奉仕を怠ることを謝罪し、祟りを予防したのである。

「除服の祓」は、喪《も》が明けた後、本人が河原に出で行なう（前掲『権記』の薬助丸参照）。代理祓ではない。陰陽師の祓の後、扇や帯を含め喪服一式を、破って川に流した。これも賀茂河原が基本だが、『源氏物語』総角《あげまき》巻で薫が手配した陰陽博士《おんようはかせ》が中《なか》の君のために行なった場所は、宇治川の河原であろう。この祓も、よく哀傷歌《あいしょうか》に詠まれている。

臨時の祓は他に、前述の安産祈願や除病、呪詛（病・呪物発見などの際に「呪詛の気《け》有り」と占われた場合）や、神事の斎誡を解くための「解斎《げさい》の祓」、刑罰として課す祓などがあった。

河臨の祓、七瀬の祓

「河臨《かりん》の祓・三元《さんげん》河臨の祓（禊）」は、単に河辺に臨んで行なう祓を指すわけではない。格式が高く、高位の陰陽師に依頼し、贖物《あがもの》（祓の物・祓つ物・祓の具・祭の物）も豪華だった。贖物は、罪や穢れを付けて流す物だが、格式が高い祓では、人形のほかに、金属製や土製の鳥・馬・牛・車（牛車《ぎっしゃ》）などの作り物も用いた。『貞信公記《ていしんこうき》』延喜十二年（九一二）三月十四日条の忠平の「河臨の解除」

が早い。山下氏はこの祓の出典も『董仲舒祭書（祭法）』とされる。

河臨の祓を、効果を挙げるために、七ヵ所あるいはそれに近い複数箇所で行なったのが、「七瀬の祓」である。七ヵ所同時以外に、一日で賀茂川の二条大路末《すえ》から各大路末（二条・大炊御門《おおいのみかど》・中御門《なかみかど》・近衛《このえ》・土御門《つちみかど》・一条）を川合瀬《かわいせ》までさかのぼって順に行なう場合や、七日間や二日間などに分けて順に行なう場合もある。「代厄祭」などとの併修が多い。ただし、「七瀬の祓」のすべてが河臨の祓であったかどうかは定かでない。「七瀬」について、中世には「しちらい」の読みも現われるが（『弁内侍《べんのないし》日記』宝治《ほうじ》三年〈一二四九〉二月二十七日条、建長二年〈一二五〇〉三月十六日条）、平安時代は「ななせ」である。『万葉集』以来、多くの瀬の意で「七瀬、八瀬《やせ》」が和歌に詠まれてきた。

目的は、国家の場合、初見の応和三年（九六三）以来の祈雨がある。村上天皇の命を受け、「天文博士保憲」が「難波の湖《うみ》及び七瀬」で、「三元河臨の禊」を行なった（『河海《かかい》抄《しょう》』少女《おとめ》巻所引『村上天皇御記《ぎょき》』同年七月二十一日条）。この場合の「三元」は、小坂眞二氏によると、道家《どうか》でいう天・地・水であり、特に水神を指す。九世紀から十世紀にかけて水の呪力に対する信仰が高まり、難波の海と瀬が祭場として重視されたことは前述した。

次の記事の「七箇霊所《ななかれいしょ》」については、後で具体的に述べる。この場合の目的は、四日前の十三日に「祈晴の幣・馬」を「丹生《にう》・貴布禰《きふね》両社」に奉っていることから（『左経記《さけいき》』）、

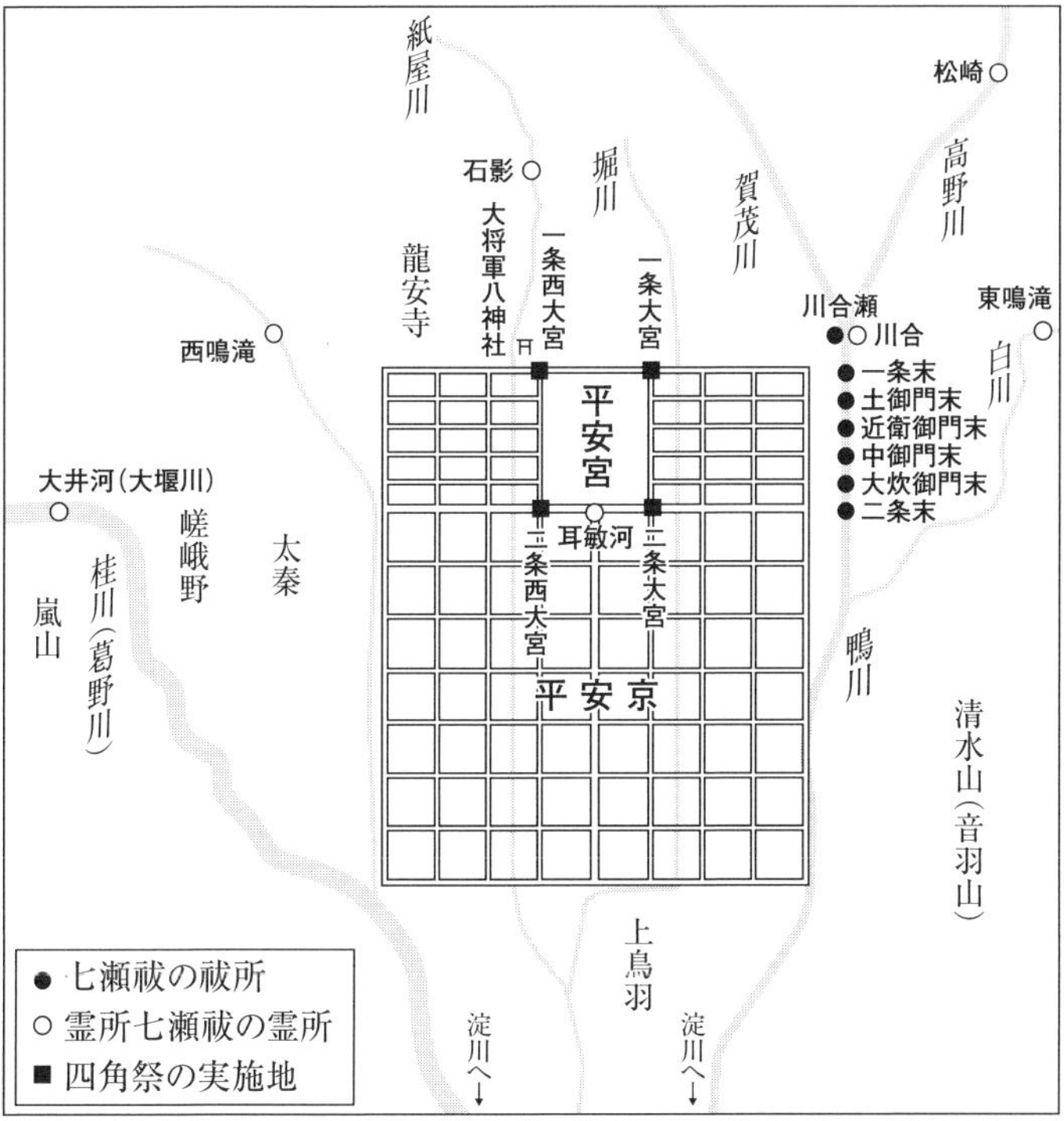

図11　京近郊の祓戸・祓所（山下克明『陰陽道の発見』NHK 出版，2010年より，一部改変）

止《し》雨《う》と考えられる。

今（日）、七箇霊所に於いて御祓有りと云々。使《つかい》、殿上《てんじょう》（後一条天皇の殿上人）の四《し》位《い》・五位と云々。（『左経記』長元《ちょうげん》四年〈一〇三一〉八月十七日条）

ちなみに貞応《じょうおう》三年（一二二四）六月六日、「日曜祭《にちようさい》・七座泰山府君祭《たいざんふくんさい》」などと併せて行なった、「関東」初の「霊所七瀬御祓《れいしょななせおんはらえ》」（由比浜《ゆいがはま》、金洗沢池《かねあらいざわいけ》、固瀬川《かたせがわ》、六連《むつら》、鼬河《いたちがわ》、杜戸《もりと》、江嶋龍穴《えのしまりゅうけつ》）は「祈雨」のためで、建長六年（一二五六）九月四日、「前浜《まえはま》」（由比ヶ浜）で「一町《ちょう》」ごとの間隔で七人が「南海を向き」行なった「七瀬の祓」は、「止雨の御祈」だった。陰陽師は全員安倍氏である（以上『吾妻鏡《あずまかがみ》』）。後者の「南海」は、鎌倉の地形的な制約ではなく、五行説の南＝赤＝火にもとづくのだろう。「難波」と同じ海辺の七ヵ所の例としても注目される。

個人の場合の目的には、安産祈願がある。『権記』寛弘四年（一〇〇七）十一月二十日条では、行成室の女児出産後、後産《あとざん》が遅れていたところ、吉平が「此《かく》のごときの事、七瀬の祓、感応《かんのう》有り」と伝えてきた。行成は手紙で光栄以下七人に依頼したが、実行前に胞衣《えな》が下りている。翌年の同じく行成室の男児出産直後には、実際に七人の陰陽師に行なわせた（同五年九月二十五日条）。晴明男吉平が、積極的に七瀬の祓の需要拡大を図っていることに注目しておきたい。

目的は他に、除病、呪詛返《がえ》しや、無病息災《むびょうそくさい》祈願などがある。十一世紀後半から、天皇の毎月の七瀬の祓や、通過儀礼として予防・招福を目的に、皇子誕生後間もなく行なう「若宮七瀬《わかみやななせ》」などが始まった。天皇や若宮の場合は常に出向かず代理祓で、「衣」を撫物とした。

密教の六字河臨法

十一世紀中頃以降には、「六字河臨法《ろくじかりんほう》」という船上で行なう密教の祈禱が生み出された。五大尊《ごだいそん》式法や五大虚空蔵《ごだいこくぞう》法などの式法《しきほう》（盤《ばん》法《ほう》）と同じく、密教側から陰陽道に接近した一例である。目的を安産・病気平癒・呪詛返しに絞り、聖観世音菩薩《しょうかんぜおんぼさつ》を主尊として『六字経《ろくじきょう》』（六字は六観音《ろくかんのん》）を僧が読誦《どくじゅ》する「六字法」に加えて、七瀬で祓を行なうものであり、陰陽師が「中臣祓」を誦《よ》んだ。「大奴佐《おおぬさ》（大麻）」や「解縄」も用いる。場所は桂川《かつらがわ》・淀川《よどがわ》で、次第については、『六字河臨法』に詳しい（他に『阿娑縛抄《あさばしょう》』巻八六「六字河臨法」）。その中に、「七瀬の祓」では「鉄」の「刀」と「人形」を用いるという安倍国随《くにゆき》の発言が見える。宮中の大祓のうち東西漢部《あやべ》が行なう道教呪術（道術《どうじゅつ》）の解除《げじょ》（祓）においても、「金刀」と「銀人」がセットで用いられていた。

山下克明氏は河臨の祓でも、同様に「刀」と「人形」を用いていたとされる。ただし、少なくとも管見に入った史料には、陰陽師の河臨の祓そのもので、「刀」の使用が確認できるものはなかった。「人形」も、用いるのは自明なので明記されることはほとんどないのだが、『親信卿記《ちかのぶきょうき》』や『禁秘抄《きんぴしょう》』のように、「祭物」が網羅的に記された場合には見えている。

『親信卿記』天禄三年（九七二）十二月十日条には、「代厄御祭」と併せて、文道光《ふみのみちみつ》が円融天皇のために「河原」で行なった「河臨の御禊」が見え、「七瀬」の語はないが、「御贖物」が「七」組用意されていた。天皇が撫でて息を吹きかけた（一撫一吻《いちぶいっぷん》）「御等身人《ひと》形《がた》七枚」と、金属製の「五寸の人形」、木製の「車」、「牛・馬・犬・鶏」という七種・七組の「贖物」の調整や、「御衣《おんぞ》」の持参・返却など、詳細が記されている。「刀」を記さないのは、陰陽師が持参するからだろうか。あるいは、「刀」は用いなかったか。もし用いないのであれば、「刀」の呪力ではなく、他の祓と同様に、三元のうちの「水」の呪力のみに頼った祈禱ということになる。また「等身《とうしん》」は、仏像では「丈六《じょうろく》」と同じく一定のサイズを表わすのが基本だが、右の「御等身人形」は、「御」の字から、天皇の身長に合わせた可能性が高い。天皇の身長や手足の長さは、「節折《よおり》」でも把握されていた。

『うつほ物語』には、金銀の贖物の人や牛車を用いた、難波の海の、船上での、上巳の七瀬の祓、および途中の淀川の瀬々《せぜ》の祓（菊の宴《えん》巻）、桂邸での「七瀬の旅」としての夏越の祓（国譲中巻）、邸が面した桂川の瀬での夏越の祓（祭の使《つかい》巻）が見え、平安中期の上流貴族による祓の実態の反映や、十一世紀の祓の展開の先取りとして、注目される。

道長の祓好き

父兼家や長男頼通も大規模な祓を都周辺で行なったが、道長は、祓の種類・規模・回数でも、平安貴族の頂点に立つ。道長は誰よりも祓好きで、多種多様な祓を行なった。『御堂関白記』では、「祓・禊・解除」のほか、「河に出《い》づ・東《とう》河《が》に出づ」だけで祓を表わす。早くは長徳元年（九九五）六月十四日、兄道隆《みちたか》・道兼《みちかね》の「軽服《きょうぶく》」（兄弟の服喪期間は三ヵ月）により、「鹿嶋《かしま》・香取《かとり》」に申して、「春日《かすが》・大原野《おおはらの》」に使を派遣するという通常の手続きをしないまま「氏《うじ》の印《いん》」の使い始めるために、由の祓をした。道長の氏長者《うじのちょうじゃ》としての事績も、祓に始まるのである。

臨時では、除服の祓の例が多い。いとこたちの死去による服喪と除服は、祖父師輔《もろすけ》に始まる九条家を意識する機会でもあった。他に参詣前、解斎、刑罰、御嶽精進《みたけしょうじん》開始、穢れ、呪詛、妍子《けんし》安産祈願（陰陽師三人で不断祓）、除病などがある。吉平は、頼通の除病の祓により、道長の信頼を得て用いられるようになった。

定期では、奉幣・神馬使発遣《しんめしはっけん》に伴う祓、御燈、上巳、由の祓（不奉幣・不参・不奉神馬）が日記に散見する。使発遣の祓は、物忌《ものいみ》中は陰陽師も籠居《ろうきょ》させ邸内で行なったが、事情があれば河原に出たり、「西宅」を用いたりした。長和二年（一〇一三）三月は、一日に道長・倫子《りんし》の御燈の祓（中宮以外の女性の例は稀だが、道長室倫子は従一位《じゅいちい》の公人《こうじん》。後に准三宮《じゅんさんぐう》）、二日癸巳に夫妻と威子（十五歳）・嬉子（寛弘四年正月五日生まれ。七歳）の上巳の祓、二十六日丁巳には下巳の祓を行なっている。同年九月一日の「東河に出でて解除。御燈を献ぜざる由なり」以降は、由の祓が恒例となる。夏越の祓も、長和四年（一〇一五）閏六月二十九日条に「大祓。文部《あやべ》等、刀を奉る。家の祓、常のごとし」とあり、道長家でも恒例だった。

以上は夏越以外、すべて賀茂河原《かもがわら》で行なわれた。一瀬の場合、具体的には土御門第から近い中御門（待賢門《たいけんもん》）大路末の河原で（寛弘元年〈一〇〇四〉三月九日・六月二十一日など）、頻度を考えると常設の祓所があった可能性が高い。物忌だけでなく祓も、道長の生活の一部になっている。元は倫子父左大臣雅信《まさのぶ》邸だった土御門第（京極殿《きょうごくどの》・上東門第）は、道長の複数の邸第の中で最も河原に出やすく、祓に適していた。ただし、それゆえに氾濫による浸水もあった（寛弘六年〈一〇〇九〉八月十一日条、『権記』長保二年〈一〇〇〇〉八月十六日条など）。

寛弘の七箇所解除と霊所化

道長は、近江の辛崎には腹心の源俊賢《としかた》（明子《めいし》異母兄、隆国《たかくに》父）、倫子と赴き、同じく八嶋《やしま》では夫妻と一宮敦康《あつやす》親王（定子所生で、彰子養子。寛弘初年までは道長のいわゆる「持ち駒」。彰子立后《りっこう》や定子崩御《ほうぎょ》と同時に不遇になったわけではない）のための祓をするなど、寛弘年間の初期は、当時の一般的な祓所を用いていた。しかしその後、ギアチェンジをして本格的に自らの外孫による執政を狙うようになり、そのための二度の御嶽精進（吉野金峯山《きんぶせん》の蔵王権現《ざおうごんげん》に参るための準備）中に、複数の国家的な祓所、つまり公家の祭場で河臨《かりん》の祓《はらえ》を行なう。初度の寛弘四年（一〇〇七）六月三十日の「解除、河臨。光栄《みつよし》」は、通常の賀茂川だが、翌七月一日は「松前《まつがさき》」（松ヶ崎）である（なお紫式部の彰子出仕の有力説は、半年前の寛弘三年十二月二十九日）。

寛弘八年の「七箇所解除《ななかしょげじょ》」は、二月十六日「鴨河」、十九日「鳴瀧《なるたき》」、二十日「耳聡河《みみとがわ》」（耳敏川・大宮川）、二十三日「松前」、二十四日「大井」（大堰川）、二十五日「東河」（鴨川）、二十六日「般若寺《はんにゃじ》の瀧」（鳴滝）と七日間、のべ七瀬で行なった。御嶽詣《みたけもうで》自体は三月に触穢や方角禁忌で断念したものの、寛弘四年八月に御獄詣をし年末に彰子が懐妊して翌年生まれた敦成の立太子《りったいし》が、寛弘八年六月十三日に実現した。これが吉例となり、十一世紀前半中に「東瀧《ひがしたき》」「石陰《いわかげ》」を加えて「七箇霊所《ななかれいしょ》」「霊所七瀬《れいしょななせ》」となる。東瀧は「北白《きたしら》河《かわ》ノ滝」、石陰（岩陰）は「西園寺《さいおんじ》の東、北野の北」（『拾芥抄《しゅうがいしょう》』下霊所部《れいしょぶ》第五）。「霊所」は、「寛弘の嘉例」および水の呪力によるパワースポットといえる。源俊房《としふさ》（頼通養子の源師房《もろふさ》男）は、二日に分けて日中に「霊所」を回り、賀茂道言《みちとき》に祓をさせた。

晴れ。（中略）巳《み》の時許《ばかり》、川合に出づ。其《それ》より次第に今日、霊所〈川合、東瀧、松崎〉に於いて祓を修《しゅう》する事有り。陰陽頭道言、之を行なふ。四箇所に至りては、明日行なふべきなり。申《さる》の時許、帰る。／陰雨。巳の時以後、快晴。（中略）午《うま》の時許、耳敏河に向かひ解除す。其より石陰に向かふ。次大井。次西瀧（鳴滝）。各おの解除し了んぬ。秉燭《へいしょく》の間、帰る。（『水左記《すいさき》』永保《えいほ》元年〈一〇八一〉十月二十七日条／二十八日条）

七つの「霊所」は、前述した後一条朝の祈雨の祓や、平徳子《とくし》の安産祈願の七座《しちざ》の泰山府君祭の祭場とされるなど、国家レベルでも重視された。

賀茂川の七瀬、七箇日解除

道長は、寛弘の後の長和年間には、賀茂川で七瀬の祓を行なう。長和元年三月二日己巳の上巳は代理祓で、十四日辛巳の中巳に、「二条末」から「川合瀬」までをさかのぼり、のべ七人の陰陽師に、各大路末の河原と川合瀬（現在は鴨川デルタと呼ばれている三角地帯）で祓をさせた。長和五年（一〇一六）八月二十五日も同様で、寛仁《かんにん》元年（一〇一八）二月十九日には、三条院がこれに倣って自ら出向いて行なわせ、道長も中御門末まで従った。

道長が「七瀬」と明記したのは、長和五年三月一日乙巳の「東河に向かひ解除。先づ由、次に七瀬。女方《にょうぼう》（倫子）同じ。各おの禊物四前《しぜん》有り。陰陽師は吉平・吉昌《よしまさ》・文隆（高）・実光《さねみつ》等」という四瀬の場合で、「七」に限らなかったことがわかる。由の祓の後、上巳の祓として七瀬の祓を行なった。上巳に七瀬の祓を行なう前例として、六時《ろくじ》河臨法《かりんほう》に関して触れた『うつほ物語』菊の宴《えん》巻の藤原兼雅《かねまさ》一家の祓がある。これをふまえた『源氏物語』澪標《みおつくし》巻の光源氏による、「田蓑《たみの》の島」を含む「難波」での七瀬の祓など、物語中の権力者たちによる大規模な祓は、道長らを彷彿させる。

なお、『河海抄』乙女巻の挙げる広域の畿内の七瀬は、『古今集』の注釈書、藤原定家《さだいえ》『顕註密勘《けんちゅうみっかん》』の春歌下《はるうたげ》―一一一「橘の小島《こじま》の崎」の注に、「遠所七瀬は、難波・田蓑・大《おお》河俣《かわまた》〈摂津〉、大嶋《おおしま》・橘小嶋〈山城〉、佐久那谷《さくなだに》・辛崎〈近江〉」とあるのが早い（雑《ぞう》上―九一三「田蓑島」の注にも「遠所《えんしょ》の七瀬」とある）。しかし、日記などの具体例は未見である。

道長は、長和の後の寛仁年間には、陰陽師一人に七日間担当させる、院政期の七瀬の祓の一形態と同じ「七箇日解除《ななかにちげじょ》」も、すでに行なっている。寛仁元年六月一日から七日、および同二年十一月六日から十二日（眼病の除去）で、二度とも吉平が担当した。道長の祓好きと、吉平の呪術や新しい禁忌に活路を見出す方針（賀茂氏との差別化を図る）とが合致していたといえるだろう。

祓の流行と法師陰陽師

祓の需要は、十世紀以降、高まっていった。『堤中納言物語《つつみちゅうなごん》』の「はいずみ」という短編物語では、夫の急な訪れに慌てた後妻が、白粉《おしろい》と間違えて灰墨《はいずみ》を塗り顔が黒くなってしまった際に、その両親が「陰陽師呼び騒ぐ」。物語ではあるが、当時の需要の程がうかがえる。『今昔物語集』一六―一七で、狐に

図12　『春日権現験記絵』巻8（模本，国立国会図書館蔵）

化かされて行方不明になった賀陽良藤《かやのよしふじ》が、憔悴して生還した際、人々が「陰陽師ヲ呼《よび》テ令祓《はらえしめ》テ」とあるのも、元の『善《ぜん》家《け》秘《ひ》記《き》』にはない部分で、院政期には「お祓いをしてもらわねば」と考えるようになっていたことがわかる。

　このような需要を背景として、法《ほう》師《し》形《ぎょう》の民間の陰陽師が祓を行ない、報酬を得るようになった。『今昔物語集』一九―三では、寂心《じゃくしん》（保胤《やすたね》）が播磨《はりま》国で、「川原ニ法師陰陽師ノ有《あり》テ、紙冠ヲシテ祓ヲス」るのを見て、「祓殿《はらえどの》ノ神達」が法師を忌むので「紙冠」を被《かぶ》っていることを激しく責めると、妻子を養うために「陰陽《おんよう》ノ道《みち》」を習い仕方なくやっていると言い返された。『春日権現験《かすがごんげんげん》記《き》絵《え》』巻八には、祓を済ませ、依頼者の家の前に、焚火の燃え跡、祓の次第の中で切った解縄、幣《ぬさ》、髪（依頼した病者の代わりか）を残して去る老法師《おいほうし》と、右手で松明《たいまつ》を掲げ、左腋に幣などの祓の具を包んだ莚《むしろ》を抱えながら法師を導く少年、病者や屋根の上から家の中をのぞきこむ疫鬼《えきき》などが描かれている。法師が頭に着けている、白い紙縒《こより》のような物で冠の枠だけをまねたのが紙冠である。紙冠は三角巾《さんかくきん》のような物ではない。

さて、中流以下の貴族はこの法師陰陽師に依頼するしかなく清少納言や紫式部も依頼した、という説が広く支持されているが、そうではないことを三つの点から述べておきたい。まず『枕草子』では、自分とは直接関係のない者を観察して非難した一〇五段「見苦しきもの」の中に、「法師陰陽師の、紙冠《かみかぶり》して祓したる」がある。一方、自らが祓を依頼したことが確かな二八一段「陰陽師のもとなる小童《こわら》べこそ」の段や、二九段「心ゆくもの」の「物よく言ふ陰陽師して、河原に出《い》でて、呪詛《じゅそ》の祓したる」があり、「陰陽師」と「法師陰陽師」を呼び分けている。よって清少納言は確かに法師陰陽師を見たことはあるが、依頼したという根拠は『枕草子』に見当たらない。『紫式部集』一四「祓戸《はらえど》の神（髪）の飾りの御幣《みてぐら》にうたてもまがふ耳挟《みみはさ》みかな（神々に供えた御幣《ごへい》に、いやに似通っている耳に挟んだ紙冠ですね）」も、官人ぶって神に祈る姿を揶揄《やゆ》している。詞書《ことばがき》には「弥生《やよい》のついたち（上旬）川原に出でたるに、傍らなる車に法師の紙を冠にて博士《はかせ》だちたるを憎みて」と、上巳の祓のために牛車《ぎっしゃ》で河原に出た際、たまたま近くにいた牛車で見たと明記されている。本文からも価値観からも、彼女たち自身が胡散臭《うさんくさ》い法師陰陽師への依頼主と見るのは困難である。

二つ目として、繁田信一氏が官人陰陽師は数が少ないので中流貴族は彼らに頼れなかったとされている点だが、すでに挙げた『雲州往来《うんしゅうおうらい》』の例文では、因幡《いなば》守が陰陽頭に相地《そうち》を、酒造正《みきのかみ》も陰陽頭に式占《しきせん》を依頼していた。他に、東市正《ひがしのいちのかみ》が「陰陽《おんよう》の安《あん》先生」（「先生」は得業生《とくごうしょう》の唐名《とうめい》だが、ここは陰陽師の敬称か）に、「陰陽助《おんようのすけ》」「漏刻博士《ろうこくはかせ》」が行なった式占の覆推《ふくすい》を依頼している。これらは実例ではなく、しかも増補された書状の可能性が高いが、実態からかけ離れたものではないだろう。官人陰陽師は、中流貴族からの依頼も受けていたと考えられる。法師陰陽師に依頼した中流貴族がいるのは確かだが、官人陰陽師にも依頼できたのである。

三つ目として、官人陰陽師の人数（繁田氏は二十数名、山下氏は六十名未満）や範囲を再考すべきかと思う。職員令《しきいんりょう》では、四等官《しとうかん》五人、博士五人、陰陽師（官名）六人、計十六人だった。平安中期には、允《じょう》が大少に分かれ、助・少允・少属《しょうさかん》・陰陽博士・暦博士・天文博士には権官《ごんかん》が置かれており、令の規定よりも七人増えている（書記官の史生《ししょう》も設置）。それを加えて二十三人。その他、上臈を中心に主計寮《しゅけいりょう》など他の官司に属する、あるいは無職の、寮の出身者がいる。細井浩志氏の言われる、一度も寮に所属したことのない「正規の陰陽道の教育をうけた」「社会的に公認された」陰陽師の存在を想定すると、さらに増える。

また、陰陽寮で学ぶ諸生三十人を、数に入れてよいのではないだろうか。そうすると、寮の現員だけでも五十三人になる。なお陰陽寮の職務は、「国家の要道」の一つとされ、後継者育成のために、天平二年（七三〇）三月二十七日辛亥の官奏《かんそう》により、陰陽・暦の得業生が設置されていた（『続日本紀《しょくにほんぎ》』）。『延喜式』陰陽寮には、各十人の中から陰陽三人、暦・天文各二人が選抜され、衣服・食料が支給されるとある。学んだ後、陰陽寮官人にならない、元諸生・得業生もいたかもしれない。官職を兼任する兼官《けんかん》もあるのだが、寮の出身者や、現役および元諸生・得業生たちを人数に入れるなら、官人陰陽師の総数は六十名を下らないのではないか。その意味でも、中流貴族の依頼先は法師陰陽師だけだったということはないはずである。

安倍晴明はいつから陰陽師なのか

三部門の各得業生や生《しょう》に実力のある者がいたことは確かである。たとえば、仁寿《にんじゅ》四年（八五四）十一月の外記庁《げきちょう》の解謝《げしゃ》（地鎮祭）は、允・属各一人と陰陽師（官名）・陰陽生各四人が務め、十名全員が賜禄《しろく》されている（『類聚符宣抄《るいじゅうふせんしょう》』一祭祀）。武蔵《むさし》国では、陰陽師（官名）の定員確保以前に、陰陽生が実質的に陰陽師として占術を行なっていた。保憲は、天慶四年（九四一）七月、二十五歳で暦生の時に造暦宣旨《ぞうれきせんじ》を蒙《こうむ》り、暦博士大春日弘範《おおかすがひろのり》と造暦に携わった（『別聚符《べつじゅうふ》宣抄《せんしょう》』）。いわば学部生と教授の共同研究である。安倍吉昌（吉平の兄弟）は、師匠の天文博士保憲の推挙でなった天文得業生（『類聚符宣抄』九）から寛和《かんな》二年（九八六）九月、父晴明の後任の天文博士になり、治安《じあん》三年（一〇二三）二月、天文得業生中原恒盛と陰陽得業生大中臣貞吉《さだよし》が陰陽師（官名）に任命された（以上『除目大成抄《じもくたいせいしょう》』）。恒盛については、「陰陽を兼習し、最も師《し》（陰陽師）と為《な》すに足る」とある。部門を越えた学習の明記としても注目される記事である。

諸生や得業生は陰陽師なのか否か。これは晴明がいつから陰陽師なのか、ということに関わってくる。

寛弘二年に大刀契《だいとけい》が焼損し、翌年に再鋳造を主張する際、晴明は天徳の焼損の際は自らが上申し、村上天皇の宣旨を賜って造らせたと藤原信経《のぶつね》に語り（『中右記』寛治八年〈一〇九四〉十一月二日条所引『蔵人信経私記《くろうどのぶつねしき》』長徳三年〈九九七〉五月二十四日条）、同趣旨の「大刀契の事」（『若杉家文書《わかすぎけもんじょ》』「反閇部類記《へんばいぶるいき》」所収）という文書を残した。これは、山下氏が解明されたように、虚言である。『左大史《さだいし》小槻季継記《おづきのすえつぐき》』（『大日本史料』）安貞《あんてい》二年（一二二八）正月二十四日条に、「天徳御記《てんとくぎょき》（村上天皇御記）、保憲に鋳せしむるの由、分明《ぶんめい》なり」

とある。
応和元年（九六一）六月二十八日（七月節庚申《しちがつせつこうしん》）、高雄《たかお》の神護寺《じんごじ》で、焼損した大刀契のうちの「護身《ごしん》（守護・仁）」「破敵《はてき》（将軍・三公戦闘・義）」の二霊剣《れいけん》を鋳造するとともに、霊威を付す三公五帝祭《さんこうごていさい》が行なわれた（三公は天皇・地皇・人皇、五帝は東方蒼帝以下の五方の天帝）。元暦博士・前陰陽頭で現天文博士の保憲（四十五歳）が祝《しゅく》（祭儀の主役）、天文得業生（四十一歳）の晴明は奉礼《ほうれい》（祭場舗設と祭儀の進行役）、暦得業生味部好相《あじべのよしみ》が祭郎《さいろう》（供物の差配役）を務めた。晴明も好相も、各分野の保憲の弟子である。

晴明はその後、康保《こうほう》四年（九七六）、四十七歳で政始《まつりごとはじめ》の日時を勘申《かんじん》した時点で陰陽師（官名）だった（『本朝世紀』六月二十三日条）。繁田氏は、それ以後、陰陽師（広義）としての活動を始めたとされる。しかし、それ以前から晴明は陰陽師だったのではないだろうか。なお山下氏は、『続群書類従』の「安倍氏系図」（祖本は仁和寺《にんなじ》所蔵系図）が引く安倍維範《これのり》『維範記』の「応和元に陰陽師に任ず」の記事により、五帝祭が行なわれた年の内に任官があったとされる。そうだとしても四十一歳で、遅咲きであることに変わりはない。保憲は四十一歳の時、陰陽頭だった。

さて、任官してすぐ活動が始められるのなら、すでに実力があったということになる。法師陰陽師などは祓を独学で学んだが、晴明ら得業生には保憲という師匠がいた。また晴明は、保憲には及ばないものの長寿もあって一流の陰陽師になる。任官以前にある程度は頭角を現わしていたであろうし、依頼者側が放っておかなかっただろう。そもそも広義の陰陽師は官名とは無関係なのだから、得業生の陰陽師扱いは、依頼する側も受ける側もコンプライアンス（律令遵守《りつりょうじゅんしゅ》）に抵触しない。さらに、晴明の公家《こうか》や貴顕に対する営業活動の熱心さを見ても（吉平は父の方針を継承）、依頼を受けていた可能性が高い。四十過ぎまで、占いもまじないも日時・方角の勘申も全くせず、陰陽師（狭義）任官を境にいきなり陰陽師（広義）になったとは考えられないのである。他の諸生・得業生たちも、実力に応じて依頼を受けていたのだろう。晴明はアルバイト期間が長かったと思われる。

安全・安心をもたらす呪術と危険な呪術

新宅作法

前節で見た祭・祓以外にも、滋岳川人《しげおかのかわひと》や弓削是雄《ゆげのこれお》が活躍した九世紀後半の文徳《もんとく》・清和《せいわ》・陽成《ようぜい》朝から、陰陽師は公私の要請を受けて、さまざまな呪術（まじない）を行なうようになる。

祟りなどを「厭《よう》ず」、つまりは鎮圧するものが多い。鎮圧の呪術のうち「厭術」は、呪《じゅ》詛《そ》を指す。早くは、『日本書紀』用明天皇二年（五八七）四月丙午条の、二人の皇子の「像」を作って「之を厭じ」た例がある。「厭法」も、呪詛を指す場合が多いが、それ以外もある。『新儀式』四「天皇遷御《せんぎょ》事」に、「延暦遷都の時、此の厭法を行なふ。又、貞観七年、（清和天皇が）弁官より本宮《ほんぐう》に御《おわ》すに、鳳輿《ほうよ》を駐め、須臾《しゅゆ》の間《あいだ》、厭法を行なふ」とあるのは、地鎮《じちん》・宅鎮《たくちん》である。「鎮法」ともいう。新居・新宅に入る儀式で「黄牛《あめうし》」を牽き入れ、三日間「仮屋《かりや》」（『栄花物語』浅緑《あさみどり》巻）につないでおくのも、「土公《どくう》を厭《よう》ずる」ため（『左経記《さけいき》』長元《ちょうげん》五年〈一〇三二〉四月四日条、保憲説）、つまり土公神の祟り（土気《どけ》）を鎮めるためである。

「新居を鎮むるの法」の初見は、九世紀後半の『三代実録』貞観十九年（元慶《がんぎょう》元年、八七七）二月二十九日辛未条の、陽成天皇の東宮《とうぐう》より内裏仁寿殿《じじゅうでん》への遷御である。新造の邸宅に移徙《いし》（引っ越し）する際に行なう一連の作法・儀式で、「新宅《しんたく》の作法・新宅の儀・新宅法・新宅の礼・移徙法・移徙作法・鎮法」ともいう。陰陽師が、出発前に「反閇《へんばい》」（後述）を行ない、盥《たらい》（または水桶《みずおけ》や楾《はんぞう》）と燎火《かがりび》（または布脂燭《ぬのしそく》や松明《たいまつ》）を捧げ持つ童《どう》女《じょ》各一人（水火童女《すいかどうじょ》・水取火取《みずとりひとり》）と、それと前後して、黄牛（行幸啓《ぎょうこうけい》や御幸《ごこう》は二頭、臣下は一頭）を童女または童男が牽いて新宅に入った。

なお山下克明氏が紹介された『敦煌文書《とんこうもんじょ》』ペリオ三二八一の『宅竅梁屋法《たくきょうりょうおくほう》』「初入宅《しょにゅうたく》法《ほう》」では、「五穀《ごこく》」を供えることや水火の童女のほかに、童男も奇数の三人いて（二人が水、一人が燭を捧げる）、黄牛（黄・丑の五行は土）の前に、羊（未も土。表3参照）を牽き、机の上に金宝器を置いて入るなど、陰陽・五行がより徹底している。陰陽寮は、このような五行家説の術数《じゅつすう》文献の内容を取捨選択して奏上《そうじょう》した。当時にあっては、これらが危機管理の最先端技術だったのである。

「金宝器」については、日記には見えないが、『類聚雑要抄《るいじゅうざつようしょう》』所収の康平六年（一〇六三）、藤原師実《もろざね》の花山院《かざんいん》移徙の際の賀茂道平《みちひら》の「移徙作法勘文《かんもん》」には、水火・馬鞍《うまくら》・箱とともに持ち込み、寝殿に置くことが見える。地鎮や宅鎮の呪符《じゅふ》（まじない用のふだ。木簡や紙札）を用いる、「五菓《ごか》」を主人が食べるなど、作法は種々追加されていった。

なお、『御堂関白記《みどうかんぱくき》』寛弘三年（一〇〇六）八月十九日己丑の道長の小南第《こみなみだい》移徙では、「新宅の儀を用ゐず」だったが、当日の「攤打《だうち》」（紙などを賭け物にした遊び）や、二日目・三日目の小宴《しょうえん》はあった。このことから、三日間続く貴族らの酒宴などは、儀式そのものには含まれないことがわかる。

旧宅への移徙でも、犯土《ぼんど》（三尺以上の侵土《しんど》、つまり約一メートル地面を掘ること）を伴う造作《ぞうさく》を行なった場合は、新宅作法を行なった（前掲『左経記』保憲・文道光《ふみのみちみつ》説）。

また、土地の神だけでなく、戸・井・竈《かまど》・堂（寝殿）・庭・厠《かわや》の神々である宅神《やかつがみ》（家神）を祭る宅神祭《たくじんさい》（家神祭）も、新宅作法の一部として行なわれるようになる。二日目と四日目の朝（移徙の翌朝と三夜の明けた朝）に、「五穀」を供えて祭った（『類聚雑要抄』調《ちょう》度《ど》二の賀茂道平「移徙作法勘文」、『二中歴《にちゅうれき》』八「儀式歴」新宅移徙）。

その他の地鎮・宅鎮

新造の際の呪術は、たとえば藤原忠通《ただみち》が高倉殿《たかくらどの》を造作するに際し、賀茂在《あき》憲《のり》を祭司として行なった「鎮祭《ちんさい》」では、まず宅鎮の呪符の「七十《しちじゅう》二《に》星《せい》鎮《ちん》」を祭って櫃《ひつ》に入れ、「西嶽真人鎮《せいごくしんじんちん》」（五岳《ごがく》の西嶽華山《かざん》の神の札）を瓶《かめ》に入れて寝殿の天井（梁《はり》）の上に置き、次に「大鎮《だいちん》」として、人夫に宅地を掘らせておいた五方や門などの各穴に「五色《ごしき》の玉」を入れた瓶を埋めるなどしてから、大将軍祭《たいしょうぐんさい》（大将軍神の図絵一幅を掛け撫物《なでもの》の鏡も使用）、王相祭《おうそうさい》（黄牛一頭を引き立て鏡を使用）、土公祭、火災祭（赤馬一頭を引き立てる）、井霊祭（鶏を供える）を、順に行なった（『兵範記《ひょうはんき》』保元三年〈一一五八〉八月二日己丑条）。

また『吾妻鏡』治承四年（一一八〇）十月九日条に、頼朝が鎌倉に入ってしばらく「兼道」の「山内の宅」を居所としたのは、「晴明の鎮宅の符」により正暦《しょうりゃく》年間（九九〇〜九九五）から火災に遭ったことがないためとあり、晴明の威名《いめい》がすでに東国に伝播していたことが指摘されている。

源顕兼《あきかね》編の『古事談《こじだん》』六—八では、藤原師実《もろざね》邸の花山院が吉平の呪符により焼けずに現存することを述べた後に、師実の四代後の兼雅《かねまさ》が修理した際、「天井の上より種々の厭物《ようもつ》〈多分の小社・人形等なり〉を取り出だ」し、吉平の子孫らに見せたが、「習ひ伝へ」ておらず、「本の如く納め置」いたとある。この「厭物」も、祟りを鎮めるための宅鎮の呪物である。

反閇、禹歩

反閇《へんばい》も陰陽師が行なった道教由来の呪術である。道士《どうし》が危険な山に入る時に行なっていた。陰陽道では、貴人が出行《しゅっこう》や移徙に出発する際、受領《ずりょう》の下向や追討使派遣の門出《かどで》の際、相撲《すまい》や競馬《くらべうま》（二頭で競う）、賭射《のりゆみ》などの地面に接した勝負事などの際に、陰陽師が障害をなす邪鬼を制し、対象者の安全を図る護身のために行なった。

天門呪《てんもんじゅ》、地戸《ちこ》呪、玉女《ぎょくじょ》呪、刀禁《とうごん》呪、四縦五横《しじゅうごおう》呪と印《いん》、禹歩《うふ》と続く（『若杉家文書』「小《しょう》反閇作法《へんばいさほう》幷《ならびに》護身法」）。天皇や貴族ら依頼主は、陰陽師の後ろに続いて歩いた。たとえば、長和元年（一〇一二）六月の「九日未明、西対の南庭に於いて、光栄朝臣、反閇。相府《しょうふ》（道長）、行歩す。光栄、前行し、次に相、比《これ》に従ひて出づ。反閇の中、鵄《とび》、死鼠《しそ》を落とす。相府の前を去ること、二、三歩許《ばかり》。見る者、怪《かい》と為す」という、道長の読経僧陽邦《ようほう》の実資《さねすけ》への報告がある（『小右記《しょうゆうき》』同月十一日条）。

反閇の初見は、天暦四年（九五〇）、村上天皇女御安子《にょうごあんし》が、六月十二日に憲平《のりひら》親王（冷泉天皇）を産み、七月十日乙亥に「女御及び今宮《いまみや》・女一宮（承子《しょうし》内親王）等《ら》」が、産所の藤原遠規《とおのり》宅から父師輔《もろすけ》の「中御門家」に「移徙」した時で、陰陽助平野茂樹《しげき》が務めた（『九暦《きゅうれき》』）。行幸の際の初例は、その十年後、内裏焼亡により、村上天皇が避難先の職御《しきのみ》曹司《ぞうし》から内裏としての造作を加えた冷泉院に遷御した際に、天文博士保憲が奉仕した。当時は、前述の「護身剣《ごしんけん》」などはまだ再鋳造されておらず、天皇を守る呪力が弱まっていた。着いてからの「院内の鎮法」（新宅作法）は、陰陽頭秦具瞻《はたのともみ》が務めている（『日本紀略』天徳四年〈九六〇〉十一月四日庚子条）。

なお、職御曹司から南方の冷泉院に移るに際して、大将軍神（後述）を忌むか否かの論争があったが、天皇の職《しき》滞在が四十五日未満なので忌まない（基点は内裏のままで、冷泉院は南ではなく東南）とする保憲の説が採られ、自身が基点なので忌むとする、具瞻や文道光の説が退けられた（『村上天皇御記《ぎょき》』）。

また留守宅に入る際には、すでに十世紀後半に「散供《さんぐ》」に加えて反閇が行なわれていたが（『小右記』寛和元年〈九八五〉五月七日辛亥条等）、新宅でも行なわれるようになる。長保二年十月十日、晴明が、一条天皇が里内裏だった一条院を出発する際だけでなく、新造内裏に入る際にも必要だと主張し、「道《どう》」（陰陽道）の傑出者」として任された（『権記《ごんき》』）。

反閇の呪文のうち、刀禁呪は、陰陽師が刀剣を持って唱える、邪鬼を退ける呪文である。四縦五横呪については、『貞丈雑記《ていじようざつき》』一六「反閇」に見える「臨兵闘者《りんぴようとうしや》、皆陣烈《かいじんれつ》（列）在前《ざいぜん》」が、密教などの九字《くじ》として知られている。『抱朴子《ほうぼくし》』内篇「登渉」の「六甲秘《ろっこうひ》呪《じゆ》」の「臨兵闘者、皆陣列前行《ぜんこう》」の「九字」にさかのぼるが、陰陽道の呪文はそれではな

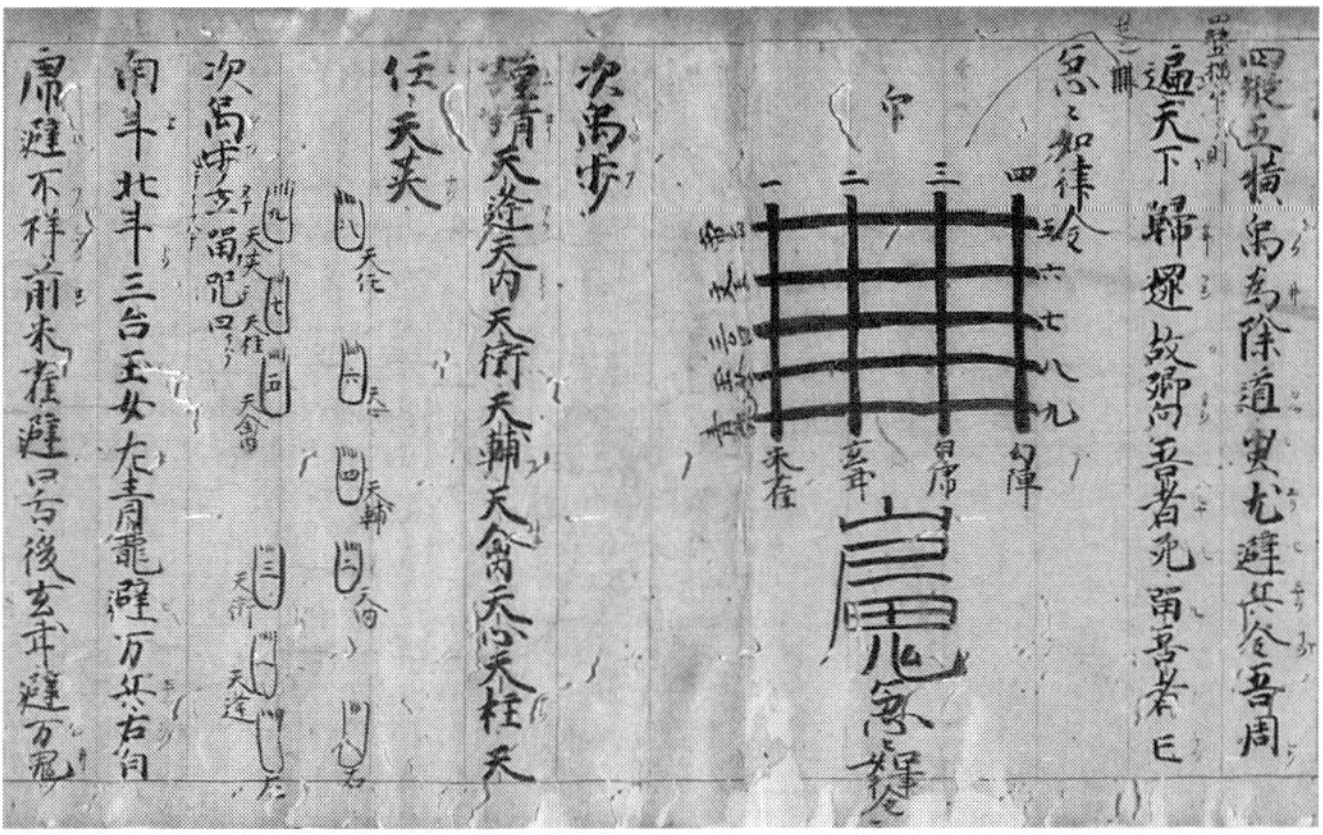

図13　反閇の作法（「小反閇作法幷護身法」〈若杉家文書，京都府立京都学・歴彩館蔵〉）

い。

四縦五横。禹《う》為除道、蚩尤《しゆう》避兵。令吾周遍天下、帰還故郷、向吾者死、留吾者亡。朱雀・玄武・白虎・勾陳、帝后・文王・三台・玉女・青龍、急々如律令《きゅうきゅうにょりつりょう》。

すべて音読み（呉音）で、九字を切るのは、縦は「朱雀」以下、左から四本、横は「帝后」以下、上から五本である。末尾の「急々如律令」は、漢代の公文書の末尾の「如律令（律令のごとくせよ）」などにさかのぼる道教の呪符の用語で、日本では陰陽道や修験道《しゅげんどう》の呪文の常套的結句である。

「禹歩」には、「ウフ」とルビがある。よって「うほ」とは読まない。天罡九星《てんごうきゅうせい》を象《かたど》った特殊な歩行法で、一歩ずつ九星の名を唱えながら足を引きずるように歩み、大地を踏みしめた。「天罡」は、北斗七星と輔星・弼星の九星「天逢（蓬）・天内（芮）・天衝・天輔・天禽・天心・天柱・天任・天英《よう》」で（『若杉家文書』同前）、遁甲《とんこう》式による名称である。

身固、隠身、見鬼

身固《みがため》は、反閇を簡略にしたもので移動しない。中世を通じて普及し、江戸時代にも、陰陽師がよく依頼されることの一つだった。またもう一種、中世には陀羅尼《だらに》を読む安倍氏の身固もあった。現代の「晴明」には、陀羅尼や手印、悪霊退治など、密教僧の実像が種々付与されているが、陰陽道側から密教への接近もあったことは確かである。

なお、『今昔物語集』巻二四の説話で川人や忠行が行なっている、姿を隠す隠形《おんぎょう》の術は、史料には見えない。「遁甲」の語の例は、すべて式占を指すが、呪術の名でもあることが、説話生成に関わったと考えられる。

同じく巻二四の少年時代の保憲や晴明、『大鏡』で師輔ができたと語られる「見鬼《けんき》」は、史料にも見える。

太政大臣（基経《もとつね》）奏して云ふ、昔、臣《しん》（私）の父（良房）、名剣有り。世に斯《こ》の剣を「壺切《つぼきり》」と伝ふ。但し二名有り。田邑《たむら》（文徳）天皇、件の剣を喚《かん》し、陰陽師に賚《たま》ふ。即ち厭法を為して、土に埋む。時に帝《みかど》崩じ、陰陽師逃亡す。是れ鬼を見る者なり。而《しか》して剣の所在を知らず。彼《か》の陰陽師は神泉苑に居せり。爰《ここ》に其の処を推量して、掘り覓《もと》めて此の剣を得たり。（後略）（『扶桑略記《ふそうりやくき》』仁和五年〈寛平元年〉正月条所引『宇多天皇御記』）

道長が敦明《あつあきら》親王（小一《こ》条院）に渡さなかったことでも知られる（『小右記』『御堂関白記』寛仁元年八月二十三日条）、東宮の「壺斬の太刀（御剣）」の由来である。この話の「厭法」は、名剣による除病・辟邪の呪法と解されているが、呪詛説話とも共通点が多く、この話は、後の摂関家の名剣（小狐《こぎつね》）を含め、種々の伝承の種となったようである。

呪詛の具体例

呪詛も、まじないの一種である。陰陽寮官人が関わった例は、延暦元年（七八二）の天武系の氷上川継《ひかみのかわつぐ》謀叛事件での、陰陽頭兼天文博士山上《やまのうえの》船主《ふなぬし》による、天智系の桓武天皇の「厭魅」があった（『続日本紀』同年三月戊申条）。「厭術・厭法・式《しき》を伏《ふ》す」など、呪詛を指す語句は多い。

平安時代の例では、『扶桑略記』永観二年（九八二）六月二十九日条の安楽寺《あんらくじ》の託宣《たくせん》（道真の霊託）に、藤原時平《ときひら》らが偽の「勅宣」で「陰陽寮官人」を招集して、道真とその子孫断絶の「呪詛」を行なわせ、都の八方の山野に「厭術し、雑宝を埋め置く」ことをしたが、道真がそれを防ぐ術を行ない、逆に呪詛をした時平らが短命で子孫が衰えたとある。また、『小右記』正暦四年（九九三）閏十月十四日条によると、「東宮更衣」藤原娍子《せいし》（小一条家の祖の師尹《もろただ》孫女、済時《なりとき》女、敦明母）の懐妊を妨げるために現われた師輔《もろすけ》（九条家の祖）の

「猛霊」は、「陰陽の術を施し、彼（兄実頼《さねより》、小野の宮家の祖）の子孫を断たんと欲す」と語った。また、道長が重病だった長和元年六月にも、前述の反閇の際にトビが死鼠を落としたほか、道長第や道長に近しい人々の家に「虹」が立つなどの怪異が頻発し、藤原為任《ためとう》（娍子の兄）・珍保方《ちぬのやすかた》が「陰陽師五人」に呪詛させているとの落書《らくしょ》があったことを、道長の平癒後に、実資が記している（『小右記』同年六月十七日条）。官人陰陽師による呪詛は、いずれも託宣や落書など、不確かな情報である。彼らは基本的に呪詛を行なわない。

しかし呪詛事件は頻発した。呪物の一種「厭物《ようもつ》（呪詛の物）」を対象者の井戸に入れたり床下に隠したり、験力《げんりき》のある寺社に埋めたりした。具体的には、餅、髪、土器、人形《ひとがた》などで、発見すると陰陽師に式占を行なわせて呪詛か否かを見極めさせ、祓《はらえ》を行なわせてから遺棄した。

たとえば、『御堂関白記』長和元年四月十日条によると、二月十四日に立后《りっこう》した三条天皇中宮妍子の「東三条《とうさんじょう》の井、厭物有り」との報告を受け、道長は光栄・吉平を召して呪詛と確認した。翌十一日条には、井戸から現物を汲み上げ、「陰陽師等《ら》を召し、解除（祓）せしむ」とある。『小右記』同日条は、それが「餅数枚《すうまい》、人の髪」だったことを記し、「呪詛の気《け》」という言葉も用いているが、道長は具体的には記していない。それどころか、妍子よりも多かった自分・詮子・彰子・敦成（後一条天皇）の呪詛については日記に全く記さず、「呪詛」「厄」などの不吉な言葉も日記では使わず、言忌《こといみ》をしている。道長は、『大鏡』の語りによって豪胆なイメージが持たれているが、雷を非常に怖がることや、死霊の祟りを恐れることを含め、むしろ人並み以上に慎重、臆病である。ただし、「和魂（わこん・やまとだましひ）」つまり理詰めではなく、柔軟で臨機応変に事を処する能力（『源氏物語』蛍《ほたる》巻が初見）の持ち主ではあった。紫式部は、「漢才（かんさい・からざえ）」（経書《けいしょ》などにもとづく政治・文化の理想の在り方の知識）を元に、「和魂」を発揮すべきだと、光源氏に代弁させている（同前）。彼女はどちらか一方だけには加担していない。

さて、物を用いた呪詛のほかに、呪符の一種の「厭符」を用いた呪詛もあった。盗賊律《とうぞくりつ》の「符書」に当たる。「厭式」とも呼ばれた（円能勘問《えんのうかんもん》日記）。紙札もあるが、埋める場合は木簡だったのだろう。

「厭物」「厭符」のいずれを用いるにしても、行なったのは法師陰陽師である。

法師陰陽師による呪詛

『百錬抄《ひゃくれんしょう》』長徳元年（九九五）八月十日条によると、伊周《これちか》らの外祖父高《たか》階成忠《しなのなりただ》邸に、道長呪詛の法師陰陽師がいた。

『編年小記目録《へんねんしょうきもくろく》』長保二年（一〇〇〇）五月条の「八（日）、左府の所悩は式神の致す所と云々の事。九、左府の家中に厭物を出《いだ》しし事。十一、呪詛者安正《あんしょう》を拷訊《ごうじん》せる事」は、

『権記』十一日条の、病因は厭物による呪詛だったという道長自身の報告と対応する。法師陰陽師安正（獄死《ごくし》する）が「厭物（式神《しきがみ》）」を使って道長を呪詛していた。『小右記』の記事は現存せず確認できないが、これが管見に入った日記中の唯一の「式神」の例である。

また寛弘六年（一〇〇九）正月三十日に発覚した、成忠女光子《こうし》（佐伯公行《さえきのきんゆき》室、貴子《きし》妹、中宮宣旨《ちゅうぐうせんじ》）と、方理《かたまさ》（源重光《しげみつ》男、伊周室兄弟）夫妻による道長・彰子・敦成呪詛事件も、円能《えんのう》が「厭符」を作成して、「厭術」を行なった（『権記』および『百錬抄』同年二月四日条、『政事要略《せいじようりやく》』巻七〇罪名勘文）。円能らの詳しい調書「僧円能等を勘問せる日記」があり、報酬が「絹一疋」と「紅花染掛《べにばなぞめうちき》一領《りょう》」だったことや、弟子の僧と従者の少年「糸丸《いとまる》」、今回の首謀者ではないが「年来」光子宅で召し仕われていた「陰陽師」の「僧道満」の存在なども知られる。道長を疎ましく思う人物に「道満」が仕え、また、その人物が法師陰陽師に道長の呪詛を依頼したこと自体は史実である。

なお式占ができた皇延《こうえん》も、長元三年（一〇三〇）五月四日、小一条院の御息所《みやすんどころ》を「呪詛」した廉《かど》で弟子の僧とともに捕縛され、河原で祓を課された（『小右記』）。

医陰のペア

『新猿楽記』、「厭物」による「呪詛」を「式神が致す」といい、「呪詛」を「式を伏す」というなど、式神は呪詛との関わりが深い。一方、『枕草子』一七七段「宮に初めて参りたるころ」の段では、清少納言が中宮定子《ていし》に夜だけ働く「一言主《ひとことぬし》の神」に喩《たと》えられ、その後、忠誠心を疑われる出来事があり、定子から救済のための「糺《ただ》すの神」の歌を送られた際の返歌に、「式の神もおのづから」と添えた。自らの行為の真意を明らかにしてくれる神として言及したもので、呪詛ではなく式占に関わっている。

また藤原明衡《あきひら》（九八九～一〇六六）編『新猿楽記《しんさるがくき》』では、「式神」が占術と呪術をつなぐ（兼ねる）位置に見えている。「賀茂道世《みちよ》」は、賀茂道平や道清・道言をふまえた架空の人物だが（陰陽師の名前の創作は珍しい）、陰陽師の職務や期待する側の認識がうかがえる。なお、この前が「九《く》の御方《おんかた》の夫は右近衛医師、和気《わけ》明治」で、『二中歴』一三「一能歴《いちのうれき》」の陰陽師の後が医師《くすし》、中世の『東北院職人歌合《しょくにんうたあわせ》』の一番左「医師」・右「陰陽師」や、『医陰系図《いいんけいず》』など、医・陰はよく対《つい》にされた。また、『二中歴』の陰陽師の冒頭は、「吉備〈大臣〉、僧正《そうじょう》〈婆羅門《ばらもん》〉、弓削（ママ）法皇、玉成《たまなり》〈春苑〉、川人〈滋岳〉、猪養《いかい》〈志斐《しい》〉」である（弓削是雄は見えない）。

十の君《きみ》の夫は、陰陽先生賀茂道世なり。❶金匱経《こんききょう》・枢機経《すうききょう》・神枢霊轄《しんすうれいかつ》等不審するところなし。四課三伝《しかさんでん》明々多々なり。覆物《ふくもつ》（射覆《せきふ》）を占ふことは目に見るがごとし。物《もつ》怪《け》（怪異）を推《すい》することは掌《たなごころ》を指すがごとし。十二神将を進退し、三十六禽を前後す。❷式神を仕《つか》ひ、符法を造りて、鬼神の目を開閉し、男女の魂を出入す。凡《およ》そ覩《と》覧《らん》・反閇に術を究め、祭祀・解除に験《げん》を致す。地鎮・謝罪（解謝）・呪術・厭法（鎮法）等の上手《じょうず》なり。吉備《きび》大臣（真備《まきび》）・七佐法王（道鏡《どうきょう》か）の道を習ひ伝へたる者なり。❸しかのみならず、注暦・天文図・宿耀《すくよう》・地判経、またもて了々《りょうりょう》分明なり。❹所以《ゆえ》に形は人体《にんてい》を稟《う》けたりといへども、心は鬼神に通達す。身は世間に住《じゅう》すといへども、神《たましい》は天地《てんち》に経緯たり（縦横無尽に翔けめぐる）。

右は、まず❶六壬式占《りくじんしきせん》の知識・能力の称賛に始まる。陰陽生《おんようしょう》の教科書の『金匱経』『神枢霊轄』、志斐猪養編『枢機経』の三書は、『平家物語』巻三「法印問答《ほういんもんどう》」で「当道《とうどう》の三《さん》経《きょう》」と呼ばれている。「掌を指すがごとし」は、手のひらを指で指すように明らかという意で、的中称賛の常套句である。『権記』寛弘八年（一〇一一）五月九日条「光栄の占ひは掌を指すがごとし。神《しん》と謂ふべきなり」などの例がある（晴明《はるあき》の例は未見）。次の対句《ついく》の「十二神将」つまり十二月将《がっしょう》は、天盤に在って節月《せつげつ》を表わし（表5）、「三十六禽」つまり三十六の鳥獣は、地盤に在って時を表わす。月と時の組み合わせから「四課三伝」が始まることは前述した。

　これらを操ることに❷の「式神を仕ひ」が続き、「符法を造る」つまり呪符の作成と対《つい》になり、以下、呪術の能力が続く。波線部も呪力への賛辞で、『古今集』の序文（または元の『詩経』大序）をふまえる。すでに院政期以前に、儒家で陰陽寮官人にはなっていない吉備真備《きびのまきび》（六九五〜七七五）が、陰陽道の祖、呪術者として位置づけられていることにも注目しておきたい。

❸は暦道・天文道・宿曜道・相地への造詣の深さ、❹は以上から超人たることを言う。

式神とは何か

「式神（しきのかみ・しきがみ・しきじん）」とは何かについては諸説あった。しかし近年、山下氏が、十世紀前半、澗底隠者（延暦寺東塔《とうとう》の僧薬《やく》恒《こう》）が北斗信仰に関連する仏典・天文書・五行書などの典籍（『五行大義』『抱朴子』を含む）を引用して著わした『北斗護摩集《ほくとごましゅう》』（鎌倉初期写本が東寺観智院金剛蔵《かんちいんこんごうぞう》に所蔵）第一五に見える証言にもとづき、六壬式の十二月将と特定された。

薬恒は、『九曜秘暦《くようひりゃく》』から、九曜のうちの羅睺《らこう》と計都《けいと》は悪星で、暦の八将神《はっしょうしん》の黄幡《おうばん》・豹尾《ひょうび》に当たり、ともに殺気が有って、陰陽家の十二神の天岡《てんこう》・河魁《かかい》でもあるとの説を引き、「陰陽家の十二神中、河魁・天罡の二神を以て悪毒猛将の神となす。式を封じ厭鎮するとき、この二神を以て猛将となすなり」と注している。この注から、「式神」は十二月将で、特に二月将河魁と八月将天岡とが「悪毒の猛将」だとわかるというのである。

なお「天岡（天剛・天罡）」は、三種類ある。

(1)六壬式の十二月将の八月将（辰）。二月将（戌）「河魁」と併せて、「魁剛《かいごう》」という。

(2)北斗七星、または二星を加えた九星の総称。禹歩《うふ》では、遁甲式の九星の名を唱える。

七星を表わす「天罡」の字は、八世紀前半から中世後期に及ぶ、祈雨・除病・除災招福の呪符木簡《じゅふもっかん》に多い。前述の「土公」などを墨書した九世紀の土器皿にも見えた。

(3)北斗七星の柄《え》の三星や計都星。

また、式神を「封じ（伏せ・埋め）」て、「厭鎮」つまり鎮圧の呪術に用いるのは、『小記目録』の道長呪詛の例以前、十世紀の前半にはすでに行なわれていたこともわかった。これも山下氏が明らかにされたように、『将門記《しょうもんき》』の「頓死頓滅の式を祭る」は、前述した将門の乱鎮圧のために朝廷が実際に陰陽師に行なわせた太一式祭《たいいつしきさい》と、式盤の神を祭るという点が共通し、「賊人の形像を棗・楓の下に着く」、つまり式盤（棗《なつめ》が地盤、楓《ふう》が天盤）の下に将門の人形を置いて圧するのも、呪詛行為である。山下氏はさらに、実際に将門鎮圧の修法《ずほう》を行なった天台座主尊意《そんい》の作とされる『吽迦陀野儀軌《うんかだやぎき》』の「毘沙門天調伏《びしゃもんてんちょうぶく》法《ほう》」も紹介されている。その中に、悪人の人形の手足や心臓に杭を打ち込んだり、二種類の木で盤を作り、阿闍梨《あじゃり》の座の下に置いたりすることなどが見える。

ただし式神は式盤の神ゆえ、『枕草子』や『新猿楽記』の例のように、式占と関わることは否定できない。『今昔物語集』『続古事談』『源平盛衰記《げんぺいじょうすいき》』などの「識神」という字は、占いにより不可解や未知・不可知の事を明らかにすること、「識《し》る」ことを意識したものと考えられる。特に『源平盛衰記』巻一〇「中宮御産事」では、晴明が使役する「十二神・十二神将」が「橋占」を行なっていた。この話は、六壬式占ではなく橋占である点を除くと、式神が占術に関わっており、また陰陽師に「封《ふう》ぜられる」という呪術における要素もある。

　そもそも「式」は式盤を指す。本書でも便宜的に「式盤」という語を用いているが、例は、盤そのものが話題になった前掲『左経記』の「川人の太一式の盤」以外、未見である。「式神」は「式の神」で、本来は「式」の天盤に刻まれた神々、十二月将であり（『新猿楽記』では地盤の三十六の鳥獣も含む）、そこから陰陽師の占術や呪術の能力の象徴的存在となり、さらに眷属神《けんぞくしん》としての性格が明確化し、姿が童子《どうじ》や鳥、小鬼などに可視化され、陰陽師が自在に使役する鬼神とされるようになった。その背景には、式占が的中することへの人々の感嘆や、未知・不可知の事を明らかにする式盤の霊力に対する畏怖心、また、前述の「糸丸」を含め、官民問わず陰陽師に従っていた、主人の意を察知して素早く応じる少年（『枕草子』二八一段）や、仏教の一対の護法童子の存在（制吒迦《せいたか》・矜羯羅《こんがら》）、怪異を起こすのが多く鳥だったことなどがあるだろう。鳥は、鳥語《ちょうご》を理解できるという中世説話の晴明の能力にもつながり、さかのぼると、神話以来、異界や霊魂と現世を結びつける存在だと認識されていた。

式神は、『大鏡』にも晴明が使役したことが見えるが、『今昔物語集』二四―一六「安倍晴明忠行に随ひて道を習ふ語《こと》」もよく知られている。歴史物語や説話は、同時代の史料と同列に扱われ、たとえば藤原氏なら道長・御堂流、陰陽師なら晴明・安倍家は元々傑出していたと解されることが少なくないので、巻二四の話の実態との関係を確認しておく。

『今昔』の晴明の式神説話

二四―一六は、①晴明の少年時代の見鬼と忠行への師事、②晴明に式神を隠された播磨国の法師陰陽師の弟子入り、③式神を封じた葉による蛙の圧殺、④土御門の家の式神の存在、の四段に分かれ、題に当たる①以外に「識神」が登場する。

②③は、鎌倉初期の『宇治拾遺物語』一一―三とほぼ同文なので、成立が早い。両書の共通母体である散逸した幻の説話集――源俊賢《としかた》の次男隆国《たかくに》（一〇〇四～七七）編『宇治大納言物語』（『宇治拾遺物語』序）の可能性が高い――にさかのぼり得る。『今昔物語集』は、今日ではよく知られているが、十五世紀までは世に出ず、『宇治拾遺物語』との直接関係はない。隆国編であれば、『新猿楽記』よりは若干後だが、道長らの次世代において、道長に奉仕した晴明の呪力称賛の話が早くも生まれていたことになる。

その背景としてあるのは、安倍氏の劣勢である。たとえば、『左経記』長元五年（一〇三二）五月四日条によると、儒家の清原頼隆が「当朝は保憲を以て陰陽の基摸（陰陽道の規範）と為す」と述べ、『暦林《れきりん》』を根拠に五貧日《ごひんにち》は祭神に不利との説が採用され、安倍時《とき》親《ちか》（晴明孫）・巨勢孝秀《こせのたかひで》の忌まずとの説が退けられた。同八年の土曜日《どようにち》の「犯土」の禁忌も、頼隆が挙げた川人・保憲の説により、時親・孝秀の「口伝《くでん》」が退けられている（五月一日条）。知識・蔵書、評価、官位などで賀茂氏に対して劣勢だった安倍氏の陰陽師たちが、自己主張する際の大きな拠り所が、一条天皇や道長らに奉仕して貴族らに認められた、一家の祖の晴明の存在であり、彼の最も得意とする呪術面での顕彰だった。

②の式神は、播磨国の法師陰陽師が連れていた十歳余りの少年二人で（童子形《どうじぎょう》）、晴明に「陰陽ノ術」（手印《しゅいん》と呪文）で隠されてしまう。師の晴明と弟子の播磨国の僧には、圧倒的な呪力の差があった。③の話で、晴明が呪文を言い懸けた扁平な「草ノ葉」を飛ばして「蝦蟇」を圧殺したのは超自然的だが、前半の動作は呪符に式神の名や呪文を書くことに当たる。『宇治拾遺物語』では、俗人の若君達《きんだち》は登場せず、彼に式神で蛙を殺してみよとそそのかすのは若い僧たちだけで、晴明が仏教者以上に、殺生の愚かさ、罪深さを理解していたという点が、より鮮明になっている。

さて『宇治拾遺物語』にない①④の話は、成立が遅い。①の忠行・晴明の師弟関係は、史実としては確認できず、実際の保憲・晴明の師弟関係という安倍氏にとっての不都合を、緩和するための語りと考えられている。保憲の孫の守道（九八六〜一〇三〇）や、その男道平などの存命中には作り得ないだろう。数代離れた子孫たちの時代であるからこその話といえる。また、「師」の忠行は、隠形や祓はしているが、百鬼夜行日《ひやっきやぎょうにち》の夜に牛車の中で眠りこけるような迂闊な人物だった。ここでは師弟関係を示すことが、むしろ抑揚の効いた「出藍《しゅつらん》の誉れ」の表現になっている。

④では、『大鏡』と同じく式神を雑務に使い、「土御門の家」を式神のいる霊所とすることから、山下氏や繁田氏らは、晴明子孫の説話生成への直接的な関与を指摘されている。

このように二四―一六は、すでにあった式神を操る呪力の称賛の話②③に、賀茂氏との子弟関係の緩和①、土御門の家の価値の強調④を加えたもので、これだけでも晴明の卓越は十分伝わるのだが、他の陰陽師たちの説話も、内容や配列によって晴明称賛に奉仕していることを次に述べる。

『今昔』巻二四の陰陽師説話と晴明

二四―一三「慈岳（ママ）川人地《つち》の神に追はるる語」と、一四「天文博士弓削是雄夢を占ふ語」は、連続しており（二話一類）、「いにしへ」の陰陽師の双璧ということが『江談抄《ごうだんしょう》』よりも明確になっている。

一三の川人は公務で「大納言安陪安仁《やすひと》」と文徳天皇の陵地占定に行き、地鎮に「大キニ誤《あやまち》」があって土公神《どくうじん》と眷属に追われるが、隠形の術で助かる。土公神や百鬼夜行への恐れを含め院政期らしい話である。一四の是雄は副業の話で、悪夢を見た男の命を狙うのが間男《まおとこ》だと明示する以外、ほぼ元の話（『善家異記《ぜんけいき》』）のままだが、是雄を「天文博士」とするのは史実ではない。二人のうち「天文博士」のほうには過失はなく、より優れていることになる。一方やや劣る川人の実像は、著書も多く学術的かつ進取的で、保憲に似ている。

一五「賀茂忠行道《みち》を子の保憲に伝ふる語」は、保憲の少年時代の見鬼や、子孫が暦道・陰陽道で公私に活躍したことには触れるが、本人の成人後の姿はなく、暦博士・陰陽頭・天文博士を務めた「三道博士《さんどうはかせ》」（「大宰府政所《まんどころ》牒案《ちょうあん》」）であり、陰陽師として初めて従四位《じゅしい》下《げ》に至る（ただし以後の晴明らも殿上人《てんじょうびと》ではない）などの保憲の具体的な活躍は、一切語られない。昨今の「報道しない自由」を想起させる語りである。しかも、直後の一六①で晴明がより幼い時に見鬼で師匠を救ったことに比べると、見ただけの保憲の見鬼は色褪せてくる。

一七「保憲晴明と共に覆《おお》ふ物を占ふ語」は、題のみである。射覆《せきふ》は前述したように忠行の事蹟として特筆すべきものであり、保憲や晴明が行なったという記録は、現存史料には見えない。この話は、一五・一六の忠行との関係と同じく、保憲・晴明を対等に扱っている点が気になる。中身がなくとも、題だけで十分それは伝わる。なお『今昔物語集』では、二九―五の忠行を除き、怪異占《かいいせん》は無名の官人陰陽師に限られ、的中の称賛もなく、概して占術の位置づけが低い。

一八「陰陽の術を以て人を殺す語」は、民間の「隠《かく》レ陰陽師」が物忌の日を狙って呪殺する話である。一七は本文欠なので、実質的に一六の直後に当たり、さかのぼって、③で語られた、命を操ることができる晴明の秘めた呪力の恐ろしさが、改めて感じられる。

一九「播磨の国の陰陽師智徳《ちとく》法師の語」では、②で晴明に弟子入りした「老法師」の陰陽師が再登場し、地元の「播磨国」で人助けをする（一四―四四でも別の法師陰陽師が、播磨国明石《あかし》の浜で「祭」をして疫病の大流行を防ぎ、皆を喜ばせた）。名は「智徳」で、「道満（摩）」ではない。播磨国と道満の結びつきは、守覚法親王《しゅかくほっしんのう》（一一五〇～一二〇二）の『右《う》記《き》』に、呪詛の術について、「昔、吉備大臣入唐《にっとう》の時に、鶏林《けいりん》（新羅）の術師に習ひ、馬《ば》台《だい》（日本）の博士に伝ふと云々。此の術、播磨国に住む道満法師、相伝《そうでん》する者なり」とあるのが早い。さて「智徳」は、海に呪文を書き（これも呪符の発展型）、海賊船を捕え、海賊らを諭した。彼が呪力も徳も高い法師陰陽師であればあるほど、②で彼を手玉に取った晴明の能力の高さが伝わってくる。

二〇「人の妻悪霊《あくりよう》と成り其の害を除く陰陽師の語」は、民間の陰陽師が死霊の害から依頼者を守った。晴明と同じく「尚只物《なおただもの》ニハ非《あらざ》リケリ」と評される真備の二話（一一六、一四―四）も死霊の撃退で、『今昔物語集』は「陰陽の術」を占術よりも重視する。

なお、『今昔物語集』にも泰山府君祭《たいざんふくんさい》の前提としての晴明の病の占いはあったが、巻二四ではもっぱら呪術を称賛していた。しかし中世の晴明説話では、占術も語られるようになる。晴明説話の成立には、土御門の家に住んだ五代後の泰親（一一一〇〜八三）や、その父泰長（一〇六八〜一一二二）の関与が指摘されている。陰陽師の実態そのものからの飛躍があるので、最終段階にまでは関わっていないであろうが、本来の職務の占いへの軌道修正が見られることには、天文道のほかに式占にも長けた「指《さ》すの御子《みこ》」泰親の存在が無関係ではないだろう。彼が仕えた頼長の『台記《たいき》』が出典となった占術の説話があることは、前述した。

中世の式神による呪詛の説話

式神による呪詛は、中世説話に見える。平安時代との比較のために見ておきたい。

『宇治拾遺物語』二―八では、式神が鳥に化し、糞をかけて蔵人少将を「呪詛」したが（これは本来、鳥の矢《し》の怪異による病事の予告）、晴明が護身の呪術と呪文・祈禱で一晩中守ったので（本来は病事物忌）、仕掛けた陰陽師のほうに式神が返って、その陰陽師を死なせた（病因が呪詛の場合は、陰陽師が呪詛返しの祓をする）。

同一四―一〇では、藤原顕光《あきみつ》の依頼で道長を「呪詛」するために、「播磨」出身の「老法師」の「道摩《どうま》法師」が、道長が毎日法成寺《ほうじょうじ》（御堂）に参詣する道に呪物（土器皿）を埋めたものの、道長は「白犬」の行動で異変を察し、晴明に式占で呪物を見つけさせ（いなくなった牛・馬・犬・鶏などの居場所の占いに類似）、さらに晴明は、懐紙を鳥の形に結び、呪文を唱え「白鷺《しらさぎ》」にして飛ばし、呪詛者を見つけた。この話には「厭術」の語はあるが、式神や式の語は見えない。同話の『古事談』六—六二、『十訓抄《じっきんしょう》』七なども同様である。

以上の『宇治拾遺物語』の『今昔物語集』にはない二つの晴明説話では、式神が鳥に可視化されている。また前述した『古今著聞集《ここんちょもんじゅう》』の瓜の中に毒蛇がいること（本来は怪異）を晴明が式占で見破った話（射覆）とともに、程度の差はあるものの占術の要素がある。

中世の式神による呪詛説話の要素として、他に注目すべきは、「反閇《へんばい》」との関わりである。『古事談』三—七四は、「鳥羽院初度の相撲《すまい》の節《せち》」で、最強の「右の相撲人遠方《すまいびととおかた》」が胸に激痛を伴う腫れ物が生じて相撲ができなくなったのは、勝ち目がないと思った「左の合手某」が、「有験《うげん》の陰陽（陰陽師）を以て式を伏せしむる由、後日風聞《ふうぶん》す」という。『続古事談』二—八では、源高明《たかあきら》が異様な人物に呼び止められ、程なく左遷された原因として、「神泉（神泉苑）の競馬の時、陰陽、識神を嘱して埋めるを今に解除（祓）せず。その霊あり」と安倍有行《ありゆき》が申した。いずれも呪物による呪詛である。呪詛も、何かを埋めるという点で土地に働きかける呪術ではあるが、相撲や競馬（二人や二頭ずつ）の際に陰陽師が行なう呪術は、本来は反閇だった。

仮名文学作品の呪詛

式神による呪詛は仮名文学作品には見えないが、呪詛が全くないわけではない。寛弘六年（一〇〇九）の道長らの呪詛事件も、『栄花物語』初花《はつはな》巻が、首謀者を高階明順《あきのぶ》（光子兄弟、娘は大江挙周《たかちか》室、息子成順《なりのぶ》は伊勢大輔《いせのたいふ》夫）に変え、朧化《ろうか》して語っている。他にも、「楊枝《ようじ》」を隠したり、貴船明神に祈ったりする例が見えるが、陰陽師に依頼したものではない。『伊勢物語』九六段「天《あま》の逆手《さかて》を打ちてなむのろひをる」の「のろひ」のほか、三一段の「人をうけへば」の「うけひ」も、上代の祈誓とは異なり、人の不幸を願う行為を指す。『源氏物語』若菜上巻にも、紫の上の継母が「うけはしげなることども」を言っているとある。

『うつほ物語』は幼学書的な物語で、雅《みやび》ならざる食などを含め、平安中期の風俗の宝庫であり、「呪詛」の熟語も少なからず明記されている。変わり者の上野《かんずけ》の宮が、ある貴族が「呪詛」をしていると誤解して、「人呪ふ人は、三年に死ぬるなり」と非難しているのが、特に注目される（嵯峨の院巻）。『今昔物語集』二四—一八では、「算《さん》ノ先生」小槻《おづき》某家の怪異について、「止事《やむごと》無キ陰陽師」つまり官人陰陽師が「極《きわめ》テ重ク可慎《つつしむべ》キ由ヲ占」うが、前述したように、「験《しる》シ有《あり》ケル隠レ陰陽師」が、その固い物忌の日を狙い、呪詛の秘術を尽くして死なせる。『宇治拾遺物語』一〇—九が同話なので、これも共通母体にさかのぼるが、『宇治拾遺物語』には呪詛の依頼者のほうも、間もなく死んだとある。

また、『うつほ物語』のヒロインで東宮の寵愛を独占している「あて宮」が自らの三人目の御子を無事出産した際に、ライバルが、「盗人」「幸ひの鬼」とののしり、「逆子《さかご》さへて（つかえて）死なずなりにけむこそ、陰陽師、巫《かんなぎ》、神《かみ》、仏《ほとけ》もなき世なめれ」と歎いたのは（国譲《くにゆずり》中巻）、実際に呪詛を依頼したか否かは定かではないが、あて宮の死を願っていたということである。この「陰陽師」は、上野の宮が、あて宮との結婚方法を相談した「陰陽師、巫、博打《ばくち》（双六博徒《すごろくばくと》か）、京童べ、嫗《おうな》、翁《おきな》」（藤原の君《きみ》巻）や、「忠《ただ》こそ」の継母が夫の愛情を取り戻すための秘法をさせた「陰陽師、巫」（忠こそ巻）、さらに前述の「隠レ陰陽師」と同じく、民間の陰陽師を指すと考えられる。

自分でできるおまじない

まじないの中には、前述の「天の逆手」のようなしぐさなど、特に陰陽師などに依頼せず、自分で行なうものもある。陰陽道に関わるものを、一部挙げておきたい。

「打撒《うちまき》・散米《さんまい》」は、米を撒く呪術であり、『うつほ物語』藤原の君巻で、吝嗇《りんしょく》の三春高基《みはるのたかもと》が重病の際、「祓《はら》へすとも打撒に米《よね》いるべし」と惜しみ、自分のための「祭り、祓へ」を制止したように、陰陽師の祓の次第にもあった。他に新宅作法《しんたくさほう》でも行なわれたが、単独でも魔除けとして行なわれ、霊などから、子供を守る場合（『源氏物語』横笛《よこぶえ》巻、『今昔物語集』二七―三〇）、出産の前後（『栄花物語』初花、蕾花《つぼみばな》、楚王の夢）などの例がある。

呪文を唱えることも、自分で、安全確保、危機回避のためにできたことの一つである。『口遊《くちずさみ》』陰陽門には「天一神《てんいちしん》及び太白神《たいはくしん》の方塞《かたふたがり》の夜の礼拝《らいはい》の頌《しょう》」、時節門には「下食日《げじきにち》の沐浴《もくよく》の頌」や「夜行《やぎょう》の途中の歌」、人倫門《じんりん》には「悪《あ》しき夢想の時の誦」がある。この「悪夢着草木、吉夢成宝玉（悪しき夢は草木《そうもく》に着け、吉《よ》き夢は宝玉《ほうぎょく》と成れ）」は、『二中歴』第九「呪術歴」では「好夢」だが、『医心方』巻二七「言語第八」所引、唐の孫思邈《そんしばく》編の医書『千金方《せんきんほう》』（現存）の「呪」が『二中歴』と同じである。

なお『二中歴』の手のひらに文字を書くことで危険を回避する際の呪文十種は、平安時代の呪文を収める『口遊』『掌中歴《しょうちゅうれき》』『簾中抄《れんちゅうしょう》』『袋草紙《ふくろそうし》』には見えないので、ただちに平安貴族も使っていたとはいえないが、現代にも「人」の字を書くなど類似のものがあるので注目される。また、くしゃみをした時に「休息万命《くそくまんみょう》、急々如律令」と唱えたのは、『枕草子』二六段「にくきもの」に「鼻ひて誦文《ずもん》する」とあるので、平安時代にさかのぼるだろう。「休息万命」は、くしゃみの古語である「くさめ」の語源の一つとされる。

まじないには、桃の木で作る正月の「卯杖《うづえ》」「卯槌《うづち》」を含め、明確に招福が目的のものもある。前述した「五行相生《ごぎょうそうしょう》」にもとづく産着《うぶぎ》の色、天皇が立春に吉方《きちほう》（生気方《しょうげのかた》）の水を飲む「供立春水《りっしゅんすいをぐうず》」（若水《わかみず》）もそうだが、招福は新生・新春や新宅など、「始まり」に行なわれるものが多い。方角禁忌と関わるので、次章でもいくつか触れたい。

日時・方角禁忌と暦

時空のめぐりをふまえた安心の提供、怖れの解消

暦について

日時・方角禁忌の勘申

陰陽師《おんようじ》の職務の三つ目として、日時・方角禁忌の管理と勘申《かんじん》がある。「勘申（勘《かんが》へ申す）」は、職務として調べて回答することで、陰陽師の場合は式占《しきせん》の結果の報告にも使う。

ある事を行なうのに積極的によいのが「吉日（吉《よ》き日《ひ》）」で、悪くはない・行なってもよい日の「宜《よろ》しき日」（日時・方角禁忌のない日）もある。逆に、行なうのに悪い日、よくない日が、「凶日（凶《あ》しき日）」「日次（ひなみ・ひついで）、宜しからず」である。『日本書紀』仲哀《ちゅうあい》天皇九年三月壬申朔《ついたち》条に「皇后、吉日を選びて斎宮《さいぐう》に入り」とあるように、日の吉凶は日本でも早くから重視されていた。吉日の勘申は、職員令《しきいんりょう》には規定がないが、営繕令《えいぜんりょう》の私第宅条に「宮内、営造及び修理有らば、皆、陰陽寮《おんようりょう》をして日を択《えら》ばしめよ」とあり、公務で宮中の造作については行なっていた。

平安時代になると範囲が拡大し、諸事に日時・方角を気にするようになる。これは、よいことを期待する招福、わるいことが起こらないようにする予防で、占いやまじないのように、起きた後の対処の要素はない。

公私に陰陽師に勘申させる一方、暦には日の吉凶などが注記されており、ある程度は貴族自ら判断して行動した。占いも、物忌には陰陽師は関与せず、まじないも、呪文を唱えるなど陰陽師に頼らない部分があったが、日時・方角に関しては、貴族自ら行なうことがより多い。方違《かたたがえ》も、その一つである。藤原師輔《もろすけ》が『九条殿御遺誡《くじょうどのごゆいかい》』で、日課の二つ目として、毎朝、暦を見て日の吉凶を知るよう子孫に誡告したように、日々暦注《れきちゅう》を参照し、自主的に禁忌を遵守して日常生活の指針とすることが、貴族の共通認識となった。

暦の歴史

日本の暦は、当初は百済の暦博士によって作成されていたが、推古天皇十年（六〇二）十月に、僧観勒《かんろく》が暦本などを奉り、渡来系の官人の陽胡玉陳《やこのたまふる》が造暦法を習得して、同十二年甲子正月朔から、暦日の使用が開始された（『政事要略《せいじようりやく》』巻二五「年中行事」十一月御暦奏所引「日本紀」および「儒伝」）。

『元嘉暦《げんかれき》』は、南朝の宋の元嘉二十年（四四三）、何承天《かしようてん》の編で、百済でも使用されていた（『周書』百済伝）。明日香村石神《いしがみ》遺跡から、持統三年（六八九）三月・四月の具注暦《ぐちゅうれき》木簡《もっかん》が出土している（再利用のため円形）。なお「具注暦」は、注を具備した暦の意である。

『儀鳳暦《ぎほうれき》』は、唐の李淳風《りじゅんぷう》編で、「麟徳暦《りんとくれき》」ともいう。文武《もんむ》天皇元年（六九七）または前後一年中に改暦《かいれき》があった（それ以前にも、持統四年以降、『元嘉暦』を補うものとして利用）。浜松市城山《しろやま》遺跡出土の神亀《じんき》六年（天平《てんぴょう》元年、七二九）具注暦木簡（暦序《れきじょ》や吉事注《きちじちゅう》あり）、上越市延命寺《えんめいじ》遺跡出土の天平八年八月具注暦木簡断片《だんぺん》、正倉院《しょうそういん》所蔵の天平十八年・二十一年や、同天平勝宝《てんぴょうしょうほう》八歳（七五六）の具注暦断簡《だんかん》（暦序あり）、国分寺市武蔵台遺跡出土の同九歳の漆紙文書《うるしがみもんじょ》（漆壺の蓋に再利用され漆が染み込むことで腐らずに出土した文書）の具注暦などが現存する。これらは頒暦《はんれき》の写しと考えられている。なお「復日《ふくにち》」はまだ暦注に見えない。また天平十八年具注暦には、日記の萌芽的な書き込みが見られるという。

『大衍暦《たいえんれき》』は、唐の一行《いちぎょう》編で、遣唐留学生《けんとうるがくしょう》（二度目が遣唐副使）として入唐《にっとう》した下道《しもつみち》（吉備《きび》）真備《まきび》が、天平七年に帰国した際に伝えた種々の文物《ぶんぶつ》の一つである。天平宝字《てんぴょうほうじ》元年（七五七）に暦生《れきしょう》の教科書とされ、同八年に採用されて、貞観《じょうがん》三年（八六一）まで用いられた。これも漆紙文書具注暦が多数遺る。

『五紀暦《ごきれき》』は、郭献之《かくけんし》編で、宝亀十一年（七八〇）に日中ハーフの遣唐録事《けんとうろくじ》羽栗翼《はぐりのたすく》が献上し、斉衡《さいこう》三年（八五六）の暦博士《れきはかせ》大春日真野麻呂《おおかすがのまのまろ》の申請で、天安二年（八五八）から実施予定だったが、実際には、四年間『大衍暦』との併用だった。なお真野麻呂は、貞観二年（八六〇）に、平安時代初の、途絶えていた陰陽寮の技能官僚からの昇任で陰陽頭《おんようのかみ》に就任した人物で、大春日氏からの暦博士輩出は、十一世紀の栄種《よしたね》まで続くが、真野麻呂ですでに五代目という暦家《れきか》の名家である。

『宣明暦《せんみょうれき》』、正式名称『長慶宣明暦経《ちょうけいせんみょうれききょう》』は、唐の徐昂《じょこう》編で、貞観元年（八五九）に渤《ぼっ》海国大使《かいこくたいし》の烏孝慎《うこうしん》が将来し、真野麻呂が確認して従うことになった。中国では中唐穆宗《ぼくそう》の長慶二年（八二二）から七十一年間使われたが、日本では貞観四年（八六二）から江戸時代の貞享《じょうきょう》元年（一六八四）まで、八百年以上も使われ続けた。なお長慶年間には、白居《はくきょ》易《い》（字《あざな》が楽天）と自身の詩文集を、親友の元稹《げんじん》（微之《びし》）が初めて編集している（『白氏長《はくしちょう》慶集《けいしゅう》』『元氏長慶集』）。知られるように、元白《げんぱく》の唱和詩を含め特に白詩《はくし》は国文学に大きな影響を与え、「雪月花《せつげつか》」などの熟語や「狂言綺語《きょうげんきご》」観を含め、季節感や人生観が、現代人にも影響を及ぼしている。日本人の時、移ろいの認識に関わる重要な書が、ともに長慶年間に編まれていた。

現物は、紙背文書《しはいもんじょ》や日記の自筆本《じひつぼん》で残る。『九条家本延喜式《くじょうけぼんえんぎしき》』第二八の紙背に、一条朝の寛和《かんな》三年（永延《えいえん》元年、九八七）および後冷泉朝《ごれいぜいちょう》の永承《えいしょう》三年（一〇四八）具注暦がある。後者は空白行（間《ま》あき）がない。前者は現存最古の『宣明暦』で、一行の間あきと、朱墨《しゅぼく》で書かれた注（朱書暦注）、暦跋《れきばつ》があり、暦跋の署名は陰陽博士大春日栄達《よしさと》と暦博士賀茂光栄《みつよし》である。

なお『符天暦《ふてんれき》』は、唐の民間の術者である曹士蔿《そうしい》編で、宿曜道《すくようどう》だけでなく暦道《れきどう》でも利用された。十世紀初頭以来、葛木《かつらぎ》氏（本拠地は賀茂氏と同じ大和国葛城《かつらぎ》郡）と大春日氏の両博士の間で、月の大小や日月蝕《しょく》の現否・時刻などが相違し、論争が繰り返されていた（『貞信公記《ていしんこうき》』延喜十八年〈九一八〉十二月二十二日条など）。天暦《てんりゃく》七年（九五三）、賀茂保憲《やすのり》が村上天皇に、「暦道」では古典ではなく新暦法が必要なので、天台宗の経典を天台山に送るために呉越《ごえつ》国に渡る日延《にちえん》に、新暦法を学習し将来させるよう奏上し、日延は司天台《してんだい》で「符天暦経幷びに立成《りっせい》（計算表）等」を学んで、天徳元年（九五七）に持ち帰り、保憲に預けた（『平安遺文』四六二三号『大宰府神社文書』「大宰府政所牒案《まんどころちょうあん》」）。改暦はなかったが、七曜暦《しちようれき》の推算に用いられたという。

日記は何に書いたか

日記は、具注暦の間あきに書かれた。よって自筆日記として、『宣明暦』の具注暦が残る。藤原道長『御堂関白記《みどうかんぱくき》』長徳四年など（間あき二行。世界記憶遺産）、源俊房《としふさ》『水左記《すいさき》』康平七年など（三行）、源為房《ためふさ》『大御記《だいぎょき》』承暦《じょうりゃく》五年（二行）、『顕広王記《あきひろおうき》』『仲資王記《なかすけおうき》』ともに安元《あんげん》二年（間あきなし）、守覚法親王《しゅかくほっしんのう》『北院御室日次記《きたのいんおむろひなみき》』治承四年（五行）などがある。

日記は、間あきのほか、内容に応じて紙背にも書き（裏書《うらがき》）、詳述すべき重要事項などは別に記した（別記《べっき》）。なお鎌倉時代には、裏書に書いていたような私的記事を間あき一行などの具注暦に書き（暦記）、後から参照すべき公的記事は反故紙《ほごし》（間あきなしの暦や書状などの裏）に書く（日次記）、といった併用が見られるという。

日記の原本は具注暦そのものなので、「暦記」「暦」の語が日記を指す場合がある。藤原実資《さねすけ》『小右記』正暦《しょうりゃく》四年（九九三）十一月一日条の「九条暦記」は師輔『九暦《きゅうれき》』、『台《たい》記《き》』久安《きゅうあん》三年（一一四七）七月一日条の「御暦」は、「故京極殿《きょうごくどの》の御記《ぎょき》の名なり」と頼長が注するように、師実《もろざね》の『京極関白記』を指す（散逸《さんいつ》）。師輔自身、『九条殿御遺戒』で、毎朝すべきこととして、属星拝《ぞくしょうはい》、暦注の確認のほかに、「昨日の公事《くじ》、若《も》しくは私に心を得ざる事、忽忘《こつぼう》に備へんが為に、又聊《いささ》か件の暦に注し付くべし。但し其の中の要枢《ようすう》の公事及び君父の所在の事等は、別に以て之を記す」と述べている。

暦注の変遷

暦注にも変遷がある。干支《かんし》、十二直《じゅうにちょく》、上玄《じょうげん》（弦）・望《ぼう》、凶日《きょうにち》の往亡《おうもう》・帰忌《きこ》・血忌《けこ》・九坎《くかん》・厭《えん》・重《じゅう》、さらに天季《てんき》・天倉《てんそう》が、『元嘉暦』の木簡で確認できる。大同二年（八〇七）九月二十八日に、平城《へいぜい》天皇が儒教的合理主義の立場から、歳対《さいたい》・歳位《さいい》、天恩《てんおん》、大将軍《たいしょうぐん》を含む一切の暦注を廃止したが、同母弟の嵯峨《さが》天皇が弘仁元年（八一〇）に、「人倫」や「国家」にとって大切な結婚や農業に必要だとの藤原冬嗣《ふゆつぐ》ら公卿《くぎょう》の奏上を受け、復活させた（『日本後紀《にほんこうき》』同年九月乙丑条）。

新たに追加された暦注は朱書された。朱書は、本来の注（唐《とう》の暦と同じ）と区別するためで、現代とは逆に、補足的・二次的であることを表わす。寛和三年具注暦のような現物ではないが、長男実頼《さねより》が抄出した忠平《ただひら》の『貞信公記抄《ていしんこうきしょう》』（記事は延喜九年〈九〇九〉から天慶八年〈九四五〉）にも、朱書暦注の宿《しゅく》・曜《よう》や甘露日《かんろにち》・羅刹日《らせつにち》・十死一生《じっしいっしょう》が見える。実頼が、必要に応じて日記本文だけでなく暦注も写したためで、十世紀初頭までには記載されるようになっていた。『九条殿御遺誡』にも、沐浴を避けるべき日として、寅・辰・午・戌のほかに、朱書暦注の下食日《げじきにち》（歳下食《としげじき》）が挙げられている。十世紀中にこれらが普及したことは、『口遊』陰陽門に、衰日《すいにち》や往亡・帰忌・九坎・復日とともに、十死一生（忌遠行日《えんこうをいむ》）・百鬼夜行《ひやっきやぎょう》（忌夜行日《やこうをいむ》）、時下食《ときげじき》（下食時《げじきとき》）や、仮名暦《かなごよみ》で注に加えられる五貧《ごひん》（天火日《てんかにち》）の暗誦記憶法が見えることからもうかがえる。

追加された注のうち、宿（宿直日《しゅくちにち》）や曜（七曜直日《しちようちにち》）、その宿・曜の組み合わせで決まる仏事の吉凶日の甘露・金剛峯《こんごうぶ》・羅刹は、『宿曜経《すくようきょう》』が出典である。滋岳川人《しげおかのかわひと》の著作の一つが『指掌宿曜経《ししょうすくようきょう》』（わかりやすい宿曜という意）だった（『類聚国史《るいじゅうこくし》』巻一四七「文部下」撰書）。円仁《えんにん》が仁明《にんみょう》天皇のために甘露日に灌頂法《かんじょうほう》を修したことが（『慈覚大師伝《じかくだいしでん》』）、『宿曜経』の影響例として指摘されている。

曜日《ようび》は、このように平安時代の暦にすでにあった。しかし、平安中期はあまり重視されることはなく、十一世紀以降、『中右記《ちゆうゆうき》』など院政期の日記になると、例が増える。
朱書の注には加除があり、また平安末期には「仮名暦」も生まれて、凶会日《くえにち》が「くゑ」と総称で明記されるなど、十世紀の暦から、形態を含めさらに変遷があった。

暦は巻物

具注暦は、天皇用も貴族用も、半年ごとの上下二巻で、薄墨で縦横の罫線が引かれている。巻物（巻子本《かんすぼん》）である点が、現代のカレンダーとの大きな違いの一つである。現代の月または日ごとにめくる形態では、残りの枚数の少なさ、紙の薄さに、時の経過を感じる。平安時代は、六月や十二月になると、右側のすでに巻かれているほうが太くなり、左側の軸に巻かれている部分が細くなって軸《じく》に近づいてくる（諸々のロール状のペーパーを想起されたい）。このように「軸もとになる」と、感慨を催した（ただし『安法法師集《あんぼう》』三四のように、新春が近いことを慶ぶ歌もある）。

年の終はりに、暦の軸のもとまで、巻き寄せたる心、人々詠むに
巻き寄する暦の心はづかしく残りのひらに老い見えにけり（暦を巻き寄せていって残り少なくなってしまった紙に、年の暮れとともに、人生の暮れを迎えた自分の老いをまざまざと見て、恥ずかしく感じることだ）（『恵慶《えぎよう》法師集』一二八）

『栄花物語』鳥辺野《とりべの》巻では、年の暮れと女院詮子《にょいんせんし》崩御《ほうぎょ》の哀れが重ねられている。逆に、何かが待ち遠しく、早く時間が経ってほしい時は、暦の紙を切ってつないで短くしたいと

思った。『蜻蛉日記《かげろうにっき》』巻下の天延二年（九七四）の記事では、作者の養女との縁談話が進まない兼家《かねいえ》異母弟遠度《とおのり》の、時間の経過を歎いたり、焦ったりする気持ちが、「暦」によって表現されている。その前提として、兼家だけでなく作者や遠度にも、暦が身近にあった。右の十世紀後半の恵慶らの和歌も、暦の流行を背景にしたものといえる。

なお、寛仁《かんにん》年間以降、一年四巻、つまり四季ごとの暦も現われる（『師通記《もろみちき》』寛治《かんじ》六年〈一〇九二〉十一月三日条、葉室定嗣《はむろさだつぐ》『黄葉記《こうようき》』宝治《ほうじ》元年〈一二四七〉四月一日条）。多く書き込めるように、間あきの行数を五行など増やしたのである。暦のスケジュール帳から日記帳への変化を、山下克明氏が指摘されている。

暦の構成

暦の基本的な構成は、(1)暦序（冒頭と凡例《はんれい》）、(2)暦日、(3)暦跋《れきばつ》から成る。

(1)の暦序は、まず「長徳四年具注暦日」のように元号・年があり、歳の干支（この年は戊戌）、総日数（同じく三百五十四日）、八将神（大歳《たいさい》、大将軍、大陰《だいおん》、歳刑《さいけい》、歳《さい》破《は》、歳殺《さいせつ》、黄幡《おうばん》、豹尾《ひょうび》）と歳徳《さいとく》の計九つの各方位と、その説明、各月の大小《だいしょう》一覧と続く。字間に干支の納音《なつちん》（土と土なら木といった、五行どうしの関係）などの朱書の注もある。次に、「暦例《れきれい》」とも呼ばれる、吉日・凶日・凶方一覧と各解説がある。暦注の凡例である。毎年同じ内容なので、上巻のみのものもあり、中世には省かれることが多い。

(2)の暦日の各月の最初には、「月建《げつけん》・月建記事」と呼ばれる部分がある。まず「七月大建〈庚申〉」のように、月の大小と、月の干支があり、次に節月ごとの吉神の天道《てんどう》・天《てん》徳《とく》・月徳《げつとく》・月徳合《げつとくごう》・月空《げつくう》・三鏡《さんきょう》・用時《ようじ》と、凶神の月殺《げつさつ》の方位が記され、一行目と二行目の間に、土府《どふ》・土公《どくう》の所在が朱書されている。月の干支は、「月建干支・月紀」ともいう。十二支は、正月の寅以下、月ごとに決まっているが（表5）、十干は年の十干により決まる（閏月《うるうづき》は前月と同じ）。戊・癸の年の七月は庚だった。

(2)の暦日部分は、注の記入場所が、横罫線により、五ヵ所に分かれている。

❶一行目の天界線より上の欄外に、二十七宿・七曜が毎日、滅門《めつもん》・大禍《たいか》・狼藉《ろうじゃく》が該当日に、朱書されている。

❷一段目は、一行目に、毎日の日付・干支・納音・十二直。その左の二行目、つまり間あきの一行目には、「上段《じょうだん》」と呼ばれる朱書の注がある（ただし院政期までに、徐々に記入場所が右に寄っていき、間あき一行目の空白が確保される）。大将軍《たいしょうぐん》遊《ゆ》行方《ぎょうのかた》・天《てん》一《いち》・土公遊行方、神吉《しんきち》・三宝吉《さんぼうきち》、甘露・金剛峯・羅刹、忌遠行・忌夜行、蜜《みち》、不問疾・不視病・不弔人、歳下食・下食時などである。日曜日は、❶の欄外に「日《にち》」、ここに「蜜」とある。道長は、これらの朱墨の注の上にも、構わず日記を書いている。

❸二段目には、二十四気《にじゅうしき》・七十二候《しちじゅうにこう》・六十卦《ろくじっか》、上弦・望・下弦《かげん》、没《もつ》・滅《めつ》、除手甲・除足甲、沐浴、初伏《しょふく》、社日《しゃにち》、土用《どよう》などがある。朱書の伐《ばつ》や五墓《ごむ》なども本段で、長徳四年

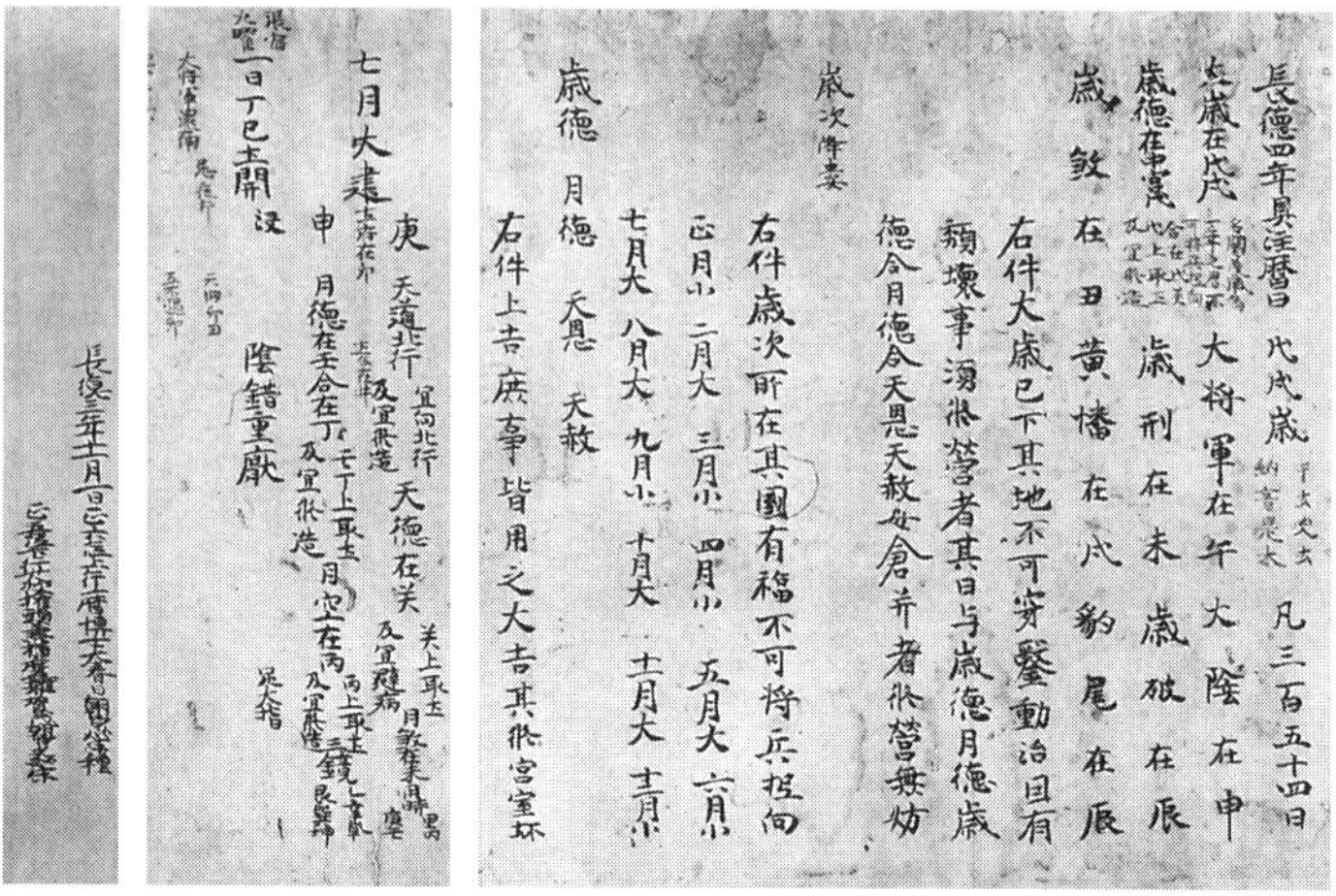

図14　暦注が記された具注暦（右から暦序，暦日，暦跋〈『御堂関白記』長徳４年，立命館出版部編，国立国会図書館デジタルコレクションより〉）

暦のみ、六壬天綱《りくじんてんもう》などの凶時も朱書されている。

❹三段目は、「下段《げだん》」と呼ばれる暦序にある吉凶日（大歳前《たいさいぜん》などの大歳の位置、天恩《てんおん》・天赦《てんしゃ》・歳徳《さいとく》・母倉《もそう》、往亡・帰忌・血忌・九坎など）と、吉《きち》事雑注《じざっちゅう》（何を行なうのに吉か。小字で二行書き）がある。また、朱書の伏龍《ふくりょう》もある。

❺三段目の下方に、「足大指」など鍼《しん》灸《きゅう》のできない人神《にんじん》の所在、最下方に「日遊在内《にちゆうざいない》」の注がある。

なお、日月蝕の予報、時刻や欠け方（蝕分《しょくぶん》）も暦家が算出し、暦日に朱書した。陰暦では、日蝕は一日、月蝕は満月（望月《もちづき》）の十五日前後である（長徳四年は十月一日と十五日)。また、日の出・日の入の時刻および昼夜の刻数が記入された日もある。

(3)の暦跋は、天皇用の御暦《ごりやく》を写したので、日付は前年十一月一日である(『御堂関白記』自筆本の具注暦の下巻には、六月一日付もある)。後に上巻の暦跋は省かれ、下巻のみになる。造暦者の位署(位・官・氏・姓《かばね》・名)は、造暦宣旨《ぞうれきせんじ》を受けた官人のものはあるが、宿曜師《すくようじ》たち(仁宗《にんそう》、仁統《にんとう》、証昭《しょうしょう》)は、長徳元年から長暦《ちょうりやく》二年(一〇三八)まで実際に造暦に携わったが、署名をしなかった(藤原資房《すけふさ》『春記《しゅんき》』長暦二年十一月二十七日条)。

現代のカレンダーとは、陰暦、巻物、すべて漢字・漢文で書かれている、注が多いということのほかに、方角神の所在が、年・月・日(移動日)ごとに注記されており、暦が時間だけではなく、空間の秩序も示すものである点が大きく異なる。

暦に関する制度の変遷

暦博士は、翌年の暦計算を行なって、諸司・諸国用の頒暦、および天皇用の具注御暦《ぐちゅうごりやく》の暦本《れきほん》(暦草《れきそう》)を造り、それぞれ六月二十一日、八月一日までに、陰陽寮《おんようりょう》に送った。本来、暦博士の職務はそこで終わり、陰陽寮が書写・装丁して、御暦上下巻と頒暦百六十六巻を作成し(実働部隊は、御暦は図書寮《ずしょりょう》、頒暦は、諸司の史生《ししょう》、諸国分は朝集使雑掌《ちょうしゅうしざつしょう》)、十一月一日、西隣の中務省《なかつかさしょう》に送り、同日、天皇が紫宸殿《ししんでん》に出御《しゅつぎょ》の上、中務輔《すけ》が奏上した(御暦《ごりやく》の奏《そう》)。御暦の案《つくえ》を担ぐのは陰陽頭と助、頒暦の唐櫃《からびつ》は允《じょう》と属《さかん》だった(『儀式』十一月一日進御暦儀)。儀式終了後、頒暦は太《だい》政官《じょうかん》に賜い、太政官の事務局の弁官《べんかん》から中央官庁・地方国衙《こくが》に頒布《はんぷ》された（雑令《ぞうりょう》造暦条、『延喜式』陰陽寮）。御暦は、東宮・中宮や他の院宮《いんぐう》にも、陰陽寮が出向して献上した（『延喜式』）。准三宮《じゅんさんぐう》も同様である。『貞信公記』天慶《てんぎょう》二年（九三九）十二月五日条に、「陰陽助（出雲）惟香《これか》、允・属等を率ゐて新暦を高机《たかづくえ》に置きて将来して云はく、三宮に准ずべき宣旨在りと云々」とある。

しかし十世紀中に、諸国からの税物だった紙の原料が図書寮に送られなくなり、陰陽寮への製紙の支給が滞って（『本朝世紀《ほんちょうせいき》』天慶四年〈九四一〉十一月一日条）、総数を百二十巻に減らすなどしたが（『西宮記《さいきゅうき》』巻六「旬《しゅん》」御暦奏）、一条朝の正暦四年には料紙が全く図書寮に渡らなかったために、慶賀すべき「朔旦冬至《さくたんとうじ》」（年始の一つの十一月一日と冬至が重なる。一章＝十九年ごと）であったにもかかわらず、御暦の奏には頒暦を入れた唐櫃がなかった（『本朝世紀』同日条）。なお料紙《りょうし》は、『延喜式』陰陽寮・造暦用途条によると、頒暦一巻十六張《ちょう》、御暦は四十七張（閏月がない場合）である。

こうして十世紀末頃から十一世紀には、持統天皇元年（六八七）正月にさかのぼる（『政事要略』巻二五所引「右官史記」）頒暦制度は、解体・廃絶した。御暦の奏自体も、『三代実録』天安二年（八五八）十一月戊午朔条などに見られるように、史上初の幼帝《ようだい》（九歳）の清和朝（外祖父良房《よしふさ》が人臣《じんしん》初の摂政《せっしょう》・太政大臣《だいじょうだいじん》）から、御暦を内侍《ないし》に付して奏上させる略儀が常態化し、朔旦冬至の旬（旬儀《しゅんぎ》）でのみ、旧儀通りに行なわれるようになった（頒暦は、太政官・外記《げき》各三巻、殿上《てんじょう》分一巻、計七巻）。

しかし、むしろ十世紀中に、暦への関心や需要は貴族社会において高まった。前述したように、当時の和歌や日記文学にも、それが顕著に見られる。恵慶・源順《したごう》・曾禰好忠《そねのよしただ》が「百首歌《ひゃくしゅうた》」で十干や太白神、八方位などを詠み、好忠には月次《つきなみ》ならぬ日次《ひなみ》の屏風歌《びょうぶうた》（主に画中の人物の立場で詠む）のごとき『毎月集《まいげつしゅう》』三百六十首があるのも、限られた歌人仲間の好みだけではなく、暦ブームと無関係ではないだろう。

暦の入手方法

十世紀後半以降、一部の上層貴族は、個人的に料紙を渡し、暦家《れきか》の陰陽師や暦博士から調達するようになった。十世紀中に、陰陽寮から独立した暦の専門家集団の暦道が成立したが、その暦家が暦を直接貴族社会に供給する体制に移行した。十一世紀中頃には、賀茂氏が原本の暦本を造る暦博士を世襲するようになり、暦を社会全体に供給する主体となる。

『小右記《しょうゆうき》』長和三年（一〇一四）十月二日条は、実資《さねすけ》があらかじめ陰陽師（官名）笠善任《かさのよしとう》に書写用の料紙を渡したこと、新暦持参の禄《ろく》に疋絹《ひつけん》を与えたことを記す。御暦の奏以前である。また治安《じあん》三年（一〇二三）十一月十九日条では、暦博士賀茂守道《もりみち》から上・下巻を奉られている。

『御堂関白記』の欄外（宿・曜よりも上）の墨書の「御物忌《ものいみ》」は、天皇ではなく、道長の物忌のうちすでにわかっている分を、新暦に家司《けいし》が記入したものである（年中行事なども家司書き）。長徳四年暦の暦跋の後に、その指示が書き付けられている。天皇の物忌は、御暦に蔵人が記入し、壁にも書いた（『侍中群要《じちゅうぐんよう》』九「御物忌」）。清涼殿《せいりょうでん》の殿上の間《ま》にも、天皇の物忌が注記された暦があった（『小右記』治安三年十二月六日条）。忠実《ただざね》は、暦家が新暦を持参した後、祖父師実《もろざね》の教え通り、年末まで通覧した（『殿暦《でんりやく》』康和五年〈一一〇三〉十二月二十九日条など）。

また暦本（原本）を借用して、権門の家政機関で組織的に、あるいは個人的に転写したり、下級の寮官や諸生《しょしょう》などからの供給や、転写を重ねたりするなど、入手の経路は種々あったことが、間あきや暦注の違いからも指摘されている。『赤染衛門集《あかぞめえもん》』三九六番歌の詞書「暦得《え》させたりける人の、心変はりにければ（後略）」によると、男性が女性に暦を贈ることもあったらしい。この暦や、紫式部の手元の暦（『紫式部集』二五詞書）は、仮名暦成立以前なので、漢字のみの具注暦のはずである。

なお平安時代には木版刷の具注暦はなかったが（経典はあった）、関白頼通《よりみち》は、新羅が用いていた宋の版暦《はんれき》を、「大宰帥《だざいのそち》」（隆家《たかいえ》か）を通じて入手していた（『春記《しゅんき》』長暦二年〈一〇三八〉閏十二月二十八日条）。日本製の木版刷（摺暦《すりごよみ》・版暦）は、正和《しょうわ》六年（一三一七）

暦断簡（横浜市称名寺《しょうみょうじ》所蔵）が、具注暦では現存唯一で、仮名暦は、永享九年（一四三七）暦（三嶋暦《みしまごよみ》）が現存最古という。鎌倉後期に始まり、南北朝時代以降に普及したと考えられている。

日の吉凶

吉日

暦序に見える吉日のうち、歳徳《さいとく》・月徳《げつとく》・天恩《てんおん》・天赦は「上吉・大吉」。歳《さい》位《い》・歳前・歳対《さいたい》・歳後《さいご》、母倉、十二直（秦漢の建除《けんじょ》）のうちの満《みつ》・平《たいら》・定《さだむ》・成《なる》・収《おさむ》・開《ひらく》は「次吉」、ただし「軽凶《けいきょう》」「凶会《くえ》」と重なれば用いないと説明されている。十二直の残りの建《たつ》（月建と同じ。正月は寅）・除《のぞく》・執《とる》・破《やぶる》・危《あやふ》・閉《とづ》は「軽凶」だが、建は着帯《ちやくたい》（妊婦が腹帯を着ける）の吉日、除は沐浴吉日など、用途によって変わる。これらの注は十二直以外、暦の下段、前節の「暦の構成」のうちの❹に墨書《ぼくしよ》されていた。

同段には、加冠・入学・拝官・納徴・冊授、移徙《いし》・出行《しゆつこう》、嫁娶・納婦、剃頭・裁衣・除服《じよぶく》・解除《げじよ》・療病・祠祀、伐樹・斬草、修井竈磑・壊垣・破屋・塞穴・起土・上梁等々の、何事を行なうのに吉かという吉事注もある。「雑注・割注」ともいう。「出行」には、勅使の派遣や、任国下向、つまり出門および進発（これらが同日なら首途《かどで》という）・入境・着館などが含まれる（『陰陽雑書《おんようざつしょ》』）。このような吉事注はあるものの、暦注の多数の凶日が優先されるので、やはり陰陽師に吉日を勘申させる必要があった。なお平安末期には、仮名暦の影響で「雑事吉」という注が、上段右に見られるようになる。

三宝吉日・神吉日などの新しい吉日は、上段❷に朱書された。仮名暦では「仏によし」「神によし」とある。三宝吉日（三吉）は三家の説があるが、暦注には吉備真備《きびのまきび》説が採用されている（『陰陽略書』）。

中段❸には、丑の日ごとに「除手甲（手の甲《つめ》を除く）」、寅の日ごとに「除足甲」とある。『土佐日記』正月二十九日条の「今日は子の日なりければ、（爪を）切らず」は、吉日ではないので避けたのである。申・酉・亥・子の日ごとに「沐浴」の注もあるが、『陰陽雑書』第三四「沐浴吉日」「病平癒後手洗沐浴吉日」など、各吉日は陰陽道書が詳しい。

このほかに、忠平の故実（延喜八年〈九〇八〉に参議）による「二月丙午《へいご》」の「着座吉日」（『御堂関白記《みどうかんぱくき》』長和二年〈一〇一三〉六月二十七日条、『小右記《しょうゆうき》』翌日条）など、先祖の吉例にもとづく吉日も生まれた（よって二月の午《うま》は大禍日《たいかにち》だが忌まない）。着座は、公卿《くぎょう》が新任後、初めて太政官庁《だいじょうかんちょう》や外記庁《げきちょう》の座に着くことで、宜陽殿《ぎようでん》の陣（左近衛《さこのえ》の陣）の座に着くのが着陣である。二月壬午《じんご》（大禍日）や三月丁未《ていび》（滅門日《めつもんにち》）の受領下向吉日もあった。

逆に吉日が、異説や凶例により、凶日にもなった。たとえば庚午《こうご》は、真備説では三宝吉日の下吉だが、正暦三年六月八日庚午に寺供養《てらくよう》を行なった源保光《やすみつ》家が絶えたことにより、婆羅門僧正《ばらもんそうじょう》の「子孫死す」、春苑玉成《はるそののたまなり》の「大凶」説が意識された（『権記《ごんき》』長保《ちょうほう》三年〈一〇〇一〉二月十九日条、『中外抄《ちゅうがいしょう》』上―五四、下―三）。しかし大禍・滅門・三宝吉は、いずれも『宣明暦』に付け加えられた朱書暦注であり、本来の暦注を軽視したわけではない。なお春秋の彼岸《ひがん》を「よき日」とするのは陰陽道ではないが、貴族らには同列に扱われた。

また、吉時も重要だった。日記には陰陽師の日時勘申が散見するが、物語などは基本的に吉時のみが見える。『源氏物語』葵巻で、光源氏が若紫《わかむらさき》の髪削ぎをするために吉日を自ら選び、「暦の博士召して時刻問はせなどしたまふ」と吉時の勘申を明記するのは、稀な例であり、作品内での彼女の髪（境遇の象徴）の重要性がうかがえる。なお暦博士も陰陽師だが、専門家としての官名を用いるのも、この物語の特徴である。吉日については、自ら選ぶ、または勘申させた例が、歌物語《うたものがたり》には見えないものの、『源氏物語』の他、『蜻蛉《かげろう》日記』『落窪《おちくぼ》物語』『うつほ物語』や『栄花物語』正篇、『寝覚《ねざめ》物語』などに散見する。

吉や凶の日時は、『口遊《くちずさみ》』『二中歴《にちゅうれき》』『簾中抄《れんちゅうしょう》』『拾芥抄《しゅうがいしょう》』や、応永二十一年（一四一四）勘解由小路《かでのこうじ》（賀茂）在方《あきかた》撰の暦注解説書『暦林問答集《れきりんもんどうしゅう》』、仏家《ぶっか》による物語的・縁起的な暦注解説書『三国相伝宣明暦経註《さんごくそうでんせんみょうれききょうちゅう》』（十四世紀後半成立。全三巻。巻二に赤口日《しゃっくにち》・

赤舌日《しゃくぜちにち》も見える。これの増補版が晴明仮託《かたく》『簠簋内伝金烏玉兎集《ほきないでんきんうぎょくとしゅう》』（全五巻）などにもまとめられている。ただし平安時代の陰陽師の勘申について知るには、日記などの具体例や、賀茂家栄《いえよし》編『陰陽雑書』（『新書』）、安倍泰忠《やすただ》書写『陰陽略書』などに依拠したほうがよい。方角禁忌《ほうがくきんき》についても同様である。

凶日

暦序に見える凶日のうち、九坎日《くかんにち》は「坎日《かんにち》」と呼ばれ、日記には「欠日」「九欠」とも書かれる。節月ごとの十二支である（表9）。暦序には「出行及び種蒔・蓋屋（屋根葺き）すべからず。凶」とあるが、広く忌まれた。『紫式部日記』寛弘六年（一〇〇九）正月一日丁巳《ていし》条の「坎日なりければ、若宮（敦成《あつひら》）の御戴餅《おんいただきもち》のこと、とまりぬ」は、正月吉日に乳幼児の頭に餅を載せて息災長寿を祈る通過儀礼を忌む例である。式日では忌まないというが（『春記』長暦三年十一月二十日条）、戴餅の日は固定ではない（餅は呪詛《じゅそ》にも用いられたように、呪力がある）。寛弘六年の立春は正月三日で、元日はまだ十二月節なので、巳《み》が坎日だった。この記事は、女房たちが節月を意識していた例としても注目される。

また『源氏物語』では、夕霧の「日次」へのこだわりが目立ち、物忌の遵守と併せて、光源氏の息子というよりも、母方の藤原氏の血を引く人物として造型されている。スピンオフ的な夕霧巻では、彼が坎日を避けて落葉《おちば》の宮を訪れるのを延期したことが、宮の母親

表9　暦注の凶日の一部

節月	帰忌日	血忌日	九坎日	十死一生	百鬼夜行	下食日	滅門日	大禍日
正月	丑	丑	辰	酉	子	未	巳	亥
二月	寅	未	丑	巳	子	戌	子	午
三月	子	寅	戌	丑	午	辰	未	丑
四月	丑	申	未	酉	午	寅	寅	申
五月	寅	卯	卯	巳	巳	午	酉	卯
六月	子	酉	子	丑	巳	子	辰	戌
七月	丑	辰	酉	酉	戌	申	亥	巳
八月	寅	戌	午	巳	戌	酉	午	子
九月	子	巳	寅	丑	未	巳	丑	未
十月	丑	亥	亥	酉	未	亥	申	寅
十一月	寅	午	申	巳	辰	丑	卯	酉
十二月	子	子	巳	丑	辰	卯	戌	辰

の死を招く。話の展開の必然性にも陰陽道の禁忌が利用されている。

帰忌日（帰亡日）は、暦序によると、「遠行・帰家・移徙・呼女・娶婦をすべからず。大凶」、血忌日は、「刑戮及び針灸すべからず。血を出《いだ》す、凶」である。

凶会（凶事が集まる）日は、暦注の単陽《たんよう》・単陰《たんいん》など二十二種の凶日の総称で、節月ごとに日の干支で決まるが、月によって三（正月など）から十五（九月）と数も異なり、また

「凶会」と暦に注記されているわけではないので、大変わかりにくかった。『枕草子』二四三段「ことに人に知られぬもの」に挙げられているゆえんである。ただし、『中右記』紙背の現存最古の嘉禄《かろく》二年（一二二六）の仮名暦では、総称で「くゑにち」「くゑ日」と明記され、女性にも身近になっている。『宇治拾遺物語』五―七「仮名暦誂《あつら》へたる事」に、「生女房《なまにようぼう》」に「紙」を渡され、「仮名暦書きて給《た》べ」と書写を依頼された僧が、「始めつ方はうるはしく（まじめにきちんと）、神、仏によし、かん日、くゑ日など書」いたが、終盤はふざけて「長凶会日《ながくえにち》のやうに」、長期間の「はこすべからず」という暦注を創作したために、遵守した依頼者が用を足せず困ったとある。節月九月（九月節）は庚寅《こういん》から九日間続くので、「長凶会日」と呼ばれた。

土用は、今は立秋前だけが知られるが、四立《しりつ》の前、つまり節切りの四季すべての最後の各十五日間で、暦に注記されている。寛仁三年（一〇一九）、土用の期間中の小野宮第への新宅移徙を、明経《みようきよう》家《か》の清原頼隆《よりたか》が問題にした。実資は、陰陽道の位階第一の主計頭《かずえのかみ》安倍吉平《よしひら》、興福寺僧の宿曜師仁統《にんとう》、故実《こじつ》家の従弟公任《きんとう》、陰陽頭惟宗文高《これむねのふみたか》に尋ね、忌まずの回答を得ている（『小右記』同年十二月十六日条）。これらが当時の暦の禁忌の管理に当たる人々だった。なお十一世紀に入ると、「土」への関心がさまざまな形で高まり、犯土《ぼんど》では土用を忌むようになる。

滅門日などの朱書暦注

朱書暦注の十死一生（忌遠行）や百鬼夜行《ひやっきやぎょう》（忌夜行）は、忌むべき対象が明確である。道長は、長和元年（一〇一二）正月二十日戊子、深夜に退出して東三条院《とうさんじょういん》に参ろうとしたが、「夜行に依り」参らず、長和五年（一〇一六）三月二十一日乙丑、明後日の新造二条第《にじょうだい》移徙のための藤原定佐《さだすけ》家への「方違《かたたがえ》」が、「遠行を忌む」によりできなかった（『御堂関白記』）。また治承《じしょう》四年（一一八〇）八月に、平維盛《これもり》らが伊豆で挙兵した源頼朝《よりとも》を討ちに福原《ふくはら》を出た後、六波羅《ろくはら》に六日間留まったのも、上総守《かずさのかみ》平忠清《ただきよ》が忌遠行日にこだわったためである（『山槐記《さんかいき》』九月二十九日条）。維盛は、「旧都に於《お》いては日次を忌むべからず」と言い、日次に囚われていなかった。

『口遊』時節門などには、「夜行の途中の歌」つまり百鬼夜行日に自らが夜行する際に唱える歌「堅磐《かたしわ》や我《わ》がせせくりに醸《か》める酒《さけ》手酔《え》ひ足酔ひ我《われ》酔ひにたり」が見える。唱えて身を守ったこともあってか、北家《ほっけ》の御曹司が「夜行の日」に「鬼」に遭遇したが、『尊勝陀《そんしょうだ》羅尼《らに》』によって助かった、という説話が複数生まれた。『栄花物語』初花巻が語る、夜行日の頼通の具平《ともひら》親王女（隆姫《たかひめ》）通いが元だと考えられる。

滅門日と大禍日は、半年ずれること（表9）からわかるように、セットで扱われる。『口遊』にも見えず、朱書暦注の中でも特に後発で、流動的だった。寛弘元年（一〇〇四）六月二十日癸酉《きゆう》（節月六月九日）、道長が土御門第で仏像を造ろうとしたところ、晴明が今日は「滅門」で宜しくないと申したので留めた（ただし酉は五月の滅門）。道長が暦注にはすでにあるがまだ意識していなかったこと、新しい凶日の禁忌を広めるのに晴明が積極的だったこと（ただし不正確）、さらには道長の行動を晴明が把握できていたことが注目される。晴明は、一条朝前半は天皇に奉仕していたが、長保二年（一〇〇〇）正月十日の彰子《しょうし》立后《りつこう》（中宮）の私的な日時勘申（『御堂関白記』）以降、道長にも奉仕するようになる。晴明の家は、本内裏《ほんだいり》や一条院内裏（後に紫式部も出仕）だけでなく、道長の邸宅にも近い。

滅門日は、三宝（仏事）のみを忌むべき日だったので（『小右記』長和四年〈一〇一五〉四月十三日条）、寛仁二年（一〇一八）四月の後一条天皇の新造内裏遷御では、吉平が二十七日庚寅《こういん》を問題なしとしたが、道長がこだわり、最終的に翌日に変えられた（『御堂関白記』『小右記』同十二日～十五日条）。長和四年三月八日戊子《ぼし》の「滅門日」に「移徙（いしわたまし）」を行なった教通第《のりみち》が翌月四月十三日に焼亡したことが、背景にあると考えられている。教通室（公任女）の乳母子の十三歳の童女も焼死した（『小右記』）。教通の凶例だけでなく、「門を滅ぼす」という名称も、家門の滅亡に通じ、縁起が悪い。道長は、仏事を忌むよりも子孫断絶の日と理解していたようである。

このように新しい凶日の禁忌の対象・範囲は、前述の先例優先を含め、摂関などの貴族の意向で流動するものだった。陰陽道の禁忌は、凶例や吉例を上回るものではない。相対的・流動的、よくいえば臨機応変である。また安倍氏が、より積極的に新しい禁忌に関わっており、道虚日《どうこにち》についても、「晴明一家の申す所」があったという（『小右記』長元三年〈一〇三〇〉九月十七日条）。

申の日

暦注の凶日のほかに、「申《さる》の日」は、諸事によくない日とされ、延期の理由の一つとなり、吉事も憚られた。「去る」との音通が忌まれた一因と考えられている。日記に散見し、たとえば、寛弘五年（一〇〇八）九月十五日壬申の五夜《ごや》の産養《うぶやしない》で、諸卿《しょきょう》を十一日に敦成を出産した彰子の御簾《みす》の前に召したことを、実資は批判している（『小右記』）。なお『紫式部日記』には、申の日のことは見えず、翌十六日の月蝕にも触れない。ちなみに、「古典の日」（『源氏物語』がある程度成立していたことがわかる公任《きんとう》の発言があった日にちなんで制定）の元になった十一月一日戊午《ぼご》、敦成親王の五十日《いか》当日と翌日は、明記された一条天皇だけでなく、彰子も物忌だったという（深澤瞳氏「『紫式部日記』における御五十日の日次の問題」『日記文学研究誌』一八、二〇一六年）。

さて以上の吉凶日は、万人共通のものだが、本命日《ほんみようにち》や八卦忌《はっけいみ》、宿曜《すくよう》の厄日《やくにち》など、人ごとに異なる忌むべき日もあった。

八卦忌とは何か

御忌勘文

「八卦忌《はっけいみ》」は、年齢ごとに八通りに分かれる一年間（節切り）の日時と方角の禁忌の体系である。表10は、体系としての初見である『医心方《いしんほう》』巻二針灸部《しんきゅう》「八卦法第十二」にもとづく（七十二歳以上は省いたが、年齢マイナス四十歳と同じ）。八卦法第十一は、天養二年（一一四五）に藤原忠実《ただざね》が持っていた宇治本から移点し医家本（丹波重基本と重忠本）によって増補された半井家本《なからいけぼん》にあり、仁和寺本《にんなじ》・宇治本にはない。しかし、『医心方』成立の十二年前の天禄元年（九七〇）に成立した『口遊《くちずさみ》』に、養者方《ようじゃのかた》や衰日《すいにち》を含む一連の暗誦法が挙げられているので、すでにこの体系があったことは確かである。より後発の天医《てんい》・福徳方《ふくとくのかた》も、『掌中歴《しょうちゅうれき》』に暗誦法が見える。

天皇や中宮・東宮《とうぐう》には、毎年十二月十日に、生気《しょうげ》・養者の吉角の色を含む、翌年の

表10　八卦忌

八卦		離☲	坤☷	兌☱	乾☰	坎☵	艮☶	震☳	巽☴
年齢		1	2	3	4	5	6	7	
		8	9	10	11	12	13	14	15
		16	17	18	19	20	21	22	23
		24	25	26	27	28	29	30	31
		32	33	34	35	36	37	38	39
		40							
		41	42	43	44	45	46	47	
		48	49	50	51	52	53	54	55
		56	57	58	59	60	61	62	63
		64	65	66	67	68	69	70	71
凶方（忌方）	遊年	離	坤	兌	乾	坎	艮	震	巽
	禍害	艮	震	坎	巽	兌	離	坤	乾
	絶命	乾	坎	震	離	坤	巽	兌	艮
	鬼吏	坎	震	離	巽	坤	離	乾	兌
吉方	生気	震	艮	乾	兌	巽	坤	離	坎
	養者	坤	離	艮	坎	乾	兌	坎	離
	天医	兌	巽	離	震	艮	坎	乾	坤
	福徳	巽	兌	坤	艮	震	乾	坎	離
衰日 衰時		寅申	卯酉	子午	辰戌	丑未	丑未	卯酉	辰戌

八卦		離☲	坤☷	兌☱	乾☰	坎☵	艮☶	震☳	巽☴
小衰	節月	1	6	7	5	1	3	3	4
		5	12			6	4	10	11
		12				7	9		
							10		
	節日	5	13	10	15	16	2	2	4
		12	29	14	22	20	9	18	11
		28		23			25	26	17
大厄	節月	10	2	1	2	3	4	2	3
			7	5	3	10	12	5	6
				11	4	12		8	9
					9			11	
	節日	2	3	1	6	7	5	8	10
		9	8	5	12	10	23	16	25
		17	10		14	20		20	
		15			19				
	忌方	北	北	東	南	西	南	西南	東北
一説月厄	節月	1	2	5	1	2	5	6	10
		3	8	11	3	8	11	7	12
		10							
		12							
	節日	2	15	16	2	7	15	8	6
		12	24	26	12	24	23	16	17
								24	25
	忌方	南	北	東	南	北	南	西南	東北

「八卦《はっけ》忌勘文《いみかんもん》」を奉った（『延喜式《えんぎしき》』陰陽寮御忌《おんいみ》条）。『御堂関白記《みどうかんぱくき》』長徳四年（九九八）や寛弘四年（一〇〇七）および五年の十二月十日の家司《けいし》が記入した年中行事にも、内侍を通じて「来年の御忌」を進上することが見える。『朝野群載《ちょうやぐんさい》』巻十五陰陽道所収の東宮尊仁《たかひと》親王（後三条天皇）の治暦《じりゃく》二年（一〇六六）の勘文では、わかりやすいように暦月の日付に置き換えられている。また、『兵範記《ひょうはんき》』長承元年（一一三二）十二月十日条には、「陰陽寮官人、明年《みょうねん》の御忌勘文并《なら》びに侍所《さむらいどころ》の新暦《しんれき》を持参す」とあり、記主の中宮権少進《ごんしょうじん》平信範《のぶのり》が、勘文を崇徳《すとく》天皇中宮藤原聖子《せいし》に見せ、返却後、元三《がんさん》の「供御薬《みくすりをぐうず》」の「童女の年歯（年齢）并びに衣服の色」を「陪膳《ばいぜん》の女房」に伝え、新暦は「侍所」に留め置いた。裏《うら》書《がき》に、官人らの禄《ろく》は「絹二疋」とある。

衰日・小衰日・大厄日

凶日は、衰日・小衰日《しょうすいにち》・大厄日《たいやくにち》・一説月厄日《いっせつげつやくにち》である。

衰日（行年衰日）は、巳・亥以外の十二支二つで、「忌《いみ》の方《かた》」に対して「忌《いみ》の日《ひ》」ともいい、中世以降「徳日《とくにち》」ともいう。『江談抄《ごうだんしょう》』一―四「八《や》十嶋祭《そしまさい》の日は主上《しゅじょう》の御衰日を避くべき事」の昌泰《しょうたい》元年（八九八）の醍醐天皇の例が早く、一―五には、後三条天皇の時に東宮の衰日も避けたとある。日記に散見し、仮名作品では『栄花物語』の嬉子《きし》や妍子《けんし》の葬送の記事に、同母きょうだいの頼通《よりみち》や彰子《しょうし》・教通《のりみち》の衰日が「御いみの日」として見える（楚王《そおう》の夢巻、玉《たま》の飾り巻）。本人以外の衰日については賀茂光栄《みつよし》が、「本条」（典拠）には特に記述がないので、一条天皇が叔母たちの着服《ちゃくぶく》で、母詮子の衰日を忌む必要はないと述べている（『権記《ごんき》』長徳四年十月十日乙未条）。しかし中宮彰子・妍子は、ともに母倫子《りんし》の衰日のため、それぞれの夫だった天皇の着服を延期した（『御堂関白記』寛弘八年〈一〇一一〉七月十七日条、寛仁元年〈一〇一七〉五月二十七日条）。

衰時《すいじ》は、衰日と同じ十二支二つで、『医心方』や尊仁親王の勘文、『陰陽雑書』第三一「八卦」、『掌中歴《しょうちゅうれき》』『二中歴《にちゅうれき》』にも見えるが、具体例は『小右記《しょうゆうき》』の四例以外、未見である。初例は正暦四年（九九三）二月九日丁卯、実資の妻が「辰の時」に出産したが、新生児は亡くなった。縣奉平《あがたのともひら》を召して尋ねると、「未の時、吉時。然《しか》りと雖《いえど》も、女人《にょにん》の衰時に相当す。申の一点、出《いだ》し棄つる、宜しきか。其の方《かた》、乾方を用ゐるべし」と申したので、後者の時刻に、「蓮台寺《れんだいじ》の南の辺」に棄てさせた（蓮台野《れんだいの》は鳥辺野《とりべの》・化野《あだしの》とともに葬送地として知られる。上品《じょうぼん》蓮台寺は今もある）。このような明記は限られるが、日記などを詳しく見れば、「吉《よ》き時」「宜しき時」には含まれないことが確認できるはずである。

小衰以下は、節月と節日の組み合わせである。大厄（厄日《やくにち》・八卦《はっけ》厄日《やくにち》・八卦慎日・一日御物忌）と一説月厄は、ある方角に行くことを忌む日なので、方角禁忌でもある（一説月厄の忌方は大厄にほぼ同じ）。ただし「不宜南行」「忌西南行」などと表記され、八卦を用いない。

以上、衰日時・小衰を含め、十二支や月ごとという十二の単位を用いる禁忌である。

凶方と吉方

方角は、吉方は生気・養者・天医・福徳、凶方は遊年《ゆねん》・禍害《かがい》・絶命《ぜちみょう》・鬼吏《きり》である（表10、表3）。凶方は、出行と犯土・造作だけではなく、年中行事や儀礼などの際に向く方角でも忌まれた。忌の対象が明確な方違の初見である清和天皇の「御絶命」以下、史料に散見するが、「忌の方」とのみ書かれる場合が多い。年齢や方角から、具体的な凶方がわかる。臣下は基本的に遊年方のみ忌む。

吉方では、生気、それに準じる養者の方角と、それらの色が、新春行事や出産儀礼、通過儀礼、移徙《いし》その他で用いられた。新春は、供立春水、供御薬《みくすりをくうず》、餅鏡《もちかがみ》（一家が揃って見る）、歯固《はがため》、卯杖《うづえ》など。出産儀礼は、着帯、産婦の衣《きぬ》の色（医師《くすし》が勘申）、産座《さんざ》（出産の時に向く）、産湯、胞衣納《えなおさめ》（蔵胞衣）など。通過儀礼は、髪削、行始《いきはじめ》など。移徙は、新宅作法で供した五菓を埋める方角。さらに、水火童女《すいかどうじょ》や、黄牛《あめうし》を牽く童女または童男の衣の色に、新宅の主人の天皇や摂関の生気の方角の色が用いられた時期がある（後朱雀《ごすざく》天皇の行幸が初見）。

なお供御薬では、天皇の生気方が「坎（かん・きた）」の年は、天皇や薬子《くすりご》らが、「黒」でなく「緑」の衣を着た。『江家次第』はそれを「遊年方の色」と説明するが、陰陽師の認識とは異なる。緑色自体が水色であることは、五行相生《ごぎょうそうしょう》にもとづく着衣始《きそはじめ》の産着の色について前述した。また新宅移徙においても、延久三年（一〇七一）の後三条天皇の遷幸以降、生気方が「離（り・みなみ）」の場合は、火の色の「赤」を避け、水の色として「緑」を用いた（『陰陽博士安倍孝重勘進記《たかしげかんじんき》』など）。その後、臣下は十一世紀中に、公《こう》家《か》は十二世紀には、主人の生気方とは無関係に、火伏《ひぶせ》の緑色に統一される。

新居に引っ越す際に「火」を忌むことは、今も変わらない。平安時代は曜日にはあまり注目しないが、新帝三条天皇の内裏遷幸について、陰陽師たちは八月十一日壬子《じんし》が「宜しき日」だと申したが、道長は「火曜日《かようにち》」に当たるなどの理由で一旦留保した。結局、火災《かさい》祭《さい》を行なえば「吉き日」になるとのことで変更されなかったが、やはり「火」は忌避されたのである（『御堂関白記』寛弘八年〈一〇一一〉七月一日条、『小記目録《しょうきもくろく》』第一五「日次事」）。

医書との関係

八卦忌が禁忌として日本で導入されたのは早く、呪符木簡や人形《ひとがた》が多数発掘されている藤原京跡の、右京の橋跡から出土した木簡にも、「宮仕《みやづかえ》に良き日」とともに、慶雲《けいうん》二年（七〇五）の某官人の遊年・絶命・禍害・生気が記されている。八種類の吉凶方のうち、この四つが本来のものだった。

九世紀後半から十世紀初頭までに、他の四方や、日時の禁忌が、『九宮経《きゅうきゅうきょう》』『大唐陰陽書』『三公地基経《さんこうちききょう》』などの五行書や、『産経《さんきょう》』『外台秘要方《げだいひようほう》』『蝦蟇経《がまきょう》』などの医書から追加され、八卦忌の体系が成立した。特に「大厄」「小衰」「衰日」は、名称や仕組みが共通または類似する、医書の十二単位（月や十二支）の吉方や忌の月日・方角に由来すると考えられる。

中国には見られない「養者」も、療病に当たる者の意である。『西宮記《さいきゅうき》』一「供御薬事」によると、大晦日に典薬寮《てんやくりょう》が搬入した「御薬」は、生気方が不都合なら養者方に置くという。「卯杖」献上の際に添えられる置物については、『西宮記』の記述は簡略だが、『江家次第』巻二「卯杖事」は、天皇の生気が「坎《きた》」の年は、「鼠（子）」ではなく養者「離《みなみ》」の「馬（午）」を作るなど、より詳しい。生気のスペアがあると便利だった。なお現代の迎春の縁起物《えんぎもの》の置物は、知られるように、万人共通の年の十二支である。

八卦忌の基本の遊年・生気・禍害・絶命の出典の一つが、『五行大義《ごぎょうたいぎ》』巻五「第二十三論諸人」の「論人遊年・年立《ねんりつ》」である。そこには男女別に二通り示されている。陰陽思想《いんようしそう》が徹底しているのである。しかし日本では、女性も男性と同じもの（表10）を用いた。年齢が同じなら、男女の違いはない。これは日本独自のものではなく、

表11　生気方の色

八卦	離	坤	兌	乾	坎	艮	震	巽
八方	南	西南	西	西北	北	東北	東	東南
五行	火	土	金	金	水	土	木	木
五行大義	赤	黄	白	紫	黒	紅	青	緑
外台秘要方	赤	黄	白	白	黒	黄	青	青

『医心方』が引く、唐の玄宗皇帝の天宝《てんぽう》十一年（七五二）に王燾《おうとう》が編纂した医書『外台秘要方』（現存）巻三三「崔氏年立成図法《さいしねんりつせいずほう》」の「遊年」以下も、男性と同じである。『産経』の新生児の「禍害・絶命」も、男女の区別がない。つまり日本の八卦忌は、医家の説に従っており、五行書だけでなく、繰り返し述べているように、医書も陰陽師の典拠として看過できない。

また八卦八方の色も、『五行大義』巻三「第十四論雑配」の「論配五色」は、四角（四隅《しぐう》・四維《しい》）の乾《いぬい》・艮《うしとら》・巽《たつみ》に「間色《かんしょく》」の紫《むらさき》・紅《くれない》・緑《みどり》を用いるが、陰陽師の勘中では、『外台秘要方』と同じく、四角も「正色《せいしょく》」を用いていた（なお十干では「間色」を使用する。後掲表12）。表11として、両書の色を挙げておく。坤《ひつじさる》の「黄」は同じで区別ができないが、乾の「白」は、後鳥羽上皇の院宣《いんぜん》による、承元四年（一二一〇）八月編『安倍孝重勘進記』の「御移徙作法事」などに見える。一方『掌中歴』『二中歴』は、『五行大義』と同じなので、その意味でも、平安時代の実態を知るには故実書《こじつしょ》ではなく陰陽道書を参照すべきである。

初詣の起源の生気方献燈

八卦忌の吉方が新春行事に用いられたのは、『延喜式』の「供立春水」で水を汲む井戸の方角や、元三（三が日）の「供御薬」（臣下は「屠蘇《とそ》・白散《びゃくさん》」という）における童女の衣の色が早い。

生気方の導入は、このように天皇が先行するが（新春に限らなければ、前述の藤原京跡出土の木簡の臣下の例が早い）、十一世紀初頭には、藤原行成《ゆきなり》や道長が、立春以後の三宝吉日《さんぽうきちにち》に、生気《しょうげ》または養者《ようじゃ》の方角の馴染のある寺に、吉方《よきかた》が同じ家族と参詣して、御燈《ごとう》（燈《とう》明《みょう》）を献じるということを始めた。招福のためであり、初詣《はつもうで》の原形といえる。木簡の例を除き、臣下が八卦忌の吉方を用いた初例でもある。行成が最初の時に三宝吉日について安倍晴明《はるあき》に書状で尋ねていることや（庚辰は真備《まきび》説では仏事奉仕の「半凶」だが問題ないか）、かつて泰山府君祭《たいざんふくんさい》について晴明に指南されていたことなどから、晴明が行成に（あるいは道長にも）、勧めた可能性が高い。

初例の『権記』寛弘元年（一〇〇四）二月二十六日庚辰条には、「生気御明《みあかし》を奉らんが為に、修学院《しゅうがくいん》に参詣す。（中略）自らの料《りょう》五千燈、薬助《やくじょ》の料二千燈、其の弟女（妹）二千燈を供へ奉る。諷誦《ふうじゅ》は手作布《たづくりぬの》十端《たん》。夢想《むそう》有りて信濃布《しなのぬの》を用ゐず。世尊寺《せそんじ》に帰り、堂に入り礼拝《らいはい》す」とある。

二例目の同六年五月二十九日癸未《きび》条は、「北山《きたやま》の寺」「吉方《よきかた》の寺」への献燈で、行成は三十八歳、生気は南、養者が北で、「吉方」は養者だった。他の日記でも、養者はスペアのためか明記されず、「吉方」と書かれている。

このように当初は正月に限らないが、『御堂関白記』五例のうちの四例目の長和四年

（一〇一五）正月九日庚寅《こういん》条（夫婦で雲林院《うりんいん》参詣）や、『殿暦《でんりゃく》』康和四年（一一〇二）正月十日丙寅《へいいん》条および長治二年（一一〇五）正月十三日壬午《じんご》条は、立春当日であり、節月正月一日の吉方詣《よきかたもうで》だった。節月と暦月の違い、吉方の生気と歳徳《さいとく》の違い、寺のみと寺社両方の違いはあるが、元日の初詣は、道長が元祖といっても過言ではないのである。

なお道長の最初の寛弘五年（一〇〇八）二月十三日甲辰《こうしん》は、すでに彰子の懐妊がわかっていた時期に、夫婦で雲林院の慈雲堂《じうんどう》に参詣し、「燈明・諷誦」を奉った。「吉方」は西北で、道長四十三歳の生気、倫子四十五歳の養者である。また最後の例は、十月十六日に一《いっ》家三后《かさんこう》が実現する寛仁二年（一〇一八）の正月十五日己寅《きいん》、后がねの威子《いし》（二十歳）・嬉子（十二歳）を連れて、行成の案内で世尊寺に参った（養者が道長は西、娘達は西北）。知られるように、二人は同母姉彰子の息子たちと結婚する。漫画『サザエさん』の磯野家でいうとワカメちゃんとタラちゃんの結婚である。

その後、平安時代を通じて、吉方が同じ家族（両親と子女）のほか、同年齢の友人と参詣する、自らは参詣せず代参《だいさん》の者が献燈のみ行なう、吉方の神社に参詣して奉幣《ほうべい》する、吉方の私宅を訪問する（新生・新宅とは別の新年の行始《いきはじめ》）などが加わる。

室町時代の初期には、生気方への参詣が「恵方《えほう》参り」と呼ばれている（自筆本『師守《もろもり》記《き》』貞治《じょうじ》二年〈一三六三〉閏正月一日より六日に至る箇所の紙背文書《しはいもんじょ》）。「恵方」は、当初は生気方を指したのである。その後、近世初期までに、対象が万人共通で、兄方《えほう》でもある「歳徳神《としとくじん》」（後述）に変わり、近世に「恵方参り」が盛行して、現代に至る。移行したのは、八将神《はっしょうしん》信仰・牛頭天王《ごずてんのう》信仰とともに歳徳神が注目されたこともあろうが、生気方の「恵方参り」は、同行者が年齢によって限られたことも、移行の理由ではないだろうか。

なお「恵方参り」の対象の歳徳への移行に先立ち、室町時代に始まる節分《せつぶん》の豆まきの「鬼大豆《だいず》打ち」（『看聞日記《かんもんにっき》』および室町幕府『花営三代記《かえいさんだいき》』応永三十二年〈一四二五〉正月八日条）で、「アキノ方」つまり歳徳の方角から、鬼に大豆や搗栗《かちぐり》を打ち当てるということが行なわれていた（『花営三代記』）。

ただし、「生気《しょうげ》（生家）」自体は近世まで残り、梅田千尋氏によると、歳末や正月に、檀家《だんか》に年齢ごとの「年卦《ねんけ》」（年八卦《としはっけ》）を持参するのが、当時の陰陽師の職務の一つだった。さかのぼって室町後期、伏見宮貞成《ふしみのみやさだふさ》親王は、たとえば応永二十五年（一四一八）、十二月二十日に暦家の賀茂在弘《あきひろ》、二十八日に安倍泰継《やすつぐ》、晦日に安倍有清《ありきよ》から、それぞれ「新暦」と「八卦」を献上された（『看聞日記』）。彼は以後、毎年複数の陰陽師からこれらを得ている。また次のように、仮名暦も得たことを明記した例がある。

天晴れ。節分なり。天曹地府祭《てんそうちふさい》、先日、（勘解由小路《かでのこうじ》）在貞《あきさだ》、勤め行なひ、撫物《なでもの》返送す。節分祈禱の事、又示し付け、（当方から）撫物を送る。新暦和漢二巻送り給ひ、

八卦等到来す。（万里小路《までのこうじ》時房『建内記《けんないき》』嘉吉《かきつ》元年〈一四四一〉十二月十七日条）

右の紙背文書に、撫物の返却、「御こよみ・御はけ」の献上、および夕方に祈禱を勧めたい旨を記した在貞の仮名の書状があり、「八卦」の読み方や陰陽師の営業方法がわかる。

なお前述した『師守記』の真名《まな》と仮名混合の紙背文書は、記主中原師守一家の、貞治元年（一三六二）の八卦忌の「よき方」と「衰日・とく日」などの一覧で、夫婦と子供たちの性別・年齢がほぼわかる。「行年卌五（四十五歳）」とあるのが、彼自身と考えられ、師守は文保二年（一三一八）生まれということになる。また、「若水」「手水《ちょうず》」「御装束」「恵方参り」「吉書始《きっしょはじめ》」など、近世の年卦と同じ項目が見られることも看過できない。

方角の吉凶

吉方

福がもたらされる方角が吉方（きちほう・よきかた）である。

「東」は、日月の昇る方角だが、「東流水」について述べたように、五行説でも万物の生命がもたらされる方角として重視された。敦良《あつなが》親王の「御胞衣《えな》」を「東方」に埋めたのも（『御堂関白記《みどうかんぱくき》』寛弘六年〈一〇〇九〉十二月九日己丑条）、そのためである。産湯の水や臍《へそ》の緒を切る竹を採取する方角も、「東方」とされた。平安末期以降、一歳の「生気方」ゆえに「東」と解釈され、養者方《ようじやのかた》、遅れて福徳方《ふくとくのかた》も用いられるようになる。

また「乾《いぬい》」も、「天門」であり、福徳のもたらされる吉方と認識されていた。『源氏物語』の六条院の西北の町が御蔵町《みくらまち》で、明石《あかし》の君（中宮の実母）の住居とされたことや、「成《なり》相寺縁起《あいでら》」の例がある。これも、万人にとっての動かない吉方の一つである。

吉方には、年または月（節切り）ごとにめぐる方角神のうちの吉神のいる、ある事を行なうのによい方角もある。凶神がおらず、悪くはない方角が、「宜しき方」である。吉日時と同様に、陰陽師が勘申《かんじん》した。貴族自ら判断する場合もある。

「天道」「天徳」「月徳《げっとく》」「月徳合」「月空」は、暦序《れきじょ》にも挙げられた吉神で、具注暦《ぐちゅうれき》の各月の冒頭に示されている（月建記事）。これらの節月ごとの所在の方角は、元旦の四方拝《しほうはい》や、出産・誕生の諸儀礼の吉方として用いられた（『医心方《いしんほう》』巻二三所引『産経《さんきょう》』など）。

歳徳・歳徳合

「歳徳《さいとく》」は、年（節切り）ごとの吉方で、暦序に「大歳」以下の八将神とともに示されている。その年の十干により、四通りある。表12の最終行に示した（方角は三十二方位で示したので、すべて「ほぼ」が付く）。陽干「兄」のうち、甲・丙・庚・壬の年は、そのままの方角だが、戊（土）は中央なので、「火は土を生ず」ということにより、丙となる。陰干「弟」については、五行相勝《ごぎょうそうしょう》を回避するために、兄が妹を、それぞれ自らの五行に勝つ五行の兄と結婚させるので、乙・丁・己・辛の年は、それぞれ庚・壬・甲・丙となる。癸（水）は、戊の妻なので、戊の年と同じく丙となる。これらをまとめると、甲・己の年は甲、丙・辛・戊・癸は丙、庚・乙は庚、壬・丁は壬となる。『暦林問答集《れきりんもんどうしゅう》』は、陰の干には「徳」がないので陽の干と「相合」すると述べた後に、この五行相勝による説明を挙げている。

なお、一年間の吉日の「歳徳」もある。戊・癸の年は、吉方の場合と異なり、そのまま戊の日が「歳徳」である。また、各五行の配偶者が「歳徳合《さいとくごう》」という吉方および吉日なので、戊・癸の年は、癸の方角と日である。

表12　歳徳と十干の色

五行	五方	五色	十干	兄弟	夫婦	色		方角	歳徳	方角
木	東	青	甲	木兄	木	青		東北東	甲	東北東
			乙	木弟	金の妻	青＋白	縹	東南東	庚	西南西
火	南	赤	丙	火兄	火	赤		南南東	丙	南南東
			丁	火弟	水の妻	赤＋黒	紫	南南西	壬	北北西
土	中央	黄	戊	土兄	土	黄		中央	丙	南南東
			己	土弟	木の妻	黄＋青	緑	中央	甲	東北東
金	西	白	庚	金兄	金	白		西南西	庚	西南西
			辛	金妹	火の妻	白＋赤	紅	西北西	丙	南南東
水	北	黒	壬	水兄	水	黒		北北西	壬	北北西
			癸	水弟	土の妻	黒＋黄	驪黄	北北東	庚	西南西

ちなみに十干の色も、五行の弟（妹）と、それぞれに勝つ五行の兄との結婚で説明されている（『五行大義《ごぎょうたいぎ》』巻三「第十四論雑配」の「論配五色」）。陽干の甲・丙・戊・庚・壬は、それぞれの五行の色、つまり青・赤・黄・白・黒の「五色・正色」である。陰干の乙・丁・己・辛・壬は、夫の五行の色が混じった「間色」の縹《はなだ》・紫・緑・紅・驪黄《りおう》である。『論語』陽貨篇に「紫の朱（赤）を奪ふを悪《にく》むなり」とあるように、陰陽五行説では、「紫」は不純な劣った色だった。中国文化は、種々対照的なもので成り立っているが、儒教と対照的な道教では「紫」は最高の色で、日本では、道教や仏教にもとづき「紫」が尊重されている。

歳徳神という女神へ

「歳徳」は、平安時代にも新春・新生などの吉方として用いられているが、あまり例は多くはない。読み方は「さいとく」である。「絵所《えどころ》」など、音訓が混じった熟語は稀だった。また特に性別はなく、八王子に含められることもあったが、中世には「歳徳神《としとくじん》」という女神とされるようになる。室町時代の『宣《せん》明暦経註《みょうれききょうちゅう》』（原『簠簋内伝《ほきないでん》』）の方位・空間に関する巻一では、歳徳神が、南海の娑竭羅《しゃから》龍王《りゅうおう》の娘＝頗梨采女《はりさいじょ》＝牛頭天王《ごずてんのう》（天道神・薬師如来《やくしにょらい》・天刑星《てんけいせい》）の妻＝八王子（八将神）の母とされている。ちなみに、天徳神＝蘇民将来《そみんしょうらい》である。また、道教の玉女《ぎょくじょ》とも習合し、歳徳玉女大善神《としとくぎょくにょだいぜんしん》とも呼ばれた。近世までに「恵方参り」の対象となり、現代の「恵方《えほう》巻《まき》」に至る。歳徳に関しては、実は平安時代よりも現代のほうが普及しているといえるかもしれない。

次に、「歳徳」の平安時代の例として、四方拝で拝む対象が最も多い次第を挙げておく。これは源為憲《ためのり》の注釈部分なので、平安初期にさかのぼらないものが多い。天皇は、元旦に清涼殿東庭《せいりょうでんとうてい》で、天地四方などを拝し、「呪」を唱え、一年の息災を祈った。平安中期には臣下も行なうようになる。傍線を付したのが方角神で、節月正月の「天道」は辛《かのと》、三十二方位の西北西よりも西寄りなので、「西を向き」でよい。「華蓋《かがい》」は紫微宮《しびきゅう》（北極星を

図15　女神の姿の歳徳神（大将軍八神社蔵）

囲む天の宮殿。紫微垣《えん》ともいう）の星座、「盥洗《かんせん》」は盥《たらい》で手を洗うこと（手水）、「天鼓《てんこ》」は「叩歯・齧歯」ともいい、天空を見上げて歯を鳴らすことである。

今案《あん》ずるに、寅の二剋に起《た》ち、先《ま》づ生気を向き、次に天道。〈西を向き五拝。〉盥洗し、訖《おわ》れば即ち玉女を向きて拝するなり。次に華蓋。〈凡《およ》そ諸神を拝せんと欲すれば、先づ華蓋を拝す。玉女の前に在り。故に亦た拝するなり。〉訖れば北を向き、天鼓を鼓《う》つ、三通。訖れば三たび属星《ぞくしょう》の名字《みょうじ》を呼び、合掌して額に当て、呪して曰はく〈云々《しかじか》〉と。訖れば即ち一々七星《しちせい》を再拝す。〈所属の星は七遍。〉次に亦《ま》た北に向き、北辰《ほくしん》。次に西南（坤）に向き、地を拝す。更に四方を拝す。〈東より起ち、次つぎ拝す。各おの再。〉次に大歳を拝し、次に大将軍、次に歳徳、次に天道、次に天徳、次に月徳、次に天一、次に太白、次に遊年、次に生気、次に竈神《かまどがみ》、次に内外の氏神《うじがみ》、次に父母君の廟《びょう》。（中略）急々如律令。（『口遊』時節門　歳旦《さいたん》拝天地四方諸神芳誦）

竈神・氏神・父母君廟とともに、受容した多様な外来の神々の名が見えるが、いずれも、星、方角などの普遍的・原理的な存在で、日本の伝統的な汎神論・多神教の神祇信仰になじみやすい自然神だった。

凶方、方忌

「方忌《かたいみ》」は方角の禁忌で、種々の凶《あ》しき神のいる方角（塞《ふた》がりの方《かた》）を忌避《きひ》することである。「方塞《かたふたがり》」は、凶の方角神（悪神）が、ある方角に所在し、行動制限があることをいう。移動を伴う行為だけでなく、その方角を向いて出産や灸治《きゅうじ》などをしたり、その方角に胞衣《えな》(胎盤)などを埋めたりもできない。このように動かない方忌もある。これらを犯すと身命に危険があった。なお「忌方《いみかた》」「忌の方」は、(1)忌むべき方角全般、または(2)「八卦忌方」を指す。

方角の禁忌は、『陰陽雑書《おんようざつしょ》』「方角禁忌」や「犯土造作吉日」、『陰陽略書』「諸神禁忌法」に詳しい。ただし、重視する方角神や、それを忌む方法などは、主に時期ごとの違いがある。

大将軍神は、つとに『儀鳳暦《ぎほうれき》』時代の漆紙《うるしがみ》文書の天平勝宝九歳(七五七)具注暦断簡《ぐちゅうれきだんかん》に見えており、平安初期に平城天皇が禁止した暦注の一つで、三年後に嵯峨天皇が復活させた。また、『醍醐天皇御記《ぎょき》』延喜三年(九〇三)六月十日条の藤原時平《ときひら》の言に、「前代は天一・太白を忌まず。貞観以来、此の事有り」とあるように、短期間で移動する方角神も、清和天皇の貞観《じょうがん》年間(八五九~八七六)から忌まれるようになった。方違《かたたがえ》の行為の初見も清和朝で、この頃が、陰陽道成立の時期である。大一神や大将軍遊行の方も、暦に朱書された。十一世紀半ば以降、大規模な内裏・院御所・邸宅・寺院などの造営が増えると、「犯土」による祟りを避けるために、再び長期の方角神が重視されるようになる。鎮祭での大将軍祭などの方角神祭が見えるのも、十一世紀半ば以降である。

なお十一世紀後半には、祇園感神院《ぎおんかんしんいん》（祇園社。明治以降は八坂《やさか》神社という）には、牛頭天王（祇園天神《ぎおんてんじん》）とともに大将軍神像などが祀られていた（『扶桑略記《ふそうりゃくき》』延久二年〈一〇七〇〉十月十四日条・十一月十八日条、『玉葉《ぎょくよう》』承久《じょうきゅう》二年〈一二二〇〉四月十五日条）。また、皇族・貴族の間で、大将軍の祟りが病の原因とされるようになり（『殿暦』永久二年〈一一一四〉六月二十五日条など）、大将軍祭は除病でも行なわれた（同元暦《げんりゃく》元年〈一一八四〉九月二十九日条）。十二世紀初頭には、巫女《みこ》や修験者《しゅげんじゃ》により大将軍信仰が普及し、市井《しせい》でも、その祟りが病因とされたり、禍福をもたらす神として盛んに神像が造られたりした（『東《ひがし》山往来《やまおうらい》』『東山往来拾遺』）。『梁塵秘抄《りょうじんひしょう》』巻二「四句《しく》の神歌《かみうた》」にも、「神のめでたく現《げん》ずるは」として、「祇園天神・大将軍、日吉山王《ひえさんおう》・賀茂上下」が挙げられている。上中下の三つの大将軍堂《たいしょうぐんどう》が建てられたが、「上《かみ》、一条の北、西大宮《にしのおおみや》の西」（『拾芥抄《しゅうがいしょう》』諸寺部第九）の堂の後身が、北野社に近い大将軍八神社《たいしょうぐんはちじんじゃ》（京都市上京《かみぎょう》区）である。同社には、十二世紀を中心に、武将形《ぎょう》や束帯《そくたい》形の神像が七十九体所蔵されているという。

その他、白河朝には、明経家の清原定俊《さだとし》（頼隆孫）が、『百忌暦《ひゃっきれき》』にもとづいて金神《こんじん》（金神七殺《こんじんしちさつ》）の忌を奏上して認められ、広く忌まれるようになった。平安中期には、まだ全く忌まれていない。後白河朝に、陰陽師らが『新撰陰陽書』には見えず保憲も『暦林《れきりん》』に採用しなかったことから廃止を訴えたが、中世の陰陽師の勘申には見えている。金神は、年の十干によって決まり、たとえば甲と己の年は、午・未・申・酉（南から西の範囲）で、遊行《ゆぎょう》日もある。後の金光教《こんこうきょう》につながった。他にも凶神や「反支《はんし》」など、方角に関わる禁忌が増える一方、暦序に見える本来の凶神の月殺など、目立たなくなるものもある。

以下、方角神を短期のものから具体的に見ておく。出典は『新撰陰陽書』がほとんどである。方角神の多くは星に由来するが、五行の金気は西方・殺気なので、金星に関わるものが多い。なお「遊行・遊ぶ」という語は、「本宮」から一旦出ていく神に対して用いられる。「天一神の遊行」「太白神の遊行」とは基本的にいわない。

日遊・借地文、天一神

日遊神《にちゆうしん》は、陰陽道以前からの凶神である。癸巳から己酉、および戊・己の日に、屋舎内に在る（『暦林問答集』）。天平勝宝八歳および九歳具注暦断簡にも、「人神」とともに見えている。暦序に、「其の所在、動土・掃舎すべからず。及び産婦、須《すべか》らく之を避くべし」とあり、『陰陽雑書』第五「産婦人向吉方」に、「日遊内《うち》に在れば、母屋で産をすべからず。若《も》し犯せば、其の子、三歳を経ずして死ぬ。大凶」とあるように、主に出産で忌まれた。『紫式部日記』寛弘五年（一〇〇八）九月十一日戊辰条に、彰子の産座が母屋から北廂《きたびさし》に移されたとあるのは、日遊神のためだった（山本利達《りたつ》校注『新潮日本古典集成　紫式部日記・紫式部集』）。当日の自筆本『御堂関白記』の暦注にも、確かに「日遊在内《にちゆうざいない》」とある。十二世紀後半以降、日遊神の祟りを防ぐために、医師《くすし》が「借地文《しゃくちもん》」を産室に貼るようになるが、その内容は『医心方』に見えている。『暦林』も、すでに中国の医書から引いていた可能性が高い（勝浦令子《かつうらのりこ》氏「古代・中世前期出産儀礼における医師・医書の役割」『国立歴史民俗博物館研究報告』一四一、二〇〇八年）。

天一神《てんいちしん》は、和名が「なかがみ」である（『倭名類聚抄《わみょうるいじゅうしょう》』巻二「鬼神部」神霊類）。日の干支により、六十日周期で、八方位（八卦）と天上《てんじょう》をめぐる。己酉《きゆう》に地上に下《くだ》り、甲寅までの五日間は艮《うしとら》、乙卯から己未の六日間は震《ひがし》。以下、時計回りに、四角（艮・巽《たつみ》・坤《ひつじさる》・乾《いぬい》）には六日間、四方（震・離《みなみ》・兌《にし》・坎《きた》）には五日間ずつ留まりながら、八方をめぐり、最後の癸巳《きし》に坎から天上に上《のぼ》り、戊申までの十六日間留まる。その間、地上には忌がない（天一天上《てんいちてんじょう》）。その移動が、暦の上段に朱書されている（方角表記は十二支）。日遊神は、天一神の臣《しん》で、天一天上の間に地上で代理を務めた（日遊在内）。なお天一神や太白神で忌まれる四方は、正方《せいほう》である。たとえば、兌なら正西（酉）のみである。

方角禁忌も、陰陽師に尋ねるほか、貴族らが自ら暦を見たり数えたりして判断した。『口遊』陰陽門に、八卦忌の禍害・絶命・生気・養者・遊年、大将軍遊行方、王相方、土王（土公）や伏龍、そして天一神の所在の暗誦法がある。「己酉に下り、癸巳に上る。角《かく》六、方《ほう》五」という「天一神、上下の誦」により、その所在がわかった。『蜻蛉日記』中巻天禄二年六月の「数ふれば（中略）こなた塞がりたり」は、暦を見たのではなく数えて気づいた例である。

また、天一神所在の方角には行けないというような説明も見受けられるが、行くことはできる。宿《しゅく》すことができないのである。『源氏物語』帚木《ははきぎ》巻でも、光源氏が左大臣家に行ったこと自体は問題になっていない。夜になって気づいたが、自邸二条院も内裏から同じ方角なので帰れず、塞がっていない方角にある中川《なかがわ》辺りの紀伊守《きのかみ》邸に向かった。宿さざるを得ない時には、呪文《じゆもん》を唱えて身の安全を確保した。太白神も同様である。

太白神

太白神は、和名「ひとひめぐり」（『倭名類聚抄』）。『大和《やまと》物語』八段の和歌で、通い所の多い好色な元慶《もとよし》親王を評した「ひとよめぐり」は、おそらく一回的な工夫だったと考えられるが、源順《したごう》らの百首歌では「ひとひ」「ひとよ」の両方が用いられ、『簾中抄』『色葉字類抄《いろはじるいしょう》』では「ひとよめぐり」だけが挙げられている。「夜」が問題になったためであろうか。

この神は所在期間が最も短く、一日ごとに、八方位（八卦）と天・地をめぐる。十日周期である。一日は震《ひがし》に在り、二日は巽《たつみ》、三日は離《みなみ》、四日は坤《ひつじさる》、五日は兌《にし》、六日は乾《いぬい》、七日は坎《きた》、八日は艮《うしとら》と、時計回りに八方をめぐり、九日は中央に在って地に入り、十日は天上に在る。十一日に再び震に戻り、十二日は巽と、繰り返していく。わかりやすいためか、暦には注記されていない。

日記にもほとんど明記されていないが、影響は大きかった。貴族の邸宅の多くは内裏（本内裏）の東に在ったので、内裏で候宿《こうしゆく》した翌日が一日・十一日・二十一日の場合は、帰宅しても宿せない。逆に、太白神が西に在る五日・十五日・二十五日は、参内《さんだい》しても候宿ができなかった。男女の場合も同様で、『蜻蛉日記』では、作者の家が兼家《かねいえ》邸の北にあったので、太白神が北に在る七日・十七日・二十七日は、塞がっていて訪れがままならないことを、つとに加納重文《しげふみ》氏が、他の方角神や物忌の例と併せて指摘されている。『浜松中納言物語』巻四「今宵は二十一日にて、方違ふべければ」も、暦日によるので、太白神と考えられる。東方で宿すことができなかった。

また、寛仁元年（一〇一七）十一月二十五日己未の後一条天皇賀茂社行幸《かもしやぎようこう》の勘申では、陰陽頭文高と上臈《じようろう》の吉平が、「太白、西方に坐《ま》す」とはいえ「西門は御在所《ございしよ》より坤に当たる」ゆえに、勘文には「御出《ぎよしゆつ》は坤門」と記すことで、天皇が一条院内裏の西門《にしもん》から出ることを可能にした（『小右記』十月二十日・二十五日条）。行幸での御輿《みこし》の出門など、向かうだけでも憚る場合があったのである。『保元《ほうげん》物語』巻中「白河殿攻め落す事」では、保元元年（一一五六）七月「十一日、寅剋」、源義朝《よしとも》は、「東」が「日塞《ひふたがり》の方（太白神）」であるだけでなく、「朝日」に向かって「弓引かん事」を忌み、「いささか方を違ふべし」と言って、今いる二条河原《にじようがわら》から、そのまま賀茂川を東に渡って白河北殿《しらかわきたどの》をめざすのではなく、一旦、京極大路《きょうごくおおじ》を三条大路まで南下して、賀茂川を東へ渡り、堤（左岸）を北上した。その日のうちなので直接向かうことはできたが、あえて迂回したのである。

なお、物忌を破るか否かが忠心や愛情の程度を示すことを述べたが、方忌も同様だった。『蜻蛉日記』は特に方忌・物忌の記事が多く、しかも正確である。陰陽道の最初の発展期の村上朝を舞台とし、祖父忠平・父師輔と同様に陰陽道信仰の厚かった兼家の妾《しょう》が夫婦関係を中心に記しているので、当然ともいえよう。方忌・方違のために男が来なかった例は、同時代の『平中《へいちゅう》物語』『大和物語』にも見られる。一方で、『大和物語』八段や『蜻蛉日記』中巻・天禄元年（九七〇）八月五日条などは、方塞だが来て宿したことが、愛情表現になっている。日中に来て宿さない例も複数ある。兼家は、物忌の回数も他の男性より多い中、太白神以外の方忌にも注意しつつ、作者の家を訪れようとしていた。

王相神

長期の王相《おうそう》・大将軍、金神は、忌の範囲が広い。たとえば酉《にし》（兌）は、二十四方位で申・庚・酉・辛・戌の五辰《ごしん》（二干三支《にかんさんし》）の範囲である（八卦忌方は長期だが、四方は正方のみ）。また、長期の方角神の場合、忌むのは主に、その方角での犯土・造作や、その方角への移徙だった。

王相神は、王方《おうほう》と相方《そうほう》で、それぞれが半季四十五日間ごとに、八方位（八卦）をめぐる（『八卦法』が出典。八卦王相《はっけおうそう》）。その一年周期を、便宜的に東西南北を用いて示すと、立春

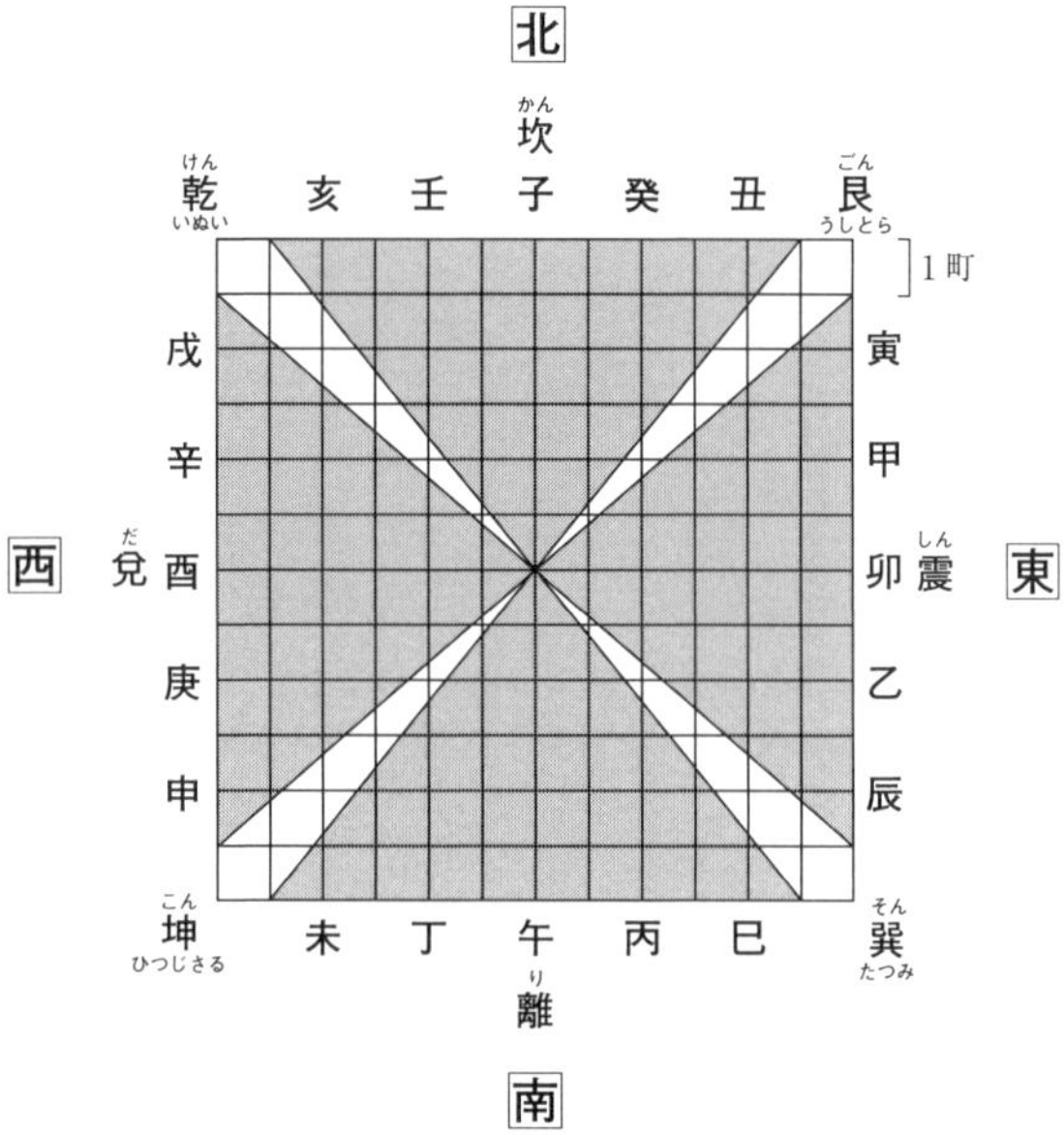

図16　二十四方位と四方（五辰）（国立歴史民俗博物館編『陰陽師とは何者か』小さ子社，2023年より）

からの四十五日間は、王方＝東北と相方＝東。以下、春分から東と東南、立夏から東南と南、夏至から南と西南、立秋から西南と西、秋分から西と西北、立冬から西北と北、冬至から北と東北である。相が王の前駆となって、時計回りに四十五度ずつずれていく。よって、春は東、夏は南、秋は西、冬は北が、王方または相方となる。

平安中期は、四季九十日間ごとに、四方のみを忌む（『新撰陰陽書』が出典。五行王相《ごぎょうおうそう》）。「三月《みつき》めぐり」ともいわれた（『簾中抄』下　方違　附《つけたり》　土忌《つちいみ》）。十一世紀後半には、八節（立春・春分・立夏・夏至・立秋・秋分・立冬・冬至）からの四十五日ごとに、王相方として、王方の八方を忌むようになる。たとえば、『水左記《すいさき》』承暦《じょうりゃく》元年（一〇七七）十一月二十一日条に、「来たる二十八日〈立春〉より、艮（東北）、王相方なり」とある。

ただし、次のような、立春の前が「丑寅」（東北）の例もある。この場合は、王相方は相方を指すことになるが、一般的ではないだろう（『兵範記』は「撫物」の語義も特殊）。記《き》主信範《しゅのぶのり》は、近衛基実《このえもとざね》薨去後、九条兼実（久安五年〈一一四九〉己巳生まれ）に仕えた。ここでは、兼実（十九歳、右大臣）の四方拝の対象の属星や、方角神の所在を教えている。大将軍神は、新年丁亥は「酉」だが、元日は立春以前なので、旧年丙戌の「午」だった。

天晴れ。内裏・一院・摂政家以下、四方拝、常のごとし。右府《うふ》（兼実）の御次第、下《げ》官《かん》（私）、召しに依《よ》り、去《さ》んぬる夕、之を注し献ず。巳の御年に依り、歩《ぶ》（武）曲星《ごくせい》、字《あざな》は「賓大東子」に所属す。大将軍、酉に在りと雖も、立春は七日。旧年を注するに依り、午。天一、（中略。天上の場合はどうするのか賀茂在憲に尋ねた）。仍《よ》りて午と注し畢《おわ》んぬ。王相は丑寅。太白は東。是れ、替はらざる方なり。（『兵範記』仁安二年〈一一六七〉丁亥正月一日庚子条）

王相方は、暦に注記されていない。多くはないが日記に見える。仮名文学作品にも、名称は見えないが、『源氏物語』宿木《やどりぎ》巻では女二の宮の移徙、『狭衣《さごろも》物語』巻一では「井」を掘る犯土を忌む例がある。忌まれた方角神は天一神（中神）だけではない。後者は、大将軍の方角でもあった。

大将軍、大将軍遊行方　大将軍神は、暦序にある大歳《たいさい》以下の八将神の一つである。「右件《くだん》の大歳已《い》下《か》、其の地、穿鑿《せんさく》・動治すべからず。頽壊《たいかい》の事、有るに因《よ》る」とあるように、土木工事を忌むが、移徙その他でも忌まれた。『陰陽雑書』の「暦例《れきれい》（書名）に云はく、大将軍は太白（金星）の精。（中略）尚書暦《しょうしょれき》に云はく、移徙・嫁娶・喪葬・作屋・起土に触犯すべからず、大凶」の通りである。「三年塞がり」「大塞《おおふた》がり」ともいう（『簾中抄』）。三年ごとに四方をめぐるので、十二年周期。年（節切り）の十二支により、亥・子・丑の年は酉《にし》、寅・卯・辰は子《きた》、巳・午・未は卯《ひがし》、申・酉・戌は午《みなみ》である。

十一世紀後半以降、新たな大将軍の信仰形態が生まれたことを紹介したが、陰陽道の方角神としての信仰は、もちろん続いている。たとえば、養和《ようわ》二年（寿永元年、一一八二）辛丑の清盛《きよもり》の入寂後、頼朝の反乱軍は、節分までは「大将軍の方（西）を憚る」が、立春後には必ず「入洛」するだろうと噂されたという（『玉葉』同年十一月十二日条）。

大将軍《たいしょうぐん》遊《ゆ》行《ぎょう》方《のかた》は、大将軍神がその年に所在する本宮《ほんぐう》から、日の干支により、定期的に遊行する方角である。本来の暦注には無く、移動が暦日の上段に朱書されている。庚子から五日間は西に遊び、乙巳に本宮に還り、七日間在る。以下も、遊行は五日間で、本宮には七日間。壬子から北、甲子から東、丙子から南、戊子から中宮《ちゅうぐう》（家内）。六十日周期である。

忌は、短期の方角神と同じく、前日の宿所が基点となるので、遊行の期間のみ、その方角が忌む方角には当たらない他所に宿せば（これも方違の一つ）、その方角での犯土ができた。忌む範囲も、同様に「正方」のみである（『土右記《どゆうき》』延久元年六月十五日条）。

方違、方違所

「方違《かたたがえ》」も、物忌《ものいみ》と同じく陰陽師は関与せず、主体は貴族自身で、方角神の忌を避ける（違える）行為である。「方を違ふ・方忌を違ふ・忌を違ふ」ともいう。「方角を違ふ」という例もある（『永昌記《えいしょうき》』嘉承《かじょう》元年四月二十六日条）。移徙や出行などで向かうべき場所や、犯土・造作すべき場所が忌むべき方角にならないように、前夜もしくは何日も前に、自宅（本所《ほんじょ》。反対語が旅所《たびしょ》）以外の他所に行って、仮宿することをいう。それによって、忌の基点（忌の付く所）を変えた。すべての方違で、その直後に別の場所に向かうわけではない。ある程度先に予定されている犯土・造作や移徙のための方違の場合は、宿した後、元の住居に帰る。

宿泊先の方違所《かたたがえどころ》には、多く下位の者の家を用いた。また上流貴族は、所有する複数の邸宅のうちの一つを、方違や土忌で利用した。道長の場合、本宅は主に土御門第《つちみかどだい》で、小《こ》南《みなみ》第、一条第、東三条第や、家司らの家を利用した。ただし、兼家の後継者であることを象徴する法興院《ほこいん》の犯土・造作では、源雅通《まさみち》、源済政《なりまさ》、藤原道綱《みちつな》といった比較的高位の人物の邸宅を利用している。また方違は、「土忌」や「所さりたる物忌」とともに、ほとんど外出をしない貴族女性や子供の、外泊の機会の一つだった。

「方違」の語の早い例は、古今集時代の和歌の詞書《ことばがき》に見える（『古今集』雑歌上《ぞうのうた》―八七六　紀友則《とものり》、『兼輔集《かねすけ》』七六）。方違翌朝の主人への挨拶の歌があるが、多くは枕などの夜具を借りたことに因んで恋歌《こいうた》めかして詠まれており、同じ主人のもてなしでも食事を取り上げた『枕草子』二二三段「すさまじきもの」は、散文ゆえの独特な視点といえる。

行為としての初見は、『三代実録』貞観元年（八五九）四月十八日条の、「五条の后《きさき》」皇太后順子《じゅんし》（良房同母妹、仁明女御《にんみょうにょうご》、清和祖母）が、東宮《とうぐう》（冷泉院）から本宮五条の宮に遷ろうとして、「忌を避けんが為に」右大臣良相《よしみ》（順子同母弟、常行《つねゆき》・多賀幾子《たかきこ》・多美子《たみこ》らの父）の西の京の三条第に遷ったという記事である。五十一歳の八卦忌《はっけいみ》の禍害《かがい》と考えられる（鬼吏も同じ方角）。なお、この西三条第《にしさんじょうだい》（清和天皇が花見をした百花亭《ひゃっかてい》）は、二〇一一年度の京都市埋蔵文化財研究所の発掘調査で、和歌を含む仮名墨書土器《かなぼくしょどき》が約二十点、池跡から出土したことで知られている。男性も恋歌などを書く時には、相手の女性に合わせて、万葉仮名《まんようがな》（漢字）や草仮名《そうがな》（漢字がまだ残る）ではなく、平仮名を用いていた。また、順子の発願《ほつがん》による安祥寺《あんしょうじ》（京都市山科《やましな》区、真言宗。『伊勢物語』に多賀幾子の葬儀と四十九日法要を行なったことが見える）の創建時の木造五智如来像《ごちにょらいぞう》五体（国宝）が、京都国立博物館に寄託されており、平常展示の際、出展されることが多い。陰陽道そのものではないが関係の深い密教の仏像である。このように、陰陽道誕生期の現物の一部が現存する。

話を戻すと、貞観七年八月二十一日条の、清和天皇が十一月に内裏仁寿殿《じじゅうでん》に遷御するために東宮から太政官庁《だいじょうかんちょう》に移った記事では、東宮から内裏は天皇十六歳の「御絶命」の「乾」に当たると陰陽寮が奏言したので「之を避け」たと、方角神名が明記されている。

節分方違

犯土・造作や移徙が予定されている時に行なう方違の一つに、「節分方違・節分違《せつぶんたがえ》」がある。特に立春は、節切りの一年の始まりで、その前夜の春節分には、大将軍（三年ごと）や八卦忌方、金神、王相方がすべて動く。よって春節分の夜に、自宅以外の基点としたい場所に宿した。なお八卦忌方は、十二世紀後半以降に、節分方違の対象に含まれるようになる。

『九暦《きゅうれき》』承平《じょうへい》六年（九三六）丙申正月五日条の、忠平を次男師輔が「一条宅」に迎えた例が早い。『蜻蛉日記』下巻の天延二年（九七四）十二月にも見える。他家に一泊する以外に、牛車で向かい、車中のまま翌日の寅の刻（鶏鳴・鐘声）を待って帰宅する場合もあった。『枕草子』二七九段には「節分違して夜深く帰る」とあるが、寅の刻は過ぎている。

立春前が多いが、夏・秋・冬の節分方違もある。これも、『九暦』の天徳四年（九六〇）四月三日条「法性寺《ほっしょうじ》の宿房《しゅくぼう》に向かひ、節分の忌を違ふ。〈明日、夏節に入るか〉」の夏節分の例が早い。これらは、王相方の忌を移す（基点を変える）ものである。

また、王相方が四十五日ごとになると、八節の前夜の宿所が基点となったので、春分・夏至・秋分・冬至の例も見られるようになる。増田繁夫氏が、つとに源経信『帥記《そちき》』永保元年（一〇八一）十一月十三日条の冬至の例を指摘されている（「節分・節分方違」『枕冊子全注釈　四』月報）。『玉葉』建久二年（一一九一）五月二十二日条「造寺の犯土に依り、夏の中気を違へむが為に、佐保殿《さほどの》に宿すなり」は、夏至の例である。

院政期には、天皇や院の節分方違が恒例になった。やはり春節分が多く、節分方違行幸・御幸に因んだ和歌での「みゆき」と「雪」の掛詞も定番となる。

四十五日の方違、十五日の方違

大将軍の忌の基点は、四十五日間連続で宿した場所、および、春節分に宿した場所である（八卦忌方は、十二世紀前半までは前者のみ）。そのため、四十五日間続けて他家に宿す「四十五日《しじゅうごにち》方違」が行なわれた。昼間は出かけてもよい。

初見は「節分方違・節分違」よりも早く、『貞信公記《ていしんこうき》』延喜二十年（九二〇）二月一日条である。時期は節分とは無関係だった。四十五日間ということから、王相方と関係づけた説明が散見するが、無関係であり、対象は大将軍および八卦忌方である。

節分方違ほどには知られていないが、仮名文学作品の例も比較的多い。『蜻蛉日記』上巻・応和二年五月二十日過ぎからの「四十五日の忌、違へむ」は、作者が忌を移すために父藤原倫寧《ともやす》邸に宿したものである。『和泉式部《いずみしきぶ》日記』の「四十五日の忌、違へさせ給ふ」も、敦道《あつみち》親王が実際に行なった例だが、『落窪物語』巻一では、侍女の「あこぎ」が、落窪の君の結婚二日・三日夜に必要な調度の借用を自らのおばに依頼する際、貴人が「四十五日の方、違ふる」ために滞在する、という作り話をした。

『栄花物語』衣の玉巻の公任《きんとう》の例は、北山《きたやま》の長谷寺《ながたにでら》修造のために、大将軍の忌を移すという目的がはっきりしている。また前述したように、『寝覚《ねざめ》物語』巻一では、怪異占の年《ねん》当《とう》による姫君の「所さりたる物忌」中に、主人公の男女が出会ったが、男君が相手の身分を誤解したのは、同じ家で但馬守《たじまのかみ》の娘が「四十五日違へ」を行なっていたからである。結婚のための移徙に備えての方違であることも、本文に明記されている。『源氏物語』夕顔巻では、頭中将《とうのちゅうじょう》の正妻からの迫害（うわなり打ち）を恐れた夕顔が、避難した先の「西の京」から「山里」に移ろうとしたところ（移徙）、「今年よりは塞がりける方」（大将軍）だったので、「五月のころほひより」、「違ふ」ために乳母の五条の小家にいた四十五日の方違の最中に、光源氏と出会い、身分を誤解された。『寝覚物語』は、この設定と「所さりたる物忌」とを組み合わせた点が新しい。

また、四十五日（一気）以内に一宿する方違もあった。『日本紀略』天延三年（九七五）十一月五日条「四十五日の忌を避くる為」が早い。これも大将軍に関わる。十二世紀中頃には、節分から四十五日ごとに定期的に行なわれるようになる。この方違が物忌に優先される場合もあった。なお、四十五日を数える際、没日《もつにち》は数えなかった（『兵範記』仁安二年〈一一六七〉四月二十三日条）。

十二世紀初頭までには、王相方の十五日《じゅうごにち》方違も生まれた。『中右記《ちゅうゆうき》』元永元年（一一一八）五月十九日条「夕方、十五日を違へむが為に、鳥羽の邦宗の宿所に向かふ」が早い。『簾中抄』下には、「王相方（中略）方違は人の家にて十五日を違ふべし」とある。また、十五日以内に一宿する方違が生まれ、これも十二世紀中頃以降には、節分から定期的に行なわれるようになる。

以上は節分方違と同様に、長期間の方塞が対象で、その期間の犯土・造作や移徙に備え、あらかじめ忌を移した。院政期には、「地券」の扱いにより、春節分の宿所が「本所」とされ、現住所が「旅所」とされるなど（『陰陽雑書』）、定義や忌の付け方などに変更があり、やはり陰陽師の勘申が必要とされた。

方角禁忌の独自性

陰陽師への照会は、自らの移動や工事についてだけでなく、仏像・仏塔の扱い（置き方、移動など）の例も少なくない（たとえば『小右記』寛仁三年〈一〇一九〉己未十二月四日条）。それほどまでに方角神を恐れ、仏像などを尊重していたことがわかる。

また、方角神そのものは中国に由来するが、方違や、歳徳神や八将神（『将門記《しょうもんき》』の八《はち》大尊官《だいそんかん》）に見られる神仏習合など、日本独自の展開も少なくなかった。特に、長安と異なり、一町四方の正方形の区画、まさに碁盤目状の都市空間は、禁忌を遵守しやすい。

土公神、土忌

土公神を祭る土公祭について前述したが、広義の犯土や土忌について補っておきたい。「土公」は地中の神で、「土王」ともいう。四季（節切り）ごとに、春は竈《かまど》、夏は門、秋は井、冬は庭に在る。具注暦の各月冒頭の欄外に朱書されているほか、日の干支により、邸内の本宮から、邸外の四方に出遊もする。「土公遊《どくうゆ》行方《ぎょうのかた》」という。甲子から六日間は北に遊行し、庚午から八日間は本宮に入り、戊寅から六日間は東、甲申から十日間は本宮、甲午から六日間は南、庚子から八日間は本宮、戊申から六間は西、甲寅から十日間は本宮である。六十日周期で、その出入りは、暦日の上段に朱書されていた。『口遊』陰陽門には覚え方もある。

土公神は、地面を掘るだけでなく、地面を汚《けが》しても祟《たた》るとされ、出産でも忌まれた。『狭衣物語』巻二で、「この西に井掘るとて、家主も皆外へ渡」ったが、「土忌までもありなん」と言って外出を拒否する妊娠中の飛鳥井《あすかい》の女君《おんなぎみ》に対し、乳母《めのと》が「子生むには、土《ど》公《くう》といふもの、必ず出で来《く》かし」と土公神の恐ろしさを説くのが、出産に関わる早い例である。ただし産穢《さんえ》による犯土の禁忌自体は、『医心方』所引の中国の医書にさかのぼる。出産の際は、『医心方』にも見え、何種類もあった「反支《はんし》」という禁忌も、十一世紀半ば以降、重視されるようになり、産座に「灰」を撒き「牛皮」を敷くなどして産婦を地から離した。

「土忌」は、犯土（狭義）や出産などにおいて土公を忌むこと、土公の祟り（土気《どけ》）を避けるために他所に移ることをいう。方違と同様に、旅所（方違所）である他家（または本宅とは別の自邸）に宿泊する場合や、牛車で待機して帰宅する場合があった。『小右記』寛仁二年（一〇一八）三月十九日条は、後者の例である。道長は、土御門第の井戸の修理で枇杷殿《びわどの》に、小南第の屋を建てるために一条第に、土御門第の馬場殿《ばばどの》の廊の柱を替えるために娘たちと東三条第に渡った。方違に似ているが、『富家語《ふけご》』一四〇「小野宮殿の方違か土忌かして」や、『狭衣物語』巻一「土忌、方違へなどには時々渡り給ふ」という併記からもわかるように、方違ではない。「犯土勘文」と「方角勘文」も別である。

『蜻蛉日記』下巻・天禄三年（九七二）九月二十七、八日の、「土犯《つちおか》すとて、ほかなる」という犯土のために他所へ移った記事が、土忌の実態として早い。『更級日記』「土忌に人のもとに渡りたる」、『浜松中納言物語』巻三「土忌みに旅《たび》どころにありける」など、十一世紀以降、明記されるようになる。『堤中納言物語』の「はいずみ」では、後妻の実家で「土犯す」ことを口実として、つまり犯土を行なうので土忌をしなくてはならず実家にいられないと言って、自邸に迎えることを前妻に納得させた。後期物語の書かれた時代は、土忌のほか、宿曜勘文《すくようかんもん》や観相《かんそう》、夢の信仰の広がりなど、院政期の萌芽がある。

『御堂関白記』には、土忌のほか、長和五年（一〇一六）八月十九日条に、焼亡した「土御門の造作初め」で、「土公等」（土公神は複数）の祟りを防ぐために『金光明最勝王《こんこうみょうさいしょうおう》経《きょう》』の講読を始めたとある。大地の女神堅牢地神《けんろうじじん》の守護を期待するためであろうか（松岡智之担当、山中裕《ゆたか》編『御堂関白記全註釈　長和五年』思文閣出版、二〇〇九年）。

なお同記の寛弘四年（一〇〇七）三月十六日（節月三月五日）条には、道長が南大門の扉に「修理」を加えようとして「暦」を見ると、「伏龍、門に在り」だったので、縣奉平《あがたのともひら》を召し「解除」(祓)をさせたとある。「伏龍」は、節月三月一日から百日間は門に在り、修理などを忌む。土公に類似し、具注暦では三段目(下段)に朱書された。

平安時代の陰陽師・陰陽道から現代へ
——エピローグ

安心・安全を提供する便利な存在

以上、占い、まじない、日時・方角禁忌の管理という、陰陽師《おんようじ》の主な職務ごとに見てきたが、それらが揃う場面がいくつかある。災害・怪異、病、死、生（懐妊・出産・誕生）、犯土《ぼんど》、新造、移徙《いし》などである。これらは不安や期待が集中する折であり、それゆえに陰陽師に依頼することも集中した。

たとえば災害発生時には、陰陽師は宮中に呼ばれ、原因を占い、対策を勘申《かんじん》し、祭・祓《はらえ》で攘災を行なった。僧や神祇官とともに、国家の危機管理体制の一翼を担っている。神鏡《しんきょう》改鋳の是非の勘申などでは、大学寮の諸道とともに、国家の方針を決定する有識者・学術会議の一分野でもあった。

また、病人が出ると呼ばれ、原因を占って対処法を明らかにし、祭・祓で除病も行なった。転地療養が有効な場合は、吉方を選ぶ。治る時期や死期も占った。つまり医師とともに、現代のドクターの往診や治療を担っていた。心身の不調が対象なので、メンタルクリニックを含む。懐妊についても、密教僧や医師とともに、安産のための呪術や祈禱などに奉仕し、陰陽師は出産後も、産雑事勘文《さんざつじかんもん》作成の職務があった。沐浴《もくよく》、乳付《ちつけ》、蔵胞衣《えなおさめ》、着衣《きそ》始《はじめ》、剃髪、読書始などの吉日時・吉方の勘申結果を記した書類である。

人が亡くなった時も、葬送全般の吉の日時・方角（遺骸や遺骨の安置所を含む）を勘申し、葬送雑事勘文を作成した。さらに、火葬地（山作所《やまつくりどころ》）・埋葬地の鎮祭《ちんさい》も行なう。このように葬送の準備を取り仕切った。

つまり、現代の神職（お祓い、地鎮祭）や、師《し》士《し》業《ぎょう》などの専門職のうち、主に安心・安全に関わる、占い師、呪術師、カウンセラー、内科・産科・メンタルクリニック、薬剤師、風水師、気象予報士、防災士、葬祭ディレクター等々を兼ねていた（これらに加えて、賀《か》茂《も》氏は暦道《れきどう》、安倍《あべ》氏は天文道《てんもんどう》の職務がある）。顧客の元に出張するのが基本だが、手紙での照会・相談にも応じた。依頼者側としては、総合コンサルタントとして、あれやこれやで頼れる便利な存在といえる。予防を含め不安解消が中心だが、新生・新居など、主に始まりに関しては、招福という積極的な面もあった。少なくとも官人陰陽師は、平安時代を平安にするために働いていたのである。

平安時代と陰陽道

陰陽道《おんようどう》成立の要因は、災害や怪異が神の祟《たた》りとして恐れられ、病や死の原因が霊の祟りとされ、さらに災異も神だけでなく霊の祟りとされて、祟る主体を知るためのうらないや、対処のまじないが必要とされたことである。同じ不安や恐れでも、たとえば国境を接している外国からの侵略の危機であったなら、軍事力増強など、別の対処法が生まれていたであろう。

また、支配層の意向に反していれば持続・発展はしなかっただろうが、暦注復活は藤原冬嗣《ふゆつぐ》が、卜占《ぼくせん》公認は良房《よしふさ》が主導し、その良房が天皇の外戚《がいせき》（母方の血縁者）として人臣初の摂政（令外《りようげ》の官）となった貞観《じようがん》年間（八五九〜八七七）を中心に、陰陽道が誕生した。貞観は、三陸大地震と大津波、富士山などの噴火、疫病流行を含め、災害が頻発した時期で、神泉苑《しんせんえん》で朝廷主催の六座の怨霊慰撫のための御霊会《ごりようえ》も行なわれた。

以後、藤原北家をはじめ陰陽道は貴族社会で支持されたが、その理由の一つとして、外戚政策が看過できない。家柄・実力・実績よりも、女性の身体に頼り偶然性や危険性の高い出産が権力基盤というのは、非常に不安定である。また貴族らは、上代のような土地（祭祀や風習、共同体などを含む）に根差した豪族ではなく、帰る場所のない不安定な都市民だった。このような政治体制や社会機構が、知識人を含め支配層が神や霊の力という曖味なものを公然と支持した一因といえるだろう。

また、平安京は碁盤目状の都市であり、内裏や寝殿造りも方角を認識しやすい。暦が身近にあることで、日の吉凶だけでなく、方角の禁忌も意識された。さらに、北に水源があって五行説に合致し、京内外には河川が多く、その流れ（淀川水系）がすべて行き着く難波の海が畿内にある。神祇《じんぎ》信仰の主に水の呪力《じゆりよく》に頼る祓《はらえ》を取り込んだことも、特徴の一つだった。このように陰陽道の展開には、地理的な条件も看過できない。都市（人口の集中による火災や疫病流行を含む）や地形・地理が、禁忌や呪術を育んだ。

その他、平安初期に集中的に、そしてその後も僧や商人などを通じて継続的に行なわれた、多くの文物・文化の輸入も、陰陽道の発展の原動力として挙げられる。

このように、日本の伝統的な思考と、書物を中心とする外来文化の大量摂取にもとづき、承和《じようわ》年間（八三四〜八四八）を過渡期として、貞観頃から外戚藤原北家による権力掌握や、それに伴う律令体制の崩壊・衰退に歩調を合わせ、社会不安に乗じて誕生・発展し、公家《こうか》や平安貴族社会が主な担い手であった陰陽道は、国風文化の一つともいえるのではないだろうか。『万葉集』の伝統や、平安初期の漢風謳歌《かんぷうおうか》時代の漢詩文の受容にもとづいて誕生・発展した、平安和歌と似ている。陰陽道の多くの用語や要素の、現存する文献上の初例、またはごく初期の例が仮名文学作品に見えるのも、国風文化の一端ゆえであろう。

なお、二番目の勅撰和歌集が編纂された村上朝は、「陰陽道」「天文道」「暦道」や総称の「陰陽師」などの熟語も見え、蔵人所《くろうどどころ》の陰陽師が設置され、災害が起きてからの祭祀が増加し、日時・方角禁忌が整備され、六壬式占《りくじんしきせん》の評価の高まりと内裏火災後の呪術・祭祀などを通じて新興の賀茂忠行《ただゆき》・保憲《やすのり》（九一七〜九七七）の存在感が増すなど、陰陽道の最初の発展期として重要である。安倍晴明《はるあき》（九二一〜一〇〇五）は、この村上朝（親政《しんせい》）を聖代《せいだい》として仰ぐ孫の一条朝において、当時のことを直接知る「翁《おきな》」だった。八十四歳で木幡山《こはたやま》に登り、翌年の三月にも禹歩《うふ》を含む反閇《へんばい》を中宮彰子《しょうし》の初の大原野行啓《おおはらのぎょうけい》で務めるほど、壮健で現役だった。「人生百年時代」の手本ともいえるが、彼の場合は泰山府君祭《たいざんふくんさい》などの延命呪術の効果を自ら体現するという意義もある。当時としては老人であることが重要だった。

さて陰陽道は、陰陽寮を母体とし、官人《かんじん》の職務にもとづくものであり、社会の安寧秩序と個人の延命息災などの現世利益を目的とし、前世や来世とは無関係で、儒教・仏教と異なり人生を善悪ではなく吉凶で見るもので、精神的・来世的な救済とは無関係であるなど、種々限定的ではある。しかし、貴族社会に浸透して、物忌《ものいみ》や祓、日の吉凶、方違《かたたがえ》などを中心に、日常生活に大きく影響した。生活の夜型化を進めたほか、特に家にいる女性にとっては、寺籠《ごも》り以外の外泊、そして人との出会いの機会となったことも重要である。また、人間関係の親疎の再認識などの機会ともなった。

さらに、禁忌として生活に影響を及ぼしただけでなく、年月日も方角神のめぐりも、基本的に節切りなので、立春正月節と元日をはじめ、常に暦月《れきげつ》と節月《せつげつ》の違いを意識させた。在原元方《ありわらのもとかた》（業平《なりひら》孫）の『古今集』巻頭の「年のうちに春は来にけり一歳《ひととせ》を去年《こぞ》とや言はむ今年とや言はむ」という迎春を慶ぶ歌は、年内立春が稀だから詠まれたのではなく、広く共有された感慨であろう。平安時代の貴族たちは、太陽暦（二十四気）にも親しんでいた。

現代と未来へ

平安時代の陰陽師、陰陽道について述べてきたが、これらは全く過去のものだとは言い切れないだろう。そのまま、あるいは形を変えて残っているものがある。

占いは、予兆や集団という認識はほとんどない。しかし六壬式で占っていた項目は、現代の社寺のおみくじの項目と類似する。たとえば、生田《いくた》神社（神戸市）の場合は、願事・待人・失物・旅行・商売・学問・恋愛・転居・出産・病気・縁談である。多くが六壬式占の対象であり、千年以上経っても、神様の力を借りて人が知りたいこと、知って安心したいことは、あまり変わらない。

また、今後の降雨や晴は、最も広く人々が知りたい未来に関する情報といえる。現代のほうが、平安時代以上に日常的に気にしているかもしれない。しかし今日、天気予報を「占い」とはいわない。気象のしくみがわかっており、気象衛星やレーダーで雲の動きなどが予測できる。今日では天気予報は科学である。だが、式盤によって未来を占うことは、当時にあっては最先端の科学技術（術数《じゅつすう》）だった。手段は進歩して全く異なるが、データを読み取ることで気象予報を行なうという点は、変わらないのである。なお日記の冒頭に毎日天気を書くのも、十一世紀からである。

もちろん、対応しないこともある。現代人が日月蝕《にちげつしょく》や彗星《すいせい》や虹などを、天変《てんぺん》や怪異として恐れず、安心して楽しめるのは、原因が解明され、知識が普及しているからである。とはいえ、疫病や地震、戦乱などの不安は解消されず、温暖化による異常気象を含め、増えた（人が増やした）災《さい》すらある。

呪術については、魔除けと招福のお祓い、茅《ち》の輪《わ》くぐり、地鎮祭《じちんさい》などが今も行なわれている。祭祀者は異なるが、目的は全く変わらない。節分の豆まきは室町時代からだが、平安時代の大晦日の追儺《ついな》の方相氏《ほうそうし》と疫鬼の関係、散米《さんまい》や小豆《あずき》などによる魔除けにさかのぼる。

また節分を含め、特に年越しの時期の息災・招福の祈りには、平安時代と変わらない多様な「物」を受容する姿勢が顕著である。十二月の冬至に由来する降誕祭《クリスマス》、除夜《じょや》の鐘、一月の初詣、節分と続く。十月最終日のハロウィンも、元は年末の「魂祭《たままつり》」だった。

受容における取捨選択の傾向も変わらない。色彩観もその一つで、「白」は、中国と同様に喪の色だった時代もあるが、現代もまた清浄・清新のイメージで好まれている。

日時・方角禁忌については、明治五年（一八七二）十一月九日に太陽暦が採用され、十二月三日が明治六年一月一日となった。暦注のうち、平安時代に不可欠だった毎日の干支《かんし》は、今日のカレンダーに十干は全く、十二支もほとんど示されていない。たとえば、旧暦四月の中《なか》の酉《とり》の賀茂祭《かもまつり》は新暦五月十五日に固定され、十二支が意識されるのは、「土用の丑《うし》の日」、鷲《おおとり》神社の「酉《とり》の市」、岩田帯《いわたおび》を「戌《いぬ》の日」に着けることなど限られている。一方、七曜日は、生活に不可欠である。干支と曜日の生活密着度が逆転した。しかし、十・十二・六十と七の違いはあるものの、月の区切りとは別の単位で生活のサイクル（循環）がある点は変わらない。さらに、冠婚葬祭や不動産関係全般（契約日、地鎮祭、上棟、引っ越しなど）では、暦注の六曜《ろくよう》（六輝）の吉凶が重視され、宝くじ売り場には、吉日の天赦《てんしゃ》や一粒万倍《いちりゅうまんばい》などが掲示されている。お日柄は現代人にも無関係ではない。

また、詳しい暦本以外の現代の一般的なカレンダーには、空間の秩序・規定はないが、方角の禁忌として「鬼門」は部分的に生きている。より広く知られている招福の「恵方《えほう》詣」「恵方巻」も、陰陽道を継承するものである。節分や立春、寒中と余寒、暑中と残暑など、二十四気が暮らしにかかわりのあることはいうまでもない。

　以上、平安時代の陰陽道と現代との共通点・相違点について触れた。その間を見なくては確かなことはいえないが、陰陽道も現代人の思考や風習の根源の一つであり、私たちは平安貴族の精神的末裔《まつえい》といえるだろう。未来に向けて今を知る必要があり、今を知るためには過去を理解することに意味があると思われるが、その際、陰陽道という視点も看過できないのである。

あとがき

今からちょうど千年前は一〇二四年で、干支《かんし》は甲子《きのえね》。七月十三日に改元があり、治安《じあん》四年から万寿《まんじゅ》元年となった。翌万寿二年には藤原道長の末娘嬉子《きし》や源明子《めいし》所生の娘寛子《かんし》が、万寿四年には次女妍子《けんし》や道長自身が亡くなる。本書では、その前後の時期に、平安貴族たちが死をはじめとする日々の不安を解消するために陰陽師《おんようじ》に頼った事例を主に取り上げた。

千年前というと遥か昔である。しかし私たちが今存在するということは、先祖たちが日本列島を中心に、千年前も、どこかで生きていたわけである。そのことを改めて意識すると、平安時代に限らず、過去の時代がより身近に思えてくるのではないだろうか。

とはいえ、もちろん今と連続しないことも多い。夜の暗さも、その一つである。宮中や貴族の邸宅では、灯台や屋外用の篝火《かがりび》が用いられていたが、すべて部分照明であり、部屋の隅など光の届かないところは闇だった。しかも炎はゆらめく。このことも当時の人々の心理を想像する際には重要であろう。一方、月光や雪明りは明るさが安定していた。

本書では、平安時代の陰陽師について述べたが、彼らが種々の祭をこのように暗い夜間に行なっていたことには、ほとんど触れていない。闇と陰陽師の結び付きは、すでに広く知られているようなので、祓《はらえ》を含め日中にも活躍していたことのほうに重きを置いた次第である。また、付喪神《つくもがみ》でも『百鬼夜行絵巻《ひやっきやぎょう》』ではなくアニメーション『カスミン』の電気ポットたちのような、道路鬼《どうろき》でも『妖怪ウォッチ』のジバニャンのような、比較的明るいキャラクターを好むなどの個人的な理由もある。

また、本書の内容は多くの方々の研究成果にもとづくが、かなりの部分は、現在も陰陽《おんよう》道《どう》史研究を牽引されている山下克明《かつあき》氏が、一般向けに書かれた三書に依拠している（巻末の主要参考文献参照）。最初の『陰陽道の発見』は、小ぶりなNHKブックスだが、安倍晴《はる》明《あき》の土御門《つちみかど》の家の場所の特定を含め、平安時代の陰陽道についての情報が網羅されている。ただし式神《しきがみ》については、まだ解明されていない。『平安貴族社会と具注暦《ぐちゅうれき》』は、具注暦を中心に詳述されており、考古資料の暦や、漢代の占書の「日書《にっしょ》」への言及もある。細井浩《ひろ》志《し》氏の『日本史を学ぶための〈古代の暦〉入門』と補完し合う内容といえる。三つ目の『陰陽道　術数と信仰の文化』では、再び平安時代の陰陽道全般が取り上げられているが、それに留まらず、晴明《せいめい》仮託の『簠簋内伝《ほきないでん》』の分析を含む中世・近世への展開、道教《どうきょう》を中心とする東アジアの術数文化、呪符木簡《じゅふもっかん》や墨書土器《ぼくしょどき》などの考古資料、式神の実像を含む密教との関わりなど、山下氏の『平安時代の宗教文化と陰陽道』以降の研究成果が、追加されている。研究の最先端が凝縮されているので、やや難しい面もあるが、私の理解できた範囲内で要点を紹介させていただいた（つもりである）。

なお山下氏や、中世陰陽道研究の赤澤英彦氏、近世の梅田千尋氏、全時代をカバーされている斎藤英喜氏が「呼びかけ人」の「陰陽道史研究の会」という研究会があり、多種多様な専門分野の、全国、さらには海外の、若手・中堅・ベテランの研究者や、術者・宗教者等々が参加されている。本書に、その方々の研究成果が十分に反映できていないのは、ひとえに私の力不足による。当該分野に興味がおありの方は、是非、参考文献に挙げさせていただいた書籍を読んだり、本書中の語句の検索をしたりしていただきたい。

なお私は、清少納言が、一条天皇の后《きさき》である藤原定子《ていし》（享年二十四）の女房、および村上朝に活躍した歌人清原元輔女《もとすけのむすめ》という立場で書いた『枕草子』の研究に、卒業論文以来、取り組んでいる。『枕草子』には、類聚的章段や随想的章段の他に日記的章段があり、その背景を知るために、山中裕《ゆたか》氏が講師を務められる道長の日記『御堂関白記《みどうかんぱくき》』の講読会に参加させていただいた（会場は、古代学協会主催の夏季は思文閣会館など。京都での月例会は陽明文庫虎山荘《こざんそう》）。そこで、道長の吉方詣《よきかたもうで》の記事を担当して八卦忌《はっけいみ》について調べたことが、陰陽道に直接触れた最初である。

しかし本書で述べたように、陰陽道に関連する要素（名称を含む）は特殊なものではない。私の場合は、小学四年生から「甲子園」という町の浜側に住み、「難波の海《なにわのうみ》」（茅渟《ちぬ》の海）を望む「六甲」山腹の大学まで通ったが、六甲山は東西に長く、阪神地方の校歌などによく用いられている。また、小学生でも「東経百三十五度の子午線《しごせん》が明石《あかし》を通っています」と言えるのは、兵庫県の特長の一つかもしれない。仕事で札幌に移り住んだ直後は、時差がやや気になった（太陽が南中しても、まだ正午ではない）。しかし札幌は、特に大通り以南の条丁《じょうちょう》目《め》が、まさに条坊制《じょうぼうせい》と同じしくみなので（例えば南三条西四丁目《みなみさんじょうにしよんちょうめ》は、右京《うきょう》三条四坊《し》）その点ではどこよりも平安京に近い。現住所の京都では、大路・小路の名が通りの名としてある程度残っているほか、戸建てやビルなどの角《かど》でも、「鬼門《きもん》」「裏鬼門」封じの白い小石や南天《なんてん》をよく見かける。

また「庚申《こうしん》」は、八坂《やさか》庚申堂がカラフルな「くくり猿（身代わり申《ざる》）」で人気だが、札幌でも塔や祠《ほこら》を複数見かけた。その他にも、「石敢當（いしがんとう・せきがんとう）」や関帝廟《かんていびょう》、媽祖《まそ》廟、鐘馗《しょうき》さんの絵馬や屋根の上の小像など、道教由来のものが全国にある。星神など密教や陰陽道に取り込まれた要素については、本書でも説明した。日本文化に道教の影響があることを否定する方が少なくないので、ここでも補っておく。

後になったが、各研究会などでご教示くださった皆様、北海道教育大学札幌校・龍谷大学大学院文学研究科・京都女子大学文学部の教養科目や専門科目で陰陽道を取り上げた際にコメントしてくれた受講生の皆さん、国内研究の機会を与えてくれた国文学科の同僚、共同研究員として受け入れてくださった京都府立大学文学部の皆様、お日柄選びを旧弊とのみ理解していた私に今に生きていることを教えてくださった不動産関係の長内隆佳氏、また、単著もなく微力な私に本書執筆のお声をかけてくださった吉川弘文館の石津輝真氏、編集で大変お世話になった高木宏平氏に、御礼を申し上げたい。

私が日本史に興味を持つきっかけになったのは、NHKの大河ドラマだった。亡父が、専門は地質学だが歴史小説や時代小説を好み、人間関係などをたずねると解説してくれたので、子供でもなんとか理解して見続けることができたように思う。平安時代の『新平家物語』と『風と雲と虹と』が特に好きだった。また、須磨で独り暮らしをしている老母は、庭園史研究者で造園家の森蘊《おさむ》氏が桂離宮や法金剛院《ほうこんごういん》などの発掘調査をされた際、測量などのお手伝いをした奈良の女子大生の一人だったので、家にはいただいた資料や著書、毛越寺《もうつうじ》や浄瑠璃寺などの浄土式庭園を森氏が描かれた色紙などが多数あった。ドラマも庭園も、陰陽道そのものではないが本書の土壌のようなものではあるので、両親にも感謝している。

ちなみに、越前市《えちぜん》の「紫式部公園」の庭園は、森氏が『作庭記《さくていき》』に基づいて作られたもので、学術的な価値も高い。平安時代の空間が確かに再現されているのである。学術的なものは、賀茂氏の陰陽師の活動と同様にとかく地味で持て囃されないが、意義はあるだろう。

以上、言いわけを含め長々と述べたが、本書が、平安時代と現代、歴史学と国文学、研究者以外と研究者、陰陽道の基礎知識と本格的な研究を、それぞれつなぐ一助になることができれば幸いである。

二〇二四年三月つごもり

東山を望む下京の陋屋にて

中島　和歌子

主要参考文献（論文は割愛し、主に一般書を挙げた。＊は研究書。）

赤澤春彦編『新陰陽道叢書　第二巻　中世』（名著出版、二〇二一年）＊
梅田千尋編『新陰陽道叢書　第三巻　近世』（名著出版、二〇二一年）＊
大谷光男他編『日本暦日総覧　具注暦篇　古代中期・古代後期・中世前期』（本の友社、一九九二〜九五年）
大津透・池田尚隆編『藤原道長事典―御堂関白記からみる貴族社会―』（思文閣出版、二〇一七年）
岡田莊司『平安時代の国家と祭祀』（続群書類従完成会、一九九四年）＊
陰陽道史研究の会編『呪術と学術の東アジア―陰陽道研究の継承と展望―』（アジア遊学二七八、勉誠出版、二〇二二年）
加納重文『平安文学の環境―後宮・俗信・地理―』（和泉書院、二〇〇八年）＊
京都文化博物館他編『安倍晴明と陰陽道展』（読売新聞大阪本社、二〇〇三年）
工藤元男『占いと中国古代の社会―発掘された古文献が語る―』（東方書店、二〇一一年）
国立歴史民俗博物館編『陰陽師とは何者か―うらない、まじない、こよみをつくる―』（小さ子社、二〇二三年）
小町谷照彦・倉田実編『王朝文学文化歴史大事典』（笠間書院、二〇一一年）
小山聡子『もののけの日本史―死霊、幽霊、妖怪の1000年―』（中央公論新社、二〇二〇年）

斎藤英喜『安倍晴明―陰陽の達者なり―』（ミネルヴァ書房、二〇〇四年）
繁田信一『陰陽師と貴族社会』（吉川弘文館、二〇〇四年）＊
繁田信一『安倍晴明―陰陽師たちの平安時代―』（吉川弘文館、二〇〇六年）
重松信弘『源氏物語の思想』（風間書房、一九七一年）＊
詫間直樹・高田義人編『陰陽道関係史料』（汲古書院、二〇〇一年）＊
高橋洋二編『別冊太陽七三　占いとまじない』（平凡社、一九九一年）
田中貴子『安倍晴明の一千年―「晴明現象」を読む―』（講談社、二〇〇三年、のち法蔵館、二〇二三年）
中村璋八編『五行大義　上・下』（明治書院、一九九八年）
中村璋八編『日本陰陽道書の研究　増補版』（汲古書院、二〇〇〇年）＊
年代学研究会編『年代学（天文・暦・陰陽道）の研究』（大東文化大学東洋研究所、一九九六年）＊
藤本勝義『源氏物語の想像力―史実と虚構―』（笠間書院、一九九四年）＊
ベルナール・フランク（斎藤広信訳）『方忌みと方違え』（岩波書店、一九八九年）＊
細井浩志『日本史を学ぶための〈古代の暦〉入門』（吉川弘文館、二〇一四年）
細井浩志編『新陰陽道叢書　第一巻　古代』（名著出版、二〇二〇年）＊
松岡秀達『安倍晴明「占事略決」詳解』（岩田書院、二〇〇七年）
水口幹記編『古代東アジアの「祈り」―宗教・習俗・占術―』（森話社、二〇一四年）
水口幹記編『前近代東アジアにおける〈術数文化〉』（アジア遊学二四四、勉誠出版、二〇二〇年）

水口幹記編『東アジア的世界分析の方法―〈術数文化〉の可能性―』（文学通信、二〇二四年）
村山修一他編『陰陽道叢書　1古代・4特論』（名著出版、一九九一・九三年）＊
桃　裕行『桃裕行著作集　7・8　暦法の研究　上・下』（思文閣出版、一九九〇年）＊
森　正人『古代心性表現の研究』（岩波書店、二〇一九年）＊
山下克明『平安時代の宗教文化と陰陽道』（岩田書院、一九九六年）＊
山下克明監修、大塚活美・読売新聞大阪本社編『図説　安倍晴明と陰陽道』（河出書房新社、二〇〇四年）
山下克明『陰陽道の発見』（NHK出版、二〇一〇年）
山下克明『平安時代陰陽道史研究』（思文閣出版、二〇一五年）＊
山下克明『日記で読む日本史2　平安貴族社会と具注暦』（臨川書店、二〇一七年）
山下克明『王朝時代の実像5　陰陽道―術数と信仰の文化―』（臨川書店、二〇二二年）
湯浅吉美編『日本暦日便覧　上』（汲古書院、一九八八年）
幼学の会編『口遊注解』（勉誠社、一九九七年）

主要引用文献等

日記は『史料大成』『大日本古記録』『史料纂集』、他は『新訂増補国史大系』『群書類従』のほか、東京大学史料編纂所のデータベース、京都府立京都学・歴彩館デジタルアーカイブを利用した。

文学作品は、散文は『新編日本古典文学全集』（小学館）、『新日本古典文学大系』『日本思想大系』（岩波書店）に拠る。和歌は番号を含め『新編国歌大観』（KADOKAWA）に拠るが漢字を増やした。

著者紹介

一九六〇年、和歌山県に生まれる
一九八三年、神戸大学文学部文学科卒業
一九九二年、神戸大学大学院文化学研究科博士課程単位取得退学
現在、京都女子大学文学部教授

〔主要編著書・論文〕

『新編枕草子』（津島知明と共編、おうふう、二〇一〇年）

「陰陽道における医書の重要性と色選びの独自性—八卦忌や出産儀礼を中心に—」（『風俗史学』五九号、二〇一四年）

「古代陰陽道の占いと物忌」（細井浩志編『新陰陽道叢書　第一巻　古代』名著出版、二〇二〇年）

歴史文化ライブラリー
601

陰陽師の平安時代
貴族たちの不安解消と招福

二〇二四年（令和六）七月一日　第一刷発行

著　者　中《なか》島《じま》和《わ》歌《か》子《こ》
発行者　吉川道郎
発行所　株式会社 吉川弘文館
東京都文京区本郷七丁目二番八号
郵便番号一一三—〇〇三三
電話〇三—三八一三—九一五一〈代表〉
振替口座〇〇一〇〇—五—二四四
https://www.yoshikawa-k.co.jp/
印刷＝株式会社 平文社
製本＝ナショナル製本協同組合
装幀＝清水良洋・宮崎萌美

ISBN978-4-642-30601-0

歴史文化ライブラリー

1996. 10

刊行のことば

現今の日本および国際社会は、さまざまな面で大変動の時代を迎えておりますが、近づきつつある二十一世紀は人類史の到達点として、物質的な繁栄のみならず文化や自然・社会環境を謳歌できる平和な社会でなければなりません。しかしながら高度成長・技術革新にともなう急激な変貌は「自己本位な刹那主義」の風潮を生みだし、先人が築いてきた歴史や文化に学ぶ余裕もなく、いまだ明るい人類の将来が展望できていないようにも見えます。このような状況を踏まえ、よりよい二十一世紀社会を築くために、人類誕生から現在に至る「人類の遺産・教訓」としてのあらゆる分野の歴史と文化を「歴史文化ライブラリー」として刊行することといたしました。

小社は、安政四年（一八五七）の創業以来、一貫して歴史学を中心とした専門出版社として書籍を刊行しつづけてまいりました。その経験を生かし、学問成果にもとづいた本叢書を刊行し社会的要請に応えて行きたいと考えております。

現代は、マスメディアが発達した高度情報化社会といわれますが、私どもはあくまでも活字を主体とした出版こそ、ものの本質を考える基礎と信じ、本叢書をとおして社会に訴えてまいりたいと思います。これから生まれでる一冊一冊が、それぞれの読者を知的冒険の旅へと誘い、希望に満ちた人類の未来を構築する糧となれば幸いです。

吉川弘文館

歴史文化ライブラリー

古代史

邪馬台国の滅亡 大和王権の征服戦争——若井敏明
日本語の誕生 古代の文字と表記——沖森卓也
日本国号の歴史——小林敏男
日本神話を語ろう イザナキ・イザナミの物語——中村修也
六国史以前 日本書紀への道のり——関根 淳
東アジアの日本書紀 歴史書の誕生——遠藤慶太
〈聖徳太子〉の誕生——大山誠一
倭国と渡来人 交錯する「内」と「外」——田中史生
大和の豪族と渡来人 葛城・蘇我氏と大伴・物部氏——加藤謙吉
物部氏 古代氏族の起源と盛衰——篠川 賢
東アジアからみた「大化改新」——仁藤敦史
白村江の真実 新羅王・金春秋の策略——中村修也
よみがえる古代山城 国際戦争と防衛ライン——向井一雄
よみがえる古代の港 古地形を復元する——石村 智
古代氏族の系図を読み解く——鈴木正信
古代豪族と武士の誕生——森 公章
飛鳥の宮と藤原京 よみがえる古代王宮——林部 均
出雲国誕生——大橋泰夫
古代出雲——前田晴人
古代の皇位継承 天武系皇統は実在したか——遠山美都男
壬申の乱を読み解く——早川万年
戸籍が語る古代の家族——今津勝紀
古代の人・ひと・ヒト 名前と身体から歴史を探る——三宅和朗
疫病の古代史 天災、人災、そして——本庄総子
万葉集と古代史——直木孝次郎
郡司と天皇 地方豪族と古代国家——磐下 徹
地方官人たちの古代史 律令国家を支えた人びと——中村順昭
古代の都はどうつくられたか 中国・日本・朝鮮・渤海——吉田 歓
平城京に暮らす 天平びとの泣き笑い——馬場 基
平城京の住宅事情 貴族はどこに住んだのか——近江俊秀
すべての道は平城京へ 古代国家の〈支配の道〉——市 大樹
都はなぜ移るのか 遷都の古代史——仁藤敦史
古代の都と神々 怪異を吸いとる神社——榎村寛之
聖武天皇が造った都 難波宮・恭仁宮・紫香楽宮——小笠原好彦
天皇側近たちの奈良時代——十川陽一
藤原仲麻呂と道鏡 ゆらぐ奈良朝の政治体制——鷺森浩幸
古代の女性官僚 女官の出世・結婚・引退——伊集院葉子
〈謀反〉の古代史 平安朝の政治改革——春名宏昭
皇位継承と藤原氏 摂政・関白はなぜ必要だったのか——神谷正昌

歴史文化ライブラリー

王朝貴族と外交 国際社会のなかの平安日本——渡邊 誠
源氏物語を楽しむための王朝貴族入門——繁田信一
源氏物語の舞台装置 平安朝文学と後宮——栗本賀世子
陰陽師の平安時代 貴族たちの不安解消と招福——中島和歌子
平安貴族の仕事と昇進 どこまで出世できるのか——井上幸治
平安朝 女性のライフサイクル——服藤早苗
平安貴族の住まい 寝殿造から読み直す日本住宅史——藤田勝也
平安京のニオイ——安田政彦
平安京の生と死 祓い、告げ、祭り——五島邦治
平安京はいらなかった 古代の夢を喰らう中世——桃崎有一郎
天神様の正体 菅原道真の生涯——森 公章
平将門の乱を読み解く——木村茂光
古代の神社と神職 神をまつる人びと——加瀬直弥
古代の食生活 食べる・働く・暮らす——吉野秋二
雪と暮らす古代の人々——相澤 央
古代の刀剣 日本刀の源流——小池伸彦
大地の古代史 土地の生命力を信じた人びと——三谷芳幸
時間の古代史 霊鬼の夜、秩序の昼——三宅和朗

中世史

列島を翔ける平安武士 九州・京都・東国——野口 実
源氏と坂東武士——野口 実
敗者たちの中世争乱 年号から読み解く——関 幸彦
戦死者たちの源平合戦 生への執着、死者への祈り——田辺 旬
熊谷直実 中世武士の生き方——高橋 修
中世武士 畠山重忠 秩父平氏の嫡流——清水 亮
頼朝と街道 鎌倉政権の東国支配——木村茂光
もう一つの平泉 奥州藤原氏第二の都市・比爪——羽柴直人
源頼家とその時代 二代目鎌倉殿と宿老たち——藤本頼人
六波羅探題 京を治めた北条一門——森 幸夫
大道 鎌倉時代の幹線道路——岡 陽一郎
仏都鎌倉の一五〇年——今井雅晴
鎌倉北条氏の興亡——奥富敬之
鎌倉幕府はなぜ滅びたのか——永井 晋
武田一族の中世——西川広平
三浦一族の中世——高橋秀樹
伊達一族の中世 「独眼龍」以前——伊藤喜良
弓矢と刀剣 中世合戦の実像——近藤好和
その後の東国武士団 源平合戦以後——関 幸彦
曽我物語の史実と虚構——坂井孝一
鎌倉浄土教の先駆者 法然——中井真孝

歴史文化ライブラリー

歴史文化ライブラリー

歴史文化ライブラリー

歴史文化ライブラリー

松岡洋右と日米開戦 大衆政治家の功と罪——服部　聡
唱歌「蛍の光」と帝国日本——大日方純夫
着物になった〈戦争〉 時代が求めた戦争柄——乾　淑子
稲の大東亜共栄圏 帝国日本の〈緑の革命〉——藤原辰史
地図から消えた島々 幻の日本領と南洋探検家たち——長谷川亮一
自由主義は戦争を止められるのか 芦田均・清沢洌・石橋湛山——上田美和
軍用機の誕生 日本軍の航空戦略と技術開発——水沢　光
国産航空機の歴史 零戦・隼からYS-一一まで——笠井雅直
首都防空網と〈空都〉多摩——鈴木芳行
帝都防衛 戦争・災害・テロ——土田宏成
帝国日本の技術者たち——沢井　実
強制された健康 日本ファシズム下の生命と身体——藤野　豊
「自由の国」の報道統制 大戦下の日系ジャーナリズム——水野剛也
学徒出陣 戦争と青春——蜷川壽惠
特攻隊の〈故郷〉 霞ヶ浦・筑波山・北浦・鹿島灘——伊藤純郎
陸軍中野学校と沖縄戦 知られざる少年兵「護郷隊」——川満　彰
沖縄戦の子どもたち——川満　彰
沖縄からの本土爆撃 米軍出撃基地の誕生——林　博史
原爆ドーム 物産陳列館から広島平和記念碑へ——頴原澄子
米軍基地の歴史 世界ネットワークの形成と展開——林　博史
沖縄米軍基地全史——野添文彬
世界史のなかの沖縄返還——成田千尋
考証 東京裁判 戦争と戦後を読み解く——宇田川幸大
ふたつの憲法と日本人 戦前・戦後の憲法観——川口暁弘
名言・失言の近現代史 下 一九四六——村瀬信一
戦後文学のみた〈高度成長〉——伊藤正直
首都改造 東京の再開発と都市政治——源川真希
鯨を生きる 鯨人の個人史・鯨食の同時代史——赤嶺　淳

文化史・誌

山寺立石寺 霊場の歴史と信仰——山口博之
神になった武士 平将門から西郷隆盛まで——高野信治
跋扈する怨霊 祟りと鎮魂の日本史——山田雄司
将門伝説の歴史——樋口州男
殺生と往生のあいだ 中世仏教と民衆生活——苅米一志
浦島太郎の日本史——三舟隆之
おみくじの歴史 神仏のお告げはなぜ詩歌なのか——平野多恵
〈ものまね〉の歴史 仏教・笑い・芸能——石井公成
スポーツの日本史 遊戯・芸能・武術——谷釜尋徳
戒名のはなし——藤井正雄
墓と葬送のゆくえ——森　謙二

歴史文化ライブラリー

運慶 その人と芸術 ― 副島弘道
ほとけを造った人びと 止利仏師から運慶・快慶まで ― 根立研介
祇園祭 祝祭の京都 ― 川嶋將生
洛中洛外図屛風 つくられた〈京都〉を読み解く ― 小島道裕
化粧の日本史 美意識の移りかわり ― 山村博美
乱舞の中世 白拍子・乱拍子・猿楽 ― 沖本幸子
神社の本殿 建築にみる神の空間 ― 三浦正幸
古建築を復元する 過去と現在の架け橋 ― 海野 聡
生きつづける民家 保存と再生の建築史 ― 中村琢巳
大工道具の文明史 日本・中国・ヨーロッパの建築技術 ― 渡邉 晶
苗字と名前の歴史 ― 坂田 聡
日本人の姓・苗字・名前 人名に刻まれた歴史 ― 大藤 修
日本料理の歴史 ― 熊倉功夫
日本の味 醤油の歴史 ― 林 玲子・天野雅敏 編
中世の喫茶文化 儀礼の茶から「茶の湯」へ ― 橋本素子
香道の文化史 ― 本間洋子
天皇の音楽史 古代・中世の帝王学 ― 豊永聡美
話し言葉の日本史 ― 野村剛史
ガラスの来た道 古代ユーラシアをつなぐ輝き ― 小寺智津子
たたら製鉄の歴史 ― 角田徳幸
金属が語る日本史 銭貨・日本刀・鉄炮 ― 齋藤 努
名物刀剣 武器・美・権威 ― 酒井元樹
賃金の日本史 仕事と暮らしの一五〇〇年 ― 高島正憲
書物と権力 中世文化の政治学 ― 前田雅之
気候適応の日本史 人新世をのりこえる視点 ― 中塚 武
災害復興の日本史 ― 安田政彦

民俗学・人類学

古代ゲノムから見たサピエンス史 ― 太田博樹
日本人の誕生 人類はるかなる旅 ― 埴原和郎
倭人への道 人骨の謎を追って ― 中橋孝博
役行者と修験道の歴史 ― 宮家 準
幽霊 近世都市が生み出した化物 ― 高岡弘幸
遠野物語と柳田國男 日本人のルーツをさぐる ― 新谷尚紀

世界史

ドナウの考古学 ネアンデルタール・ケルト・ローマ ― 小野 昭
神々と人間のエジプト神話 魔法・冒険・復讐の物語 ― 大城道則
文房具の考古学 東アジアの文字文化史 ― 山本孝文
中国古代の貨幣 お金をめぐる人びとと暮らし ― 柿沼陽平
中国の信仰世界と道教 神・仏・仙人 ― 二階堂善弘
渤海国とは何か ― 古畑 徹